『論考』『青色本』読解

ルートヴィヒ・ウィトゲンシュタイン
黒崎 宏 訳・解説

産業図書

『論考』読解

訳・解説者まえがき

　オーストリアの一兵士として志願し、第一次世界大戦に従軍していたウィトゲンシュタインは、その大戦も末期の1918年の7月から8月にかけて、休暇をウイーンおよびザルツブルク近郊で過ごし、従軍中に書き溜めていたノートをもとに Logisch-Philosophische Abhandlung（「論理的-哲学的 論文」）という長大な論文を作り上げた。この論文は、大変な紆余曲折をへて、結局、オストワルト——原子論に反対してエネルギー一元論を唱えた有名な独逸の物理化学者ウイルヘルム・オストワルト——が編集をしていた雑誌『自然哲学年報』（Annalen der Naturphilosophie）に、独訳されたラッセルの解題をつけて、掲載された。1921年秋のことである。しかしこの『自然哲学年報』版は、ウィトゲンシュタイン自身は校正にノータッチであった事もあって、ミスプリントが多く、論理記号も本来のものではなかった。そのためウィトゲンシュタインは、後にこの版を「海賊版」と決めつけている。しかし、不幸な姿で世に出されたこの Logisch-Philosophische Abhandlung は、早くも翌1922年の11月には、ラッセルとオグデン——有名な『意味の意味』（The Meaning of Meaning）という本をリチャーズとともに著したオグデン——の肝煎で、オグデンが編集する事になったラウトレッジ・アンド・ケガンポール社の「心理学・哲学・科学方法論の国際叢書」の一冊として、しかも英訳付で再び世に出された。英訳は、その第一稿がケンブリッジの若き天才ラムジーによって作られ、それを基にオグデンとラッセルが協力して作られた。かくして出来上がった対訳本は、独英対訳本であるということもあって、タイトルはラテン語で Tractatus　Logico-Philosophicus（『論理的-哲学的論考』）とされた。そして今度の場合は、英訳の校正刷のみならず、その基になった『自然哲学年報』版の方も、ウィトゲンシュタイン自身によって非常に注意深く校訂された。したがって、Logisch-Philosophische Abhandlung の真の意味でのオリジナル版と言えるものは、1922 年出版のこの対訳本の独逸語部分なのである。なお、『自然哲学年報』版についていた独訳されたラッセルの解題は、今度の対訳本においては、もとの英語の原文に少し書き足されたものが付けられた。私がここに上梓するものの原本は、1922 年出版の対訳本のこの独逸語部分——即ち、Tractatus Logico-Philosophicus の初版本の独逸語部分——と、それにつけられているラッセルの英語の解題である。

　Tractatus Logico-Philosophicus は そのまま訳せば、もともとが Logisch-Philosophische Abhandlung（「論理的-哲学的論文」）という長大な雑誌論文であったことを考えても、『論理的-哲学的論文』ということになる。しかし通常は『論理哲学論考』と訳されているので、ここでは、「論文」の代わりに「論考」を採って、『論理的-哲学的論考』、略して『論考』、とする。私が Tractatus Logico-Philosophicus の訳として、既に定訳になっているかにみえる『論理哲学論考』という訳を採らないのは、それでは『論考』が〈論理〉と〈哲学〉あるいは〈論理の哲学〉についての論考であるという誤解を、生みかねないからである。『論考』には確かに〈論理〉と〈哲学〉あるいは〈論理の哲学〉についての論考もある。しかしそれは決してそれらに尽きはしない。では『論考』はいかなる書か。それについては、差し当たりウィトゲンシュタイン自身の「序」を読んで頂きたい。

　『論考』は、論文としては長大であるが、著作としては大きくない。それは、重大な事柄を余りにも簡潔に書き過ぎている。そしてその分だけ、『論考』は分かり難くなっている。したがって我々は『論考』を、彼が言わんとした事を忖度しながら言葉を補って読む、という事をしなくてはならない。これは難事業であり、危険な事でもある。しかしそれなくしては、『論考』は絶対に読めない。そこで私は、敢えてそれを試みた。鉤括弧 [ ] による挿入と解説、および、破線で上下を仕切られた図解が、それである。これによって私は、『論考』を私のレヴェルにまで引き下げてしまったかもしれない、という事を恐れる。しかしそれでも私は、何を言っているのか分からな

い訳を与えるよりはまだましだ、と考えたのである。

　とはいえ私は、挿入と解説を織り込む事によって私には『論考』が完全に理解できた、と言うつもりは全くない。私には、なお依然として、幾つかの疑問点が残っているし、事によったら、全くの誤解が含まれているかもしれない。しかしそれらの検討は、他日を期すより仕方がない。

　『論考』は、ただ読み流すような本ではない。単に情報を得るための本でもない。それは、前から後から繰り返し繰り返し執拗に読み砕き、自らの思想を鍛えるのに役立てるべきものである。したがって、いかなる著作にもまして、索引が重要な役割を果たす。そこで私は、索引作成に当たって、殆ど過剰と思われる程に言葉を拾った。しかも、単語のみではなく、単語の結合も、重要と思われるものは拾い上げた。そして単語の結合の場合は、索引の中で、それを構成するどちらの単語からもその単語の結合に至れるようにした。例えば「名前の意味」という単語の結合は、『論考』においては重要であるから、当然拾い上げられた。そして索引の中で、「名前」からも「意味」からも、「名前の意味」に至れるようにした。具体的には、「な」の欄に

　　　名前の意味　3.203, 4.5

があり、「い」の欄に、

　　　意味
　　　　名前の――　3.203, 4.5

があるのである。即ち、単語が結合した表現は、索引の中で、二か所に現れるのである。このような索引は、何と言うのか私は知らないが、仮に「二重索引」とでも呼べるであろう。

　『論考』の目次は、原本には存在しない。しかし、幸いにしてマックス・ブラックが、A Companion to Wittgenstein's 'Tractatus'(Cornell University Press, 1964) という本で『論考』の内容を分析し、『論考』の目次を作っている。そこで私は、それを参考にしながら、『論考』の目次を私なりに作った。

　補遺は、1999年の5月30日、科学基礎論学会（於、大阪大学）で発表したものに少し書き足したものである。

　最後に、本書『論考』読解および『青色本』読解の出版を熱心に推進して

下さった産業図書の江面竹彦社長、および、いつもながら綿密に編集と校正の作業をして下さった西川宏氏に、厚く御礼を申し上げる。

2001年7月7日

黒崎　宏

目　次

訳・解説者まえがき　3
解題　バートランド・ラッセル　9
論理的-哲学的論考　29
　目次　31
　序　35
　本文　37
　索引　135
補遺　『論考』をどう読むか──「像の理論」について──　157

解　題

英国学士院会員　バートランド・ラッセル

　ウィトゲンシュタイン氏の『論理的-哲学的論考』は、それが扱っている諸問題について究極的な真理を与える事に成功しているか否かはともかくとして、その幅広さ、射程の遠さ、深遠さによって、哲学界における重要な出来事と見なされるに値する事は確かである。この書は、[先ずその第一段階として、]記号法の諸原理と、いかなる言語においても必要な、語と〈もの〉の間の関係から出発し、その探求の成果を伝統的な哲学の様々な領域に適用して、それぞれの場合において、いかに伝統的な哲学と伝統的な解答が記号法の諸原理についての無知と言語の誤用から生じているかを、示している。
　[次にその第二段階として、]最初に、命題の論理構造と論理的推論の本性が取り扱われる。そこから我々は順次、〈知識論〉、〈物理学の原理〉、〈倫理〉へと進み、そして最後に〈神秘的なるもの（das Mystische）〉へと至る。
　ウィトゲンシュタイン氏の本を理解するためには、彼が関心を抱いた問題が何であるかを銘記しておく必要がある。彼の理論の記号法を取り扱った部分において、彼が関心を抱いたのは、論理的に完全な言語によって満足されるべき条件である。言語には種々さまざまな問題がある。第一に、我々が言語を、それによって或るものを意味しようと意図して用いるとき、我々の心のなかに実際には何が起きるのか、という問題がある；この問題は心理学に属する。第二に、思念、語、或いは文と、それらが指示する或いは意味するものとの間に成り立っている関係は何であるか、という問題がある；この問題は認識論に属する。第三に、虚偽よりは真理を伝えるべく文を用いるという問題がある；この問題は、当該の文の主題を取り扱う特殊科学に属する。

第四に、こういう問題がある：（文のような）一つの事実が他の事実に対して、前者が後者の記号であり<u>得る</u>ためには、両者はいかなる関係を持つべきであるのか。この最後の問題は論理的問題であり、そしてそれがウィトゲンシュタイン氏が関心を抱いた問題なのである。［原文では、ここには段落なし。］

　彼は［記号法が］<u>狂いのない</u>記号法、即ち、そこにおいては文は或る事を全く確定的に「意味する」という記号法、［であるため］の条件に関心を抱いている。実際には、言語は常に多かれ少なかれ曖昧であり、そのために、我々の確言が［その言わんとする事に対し］全く精確であるという事は決してない。というわけで我々は記号法に関し、論理的に取り扱うべき問題を二つ持っているのである：（１）記号の結合が、無意味ではなく、有意味になるための条件；（２）記号、或いは、記号の結合において、意味或いは指示が唯一であるための条件。論理的に完全な言語は、無意味な文を作る事を防ぐ文構成の規則を有し、且つ、常に確定的で唯一の意味を持つ単純な記号を有している。ウィトゲンシュタイン氏の関心事は、［言語が］論理的に完全な言語［であるため］の条件である。——［彼の関心事は、］いかなる言語も論理的に完全であるという事ではなく、はたまた、我々は今ここで論理的に完全な言語を構成出来ると信じる事でもなく、言語の全機能は意味を持つという事であり、そして言語はその機能を、その言語が我々が措定する理想言語にどれだけ接近しているかに比例して、満足するのである、という事である。［しかし、「——」以下の部分はラッセルの誤解である。ウィトゲンシュタインは理想言語など措定していない。ウィトゲンシュタインによれば、「我々の日常言語の全命題は、実際、その有りのままにおいて、論理的に完全に秩序づけられている」（5.5563）のである。］

　言語の本質的仕事は、事実を主張し或いは否定する事である。もし言語の構文法が与えられるならば、文の意味は、その文を構成する語の意味が知られるやいなや、定まるのである。或る文が或る事実を主張するためには、その言語がいかに構成されていようと、その文の構造とその事実の構造の間には共通な何かがなくてはならない。これが、おそらく、ウィトゲンシュタイン氏の理論の最も根本的な主張である。文と事実の間に共有されているべきものは、彼が熱心に主張するところによれば、今度はそれ自体としては、言

語においては語られ得ないのである。それは、彼の言い方によれば、ただ示されるのみなのであり、語られ得ないのである。何故ならば、たとえ我々が［それについて］いかに語ろうとも、そこで語られることは、やはり［それと］同じ構造を有する必要があろうから。

　理想言語の第一の要件は、単純なるもののそれぞれに一つの名前が存在せねばならず、二つの異なった単純なるものには決して同じ名前がつけられてはならない、という事であろう。名前は、それ自体が記号であるいかなる部分をも有しないという意味で、単純な記号である。論理的に完全な言語においては、単純でないものは何であれ、［名前として］単純な記号を有しはしないであろう。［単純でないもの］全体に対する記号は、それの部分に対する記号を含んでいる「複合的なもの」であろう。この「複合的なもの」について語ると我々は、後に明らかになるであろうように、哲学的文法の規則を犯す事になる。しかしこれは、差し当たり不可避な事である。「哲学的な事柄について書かれた大抵の命題や問いは、偽なのではなく、無意味なのである。それゆえ我々は、その種の問いについては、そもそも答える事は出来ず、ただそれが無意味である事を突き止める事が出来るのみ、なのである。哲学者の大抵の問いや命題は、我々が我々の言語の論理を理解していないという事に、基づいている。哲学者の問いとは、善は多かれ少なかれ美と同一であるかどうか、といった種類の問いである。」（4.003）世界における複合的なものが、事実である。他の事実によって合成されていない事実が、ウィトゲンシュタイン氏が言うところの事態（Sachverhalt）である。これに対し、二つ或いはそれ以上の事実によって構成されている事実は、［やはり］事実（Tatsache）と言われる：というわけで、例えば「ソクラテスは賢い。」は、事実であるのみならず事態でもあるが、「ソクラテスは賢い、そして、プラトンは彼の弟子である。」は、事実ではあるが事態ではない。［事実は原子的でも分子的でもあり得るが、特に原子的事実を事態と言う、という訳である。しかし、ラッセルのこの説明は正しくない。「成立している事柄――事実――とは、諸事態の成立である」（2）のであるから。事態が原子的であるという事は正しい。しかし事態は可能的事実であって、それ自体は（原子的）事実ではないのである。］

　彼は言語的表現を幾何学における投影と比較する。幾何学図形は、多くの

仕方で投影され得る：そして、それらの仕方のそれぞれが、異なった言語に対応する。しかし、もとの図形の投影特性は、どの仕方で投影されようと、不変のままに保たれる。そのような投影特性が、彼の理論において、もしも命題が事実を主張すべきであるならば、その命題と事実が共有すべきものに対応するのである。［「投影特性」とは、投影に対し不変な性質であろう。］

　この事は勿論、単純な場合には明白である。例えば、（当面、人は単純なものとして扱われ得ると想定して）二人の人について或る言明をするという事は、二つの名前を用いる事なしには不可能である。そして、もしも君がその二人の人の間の関係について何かを言明しようとするならば、君がその言明をする命題は［彼らの］二つの名前の間の関係を確立するものでなくてはならない、という事は不可避であろう。もし我々が「Plato loves Socrates（プラトンはソクラテスを愛している）」と言うならば、「Plato（プラトン）」という語と「Socrates（ソクラテス）」という語の間にある「loves（愛している）」という語は、これら二つの語の間に或る関係を確立しているのであり、そしてこの事実によって、我々の命題［(「Plato loves Socrates（プラトンはソクラテスを愛している）」)］は「Plato（プラトン）」という語と「Socrates（ソクラテス）」という語によって呼ばれる二人の人の間に或る関係を主張する事が出来るのである。『複合記号「aRb」は、a は b に対して R という関係にある、という事を語っている』：これは正しくない。正しくは、こうである：記号「a」は記号「b」に対して或る関係にある、という事が、aRb という事を語っている。」（3.1432）

　ウィトゲンシュタイン氏は彼の記号法の理論を「我々は自らの内に事実の像を作る」という命題（2.1）から始める。彼が言うには、像は現実の模型であり、現実の中にある対象には、像の要素が対応している。そして、像自体が事実なのである。ものが相互に或る関係にあるという事実は、像においてそれの要素が相互に或る関係にあるという事実によって、表現される。「像とそれによって写像されるものには、いやしくも一方が他方の像であり得るのであるから、何か同一のものが存在しなければならない。像が、自らの仕方で――正しいにせよ間違っているにせよ――現実を写像し得るために、現実と共有しなければならないもの、それが像が有する写像の形式である。」（2.161；2.17）

何らかの意味で像である以上はなくてはならない類似性を意味しようとするとき、即ち、論理的形式の同一性を意味しようとするとき、我々は現実の論理的像について語っているのである。彼は、事実の論理的像が思念(Gedanke)である、と言う。像は事実に対応する事もあるし、対応しない事もある。そしてそれに応じて、像は真であったり偽であったりする。しかしいずれの場合にも、像は事実と論理的形式を共有する。彼は、彼が言うところの像がいかなるものであるかを、こう説明している：「レコード、楽想、楽譜、音波、これらは全て相互に、言語と世界の間に成り立っている、かの内的写像関係にあるのである。それら全てには、論理的構造が共有されている。(童話における二人の若者、彼らの二頭の馬、彼らの二本のユリ、のように。それらは全て、或る意味では、一つなのである。)」(4.014)［ウィトゲンシュタインの意味では、レコード、楽想、楽譜、音波、これらは全て相互に、一方が他方の像になっているのである。］事実を表現する命題が可能であるのは、対象が命題の中で記号によって表現されるという事に基づいている。［しかし］いわゆる論理「定項」は、記号によっては表現されない。いわゆる論理「定項」は、それ自体、事実の中に存在するのみならず、それと同様に、命題の中にも存在するのである。［ウィトゲンシュタインは、こう言っている：「命題の可能性は、記号による対象の代理という原理に基づいている。私の根本思想は、こうである：「論理定項」という記号は、何らかの対象の代理ではない；事実の論理が何かによって代理されるという事はない。「論理的対象」は存在しない。」(4.0312；4.441) (分子的) 事実の中に存在する論理「定項」とは、その (分子的) 事実を成立させるところの、事態の成立不成立の組み合わせであり、(分子的) 命題の中に存在する論理「定項」とは、その (分子的) 命題を真とするところの、構成要素たる原子的命題 (要素命題) の真偽の組み合わせである。この事は、真理表による論理「定項」の定義を考えれば、明らかであろう。(5.101)］命題と事実は同一の論理的「多様性」を示さねばならない。そしてその論理的「多様性」それ自体は、［当の命題によって］表現される事は出来ない。何故ならそれは、事実と像［である当の命題］に共有されているのでなくてはならないから。ウィトゲンシュタイン氏の主張では、本来的に哲学的な事柄はすべて、ただ示され得るもの、事実とそれの論理的像に共有されているもの、に属するの

である。その結果、哲学においては、正しい事は何も言えない事になる。哲学的命題は、いずれも文法的に間違っている。そして、哲学的議論によって達成を望み得る最良の事は、人々をして哲学的議論は誤りであるという事に気づかせる、という事である。「哲学は、自然科学ではない。(「哲学」という語は、自然科学の上あるいは下にある何かを意味すべきであって、自然科学に並んだ何かを意味してはならない。)哲学の目的は、思念の論理的明確化である。哲学は、学説ではなく、活動である。哲学的著作は、本質的に解明で成り立っている。哲学の成果は、「哲学的命題」が立てられる事ではなく、命題が明確になる事である。哲学は、さもないとぼやけている思念を明確にし、はっきりと限界づけなければならない。」(4.111 ; 4.112) この原理に従えば、読者にウィトゲンシュタイン氏の理論を理解させるために言わなくてはならない事は全て、彼の理論自体によって無意味であると宣告される事になる。この但し書きの下で我々は、彼の体系の根底にあると思われる世界像を伝えるべく、努力しようと思う。

　世界は事実によって構成されている。事実は、厳格に言うと、定義出来ない。しかし我々は、事実とは命題を真または偽とするものである、と言う事が何を意味するのかを、説明する事は出来る。事実は、それ自体がやはり事実である部分を、含むかもしれないし、そのような部分は含まないかもしれない。例えば「ソクラテスは賢いアテネ市民であった。」は、「ソクラテスは賢かった。」と「ソクラテスはアテネ市民であった。」という二つの事実によって構成されている。それ自体がやはり事実であるような部分を含まない事実は、ウィトゲンシュタイン氏によって、事態（Sachverhalt）と呼ばれている。これは、彼が原子的事実と呼ぶものと、同じものである。［これは、既に述べたように、正しくない。］原子的事実は、それ自体がやはり事実であるような部分をもはや含まないとはいえ、やはり部分を有している。もし我々は「ソクラテスは賢い。」を原子的事実と見なしてよいとするならば、我々には、それは「ソクラテス」と「賢い」という二つの構成要素を含んでいる、という事がわかる。もしも原子的事実が（実際的に可能という意味ではなく、理論的に）可能な限り分析され尽くされれば、そこで最終的に到達した構成要素は、「単純なもの」あるいは「対象」と呼ばれてよいであろう。我々は、実際に単純なものを分離出来るとか、それについて経験的知識を持

つ事が出来るとかいう事が、ウィトゲンシュタイン氏によって主張されているわけではない。単純なものとは、電子のように、理論によって論理的必然性をもって要請されたものなのである。[原文では、ここには段落なし。]

　単純なものが存在しなくてはならないと主張する彼の根拠は、以下のようである。いかなる複合的なものも、[それが単なるカオスではなく、或る一定の構造を有する]事実[であるという事]を前提とする。事実の複雑性は有限である、という事は必ずしも想定されてはいない。たとえ、事実は全て無限に多くの原子的事実によって構成され、原子的事実は全て無限に多くの対象によって構成されているとしても、それでもなお対象と原子的事実は存在するであろう。(4.2211)[この言い方は、実は正しくない。ウィトゲンシュタインは 4.2211 において、こう言っているのである。「たとえ世界は——いかなる事実も無限に多くの事態で構成され、そして、いかなる事態も無限に多くの対象で構成されている、と言えるほどに——無限に複雑であろうとも、それでもなお、対象と事態が存在しなくてはならない。」ウィトゲンシュタインによれば、(分子的)事実は事態で構成されているのであって、原子的事実によって構成されているのではない。例えば $p \vee q$ という(分子的)事実は、事態 p と事態 q の成立と不成立によって構成されているのである。我々は、分子は原子によって構成されているという、物質世界の事実に惑わされてはならない。但し、分子命題は原子命題によって構成されている。これは正しい。]或る複合的なものが存在する、という主張は、その構成要素は或る仕方で関係づけられている、という主張に帰着するが、それが或る事実の主張なのである。したがって、もし我々が複合的なものに名前を与えるならば、その名前は、或る命題——即ち、その複合的なものの構成要素の間の相互関係を述べる命題——が真である事によって、初めて意味をもつのである。このような訳で、複合的なものに名前を与える事は命題を前提とするが、命題は単純なものに名前を与える事を前提とするのである。このようにして、単純なものに名前を与える事が、[記号法の]論理において論理的に最初のものである事が示されるのである。

　世界は、もしも全ての原子的事実が、それらが原子的事実の全てであるという事と共に、知られるならば、完全に記述される。世界は、その中の全対象に単に名前を与える事によっては、記述されない。[世界の記述には、]そ

れらの対象を構成要素とする原子的事実を知る事も、必要なのである。もしも原子的事実の総体が与えられるならば、いかなる真なる命題も、たとえそれがいかに複雑であろうとも、理論的には導き出され得るのである。原子的事実を言明する命題は、(真であろうと偽であろうと) 原子命題と呼ばれる。全ての原子的命題は、相互に論理的に独立である。いかなる原子的命題も、他の原子的命題を含意する事がなく、他のいかなる原子的命題とも両立する。そういう訳であるから、論理的推論という事は全て、原子的でない命題に関わるのである。そのような命題は、分子的と呼ばれてよいであろう。

分子的命題についてのウィトゲンシュタインの理論は、真理関数の構成についての彼の理論に基づいている。

命題 p の真理関数とは、p を含んだ命題で、その命題の真偽が p の真偽にのみ依存する、というものである。そして同様に、多くの命題 $p, q, r, \cdots$ の真理関数とは、$p, q, r, \cdots$ を含んだ命題で、その命題の真偽が $p, q, r, \cdots$ の真偽にのみ依存する、というものである。一見したところ命題の関数には、真理関数の他にも、それとは別のものがあるのではないか、と思われるかもしれない。例えば、「A は、p と信じる。」などは、その一例ではないのか。何故ならば、一般には A は、真なる命題を信じることも偽なる命題を信じる事もあるであろうから。彼が例外的に有能な人でない限り、我々は、彼が p を信じているという事実から、p は真であると推論する事は出来ないし、また、彼が p を信じていないという事実から、p は偽であると推論する事も出来ない。[「A は、p と信じる。」の真偽は p の真偽と独立である、という訳である。] 他の、一見したところ真理関数とは思われないものに、「p は非常に複雑な命題である。」とか「p はソクラテスに関する命題である。」などがある。しかしながらウィトゲンシュタイン氏は、程なく明らかになる理由によって、そのような例外は単に見かけ上のものであり、命題の関数は何れも実際に真理関数である、と主張するのである。したがって、こういう事になる:もし我々が真理関数を一般的に定義出来るならば、我々は、原子的命題の集合が与えられたとき、それらの原子的命題を用いて作られるいかなる [分子的] 命題についても、それらの原子的命題を用いた一般的定義を獲得する事が出来る。これを、ウィトゲンシュタインは行ってゆくのである。

与えられた一組の命題から作られるいかなる真理関数も二つの関数「not-

p or not-q」或いは「not-p and not-q」のいずれかによって構成され得る、という事がシェファー博士によって示されていた。(*Trans. Am. Math. Soc.*, Vol. XIV, pp. 481-488) ウィトゲンシュタインは、シェファー博士の業績についての知識を当然の事として、後者の関数を［拡張して］用いている。「not-p and not-q」から他の真理関数が構成される仕方を見る事は容易である。「not-p and not-p」は「not-p」と同値である。それゆえ我々は、否定を我々の原始関数によって定義する事が出来る。したがって我々は、「p or q」を定義する事が出来る。何故ならこれは、「not-p and not-q」の否定、即ち、我々の原始関数の否定であるのだから。「not-p」と「p or q」から他の真理関数を定義してゆくこの展開過程は、『数学原理』の初めの方で詳細に与えられている。したがって、我々が欲するいかなる真理関数も、それを構成する命題が枚挙によって与えられているときには、我々の原始関数によって与えられるのである。しかしながらウィトゲンシュタインは、非常に興味深い分析によって、この展開過程を一般命題にまで——即ち、我々の真理関数を構成する命題が枚挙によってではなく、或る条件を満足する全ての命題として与えられる場合にまで——拡張する事に成功する。例えば、fx を——「x は人間である」のような——命題関数（即ち、その値が命題である関数）としよう。——そうすれば、［x の様々な値に対する］fx の様々な値は一組の命題を構成する。我々は「not-p and not-q」という考え［（p と q の同時否定という考え）］を、fx の値である全命題の同時否定に適用すべく拡張する事が出来るであろう。そうすれば我々は、一般に「x の全ての値に対して fx は偽である」という言葉によって数学的論理学において表現されている命題［$(x).\sim fx$］に到達する。この命題の否定が、「$(\exists x).fx$」で表現されるところの「fx が真であるような x が少なくとも一つ存在する」という命題であろう。もしも我々が fx ではなく not-fx から出発したとすれば、我々は、「$(x).fx$」で表現されるところの「x の全ての値に対して fx は真である」という命題に到達する。一般命題、即ち「$(x).fx$」と「$(\exists x).fx$」、を取り扱うウィトゲンシュタインの方法が従来の方法と異なっているのは、［彼の場合、］一般性は問題の命題の集合を規定する仕方においてのみである、という事である。そしてこの規定が行われたならば、そのあとの真理関数の構築は、有限個の枚挙された命題 $p,q,r,\cdots$ の場合と全く同じに行

われる。

　有限個の枚挙された命題 $p, q, r, \ldots$ からの、ウィトゲンシュタイン氏の記号法における真理関数の構築に関しては、彼のテキストの中では、あまり説明が与えられていない。彼が用いる記号は
$$[\bar{p}, \bar{\xi}, N(\bar{\xi})]$$
である。以下は、この記号についての説明である。

　　　$\bar{p}$ は全原子命題［の集合］を表している。

　　　$\bar{\xi}$ は命題の何らかの集合を表している。

　　　$N(\bar{\xi})$ は $\bar{\xi}$ の全命題の否定［の連言］を表している。

記号 $[\bar{p}, \bar{\xi}, N(\bar{\xi})]$ がその全体で意味している事は、こうである：［$\bar{p}$ の中から］原子命題を幾つか選んで命題の集合［$(\bar{\xi})$］を作り、それらを全て否定し［て連言命題（$N(\bar{\xi})$）を作り］、そのようにして得られた幾つかの命題にもともとの［$\bar{p}$ の中の］幾つかの原子命題を加えた集合［$(\bar{\xi})$］を作り、［それらを全て否定して連言命題（$N(\bar{\xi})$）を作り、］——そのようにして［この過程を］どこまでかやってゆくと、いかなる真理関数であろうとも得る事が出来る。このようにして得られた真理関数が、彼が言うところの、一般的真理関数であり、そしてまた、命題の一般形式なのである。かく言う事で意味されている事は、一見そう思われる程には複雑ではない。この記号 $[\bar{p}, \bar{\xi}, N(\bar{\xi})]$ は、全原子命題が与えられるならば、他のいかなる真理関数をもこの過程で作られ得るという、その過程を記述しようと意図しているのである。その過程は、次の［三つの］事に依拠している：

(a) 　いかなる真理関数でも同時否定、即ち「not-p and not-q」、によって得る事が出来るという、シェファーの証明；

(b) 　連言と選言から一般命題を導き出すという、ウィトゲンシュタイン氏の理論；［$fx_1 . fx_2 . fx_3 \cdots$ から $(x).fx$ を導き出し、$fx_1 \vee fx_2 \vee fx_3 \vee \cdots$ から $(\exists x).fx$ を導き出す、という事。］

(c) 　いかなる命題も、他の命題の中には、それを真理関数とする構成要素としてのみ入り得る、という主張。

これら三つの事が与えられるならば、それらを基礎として、原子的ではないいかなる命題も、［一群の］原子的な命題から或る一様な過程で導かれ得るという事が帰結する。そしてこの過程こそが、ウィトゲンシュタイン氏の記

号 $[\bar{p}, \bar{\xi}, N(\bar{\xi})]$ によって指示されているものなのである。

　[真理関数である] 命題を構成するこの一様な方法から、我々は、或る命題が論理に属するとはいかなる事か、という事についての定義のみならず、推論の理論の驚くべき単純化に、到達する。今まさに記述された命題生成のこの方法が、ウィトゲンシュタインをして、全ての命題は原子命題から上記の方法で構成され得ると言わしめ、且つ、その仕方で構成された命題が命題の全てであると言わしめるのである。（我々が先に言及した見かけ上の例外は、後に考察される或る仕方で処理される。）ウィトゲンシュタインには、こう言う事が可能なのである：全命題は全原子命題（及び、それらが原子命題の全てであるという事）から生成される；命題は常に原子命題の真理関数である；そして、もしも q から p が導かれるならば、p の意味は q の意味に含まれている。この最後の事からは勿論、原子命題からは何事も導かれない、という事が帰結する。彼の主張するところでは、論理の全命題は、例えば「p or not-p」のような、同語反復命題（トートロジー）なのである。原子命題からは何事も導かれないという事には、例えば因果性についての、興味深い応用がある。ウィトゲンシュタインの論理には、因果結合のようなものは存在し得ない。彼が言うには、「我々は、未来の出来事を現在の出来事から推定する事は出来ない。因果結合についての信念は迷信である。」[(5.1361)] 太陽は明日も昇るであろうという事は、仮説である。我々は実際には太陽が明日も昇るか否かを知らない。何故ならば、或る事が起こったが故に或る別の事が起こらねばならない、という強制は存在しないのであるから。

　さてここで、別の主題を取り上げよう。――名前という主題である。ウィトゲンシュタインの理論的にして論理的な言語においては、名前は単純なものにのみ与えられる。我々は、一つのものに二つの名前を与える事はないし、二つのものに一つの名前を与える事もない。彼によれば、名前が与えられ得るものの全体、言い換えれば、世界に存在するものの全体 [（集合）]、を [全体として] 記述するいかなる仕方も存在しない。それを記述する事が出来るためには、我々は、全てのものに論理的必然性をもって帰属する或る性質を知っているのでなくてはならない。そのような性質を自己同一性に見出そうとする試みが行われてきたが、しかし [そもそも] 同一性という考え

が、ウィトゲンシュタインによって、抗する余地のない程壊滅的に批判された。弁別出来ないものは同一である、という同一性の定義が、拒絶されたのである。何故ならば、弁別出来ないものの同一性は、論理的に必然的な原理であるとは見えないから。［弁別出来ないものの同一性という］この原理にしたがえば、もしも x の全性質が y の全性質でもあるならば、x と y は同一である。しかし、二つのものが厳格に同じ性質を持つという事は、結局のところ、論理的に可能であるに過ぎないのである。もしもこの事が実際に起きたならば、それは、世界の偶然的特性であって、論理的に必然的な特性ではない。そして、世界の偶然的特性は、勿論、論理の構造に入れられてはならない。したがってウィトゲンシュタインは、同一性を追放し、異なる名前は異なるものを意味するのでなくてはならない、という規約を受け入れるのである。［したがって、全てのものに論理的必然性をもって帰属する或る性質を自己同一性に見出そうとする試みが、壊滅したのである。］実際には同一性は、［個々の場合における］名前と記述の間、或いは、二つの記述の間に必要とされる。それは、例えば「ソクラテスは毒ニンジンを飲んだ哲学者である。」とか「偶数の素数は1の次の自然数である。」とかいう命題において、必要とされるのである。ウィトゲンシュタインのシステム［（理論的にして論理的な言語）］において同一性のそのような使用を提供する事は、容易である。［注：「もしもこの事が実際に起きたならば、」と訳した部分は、原文では「もしもこの事が実際に起きないならば、」となっている。しかしこれはミスプリントであろう。］

　［弁別出来ないものの］同一性を拒絶するという事は、［世界に存在する］ものの全体［（集合）］について語る一つの方法を排除する。そして、示唆されるかもしれない他のいかなる方法も、同様に成り立たない事が見出されるであろう。少なくともウィトゲンシュタインはそう主張し、私もそれは正しいと思う。この事は、「対象」は疑似概念である、と言う事と同じである。「x は対象である。」と言う事は、何事をも言っていない。この事から、我々は「世界には対象が三つ以上存在する。」とか「世界には対象が無数存在する。」とかいった言明をする事は出来ない、という事が帰結する。対象は、或る一定の性質と結合されてのみ、言及され得るのである。我々は、「人間である対象が三つ以上存在する。」とか「赤い対象が三つ以上存在する。」と

かならば、言う事が出来る。何故ならば、これらの言明では「対象」という語は、論理の言語において、変項によって置き換えられ得るのであるから。「対象」という語は、第一の場合には「x は人間である」という関数を満足する変項によって、第二の場合には「x は赤い」という関数を満足する変項によって、置き換えられ得るのであるから。しかし我々が「対象が三つ以上存在する。」と言おうとするときは、「対象」という語の変項によるこのような置き換えは不可能になる。そしてそれ故、この命題は無意味である事が分かるのである。

　ここで我々は、ウィトゲンシュタインの基本テーゼの一例に接触する。それは、こういう事である：いかなる事であろうとも、世界について全体として語る事は不可能である；そして、語り得る事は、何であれ、世界の区切られた一部分についてでなくてはならない。この見解は、もともとは、［彼の］表記法によって示唆されたのかもしれない。そして、もしもそうであるならば、この事はその見解にとっては非常に好ましい事である。何故ならば、よい表記法というものは鋭敏さと示唆に富み、そのお陰でその表記法は、ときには、ほとんど生きた教師のようになるのであるから。［ここで言われている表記法とは、対象を、論理の言語において、変項で置き換える方法であろう。］表記法の乱れは、しばしば、哲学的誤りの最初の兆候であり、完全無欠な表記法は、思念の代わりをするであろう。しかしウィトゲンシュタイン氏に対し、たとえ最初に表記法が、論理は、世界の全体へではなく、世界の内部のものへ限定されるという事を示唆したとしても、この見解は、一度示唆されたならば、他の多くの事によって支持されるように思われる。私としては、この見解が究極的に真理であるか否かを知っていると、公言はしない。この解題における私の関心事は、この見解についての判決ではなく、解説なのである。この見解によれば、もしも我々が世界の外に出る事が出来るならば、即ち、もしも世界が我々にとって全世界ではなくなるならば、そのとき初めて我々は、世界の全体について何事かを語る事が出来るのである。我々の世界は、それを上から展望し得る或る超越的な存在にとっては、限界があるかもしれないが、しかし我々にとっては、それがいかに有限であろうとも、限界を持つ事は出来ない。何故ならば、それの外側は存在しないのであるから。ウィトゲンシュタインは、［世界との］類比として、視野を用い

ている。我々の視野は、我々にとっては、限界を持っていない。何故ならば、その外側にはもはやいかなる視野も存在しないからである。そして同様に我々の論理的世界は、論理的限界を持っていない。何故ならば、我々の論理はその外側について何も知らないからである。これらの考察が彼を、独我論についてのいくらか奇妙な議論に導いた。彼は、以下のように言うのである。論理は世界を満たす；世界の限界はまた論理の限界でもある。したがって我々は、論理において、こう言う事は出来ない：世界にはこれとこれは存在するが、あれは存在しない。というのは、そのように言う事は、我々は或る可能性［(或る事実の存在の可能性？)］の排除を前提しているように思われるが、この可能性の排除は事実としては起こり得ないから、である。何故ならば、この可能性の排除が事実として起こり得るとすれば、論理は世界の諸限界を越え出なければならないから；即ち、論理は世界の諸限界を外側からも眺める事が出来ねばならないから。我々は、思考し得ぬものを思考する事は出来ない；したがって我々は、思考し得ぬものを<u>語る</u>事も出来ない。［(5.61)］

彼は言う。この所見は、独我論［はどの程度まで真理であるか、という問い］に［決着をつける］鍵を与える。独我論が意味している事は完全に正しいのであるが、ただそれは、<u>語られ</u>得ず、自らを示すのみなのである。世界は<u>私の</u>世界である、という事［――これは独我論の表現の一つである――］は、(私のみが理解する<u>この</u>) 言語の諸限界が<u>私の</u>世界の諸限界を意味する、という事の中に示されている。［(5.62)］形而上学的主体は、世界には属さない；それは、世界の一限界なのである。［(5.632)］

次に我々は、一見それが含む命題の真理関数ではない分子命題の問題、例えば「Aは、*p* と信じる」のような分子命題の問題、を取り上げねばならない。

ウィトゲンシュタインはこの主題を、全ての分子命題は真理関数である、という彼の立場を主張する言明において、導入する。彼は (5.54 において) こう言う：「一般的命題形式においては、命題は［複合］命題の中で、真理操作の基礎命題としてのみ、現れる。」彼の説明はこう続く：一見したところ、命題はそれとは違った仕方でも命題の中に現れ得るかの如くに見える。例えば「Aは、*p* と信じる」がその一例である。ここにおいては命題 *p* は、

表面的には、対象 A に対してある種の関係に立っているかの如くに思われる。「しかしながら、「A は、p と信じる」「A は、p と考える」「A は、p と言う」は、「「p」は、p と言う」という形式を持っている、という事は明らかである。そして、ここにおける問題は、[p という]或る事実と[A という]或る対象の対応づけではなく、[p という事実と「p」という事実という]二つの事実の間の、それらを構成している対象間の対応づけによる対応づけ、なのである。」(5.542)[「「p」は、p と言う」という命題は、分子命題ではない。それは、p という事実と「p」という事実の間の或る関係を述べている原子命題なのである。]

　ここでウィトゲンシュタイン氏が言っている事は余りにも短いので、そのポイントは、彼が関わっている[私との]論争を知らない人には、はっきりしないであろう。彼が同意しない理論は、[私の]『哲学小論集（Philosophical Essays）』と『アリストテレス協会会報（Proceedings of the Aristotelian Society）1906-7』にある、真偽の本性に関する私の論文に見出されるであろう。彼と私の間で意見の一致をみない問題とは、信念の論理的形式の問題、即ち、人が信念を持つとき生じる事を表現する図式は何か、という問題である。この問題は、勿論、信念についてのみならず、命題に対する態度と言われてもよい他の多くの心的現象、即ち、疑う、考える、欲求する、等々、についても、当てはまる。これら全ての場合において問題の心的現象を表現するには、「A は、p という事を疑う」[「A は、p と考える」]「A は、p という事を、欲求する」等々といった形式が自然であると思われる。そしてこの形式は問題の心的現象を、あたかも我々は人と命題の関係を扱っているかの如くに、見せかける。勿論、問題の心的現象を「A は、p という事を疑う」[「A は、p と考える」]「A は、p という事を、欲求する」等々といった形式で表現するという事は、究極的な分析ではあり得ない。何故ならば、人というものは虚構であり、そして命題もまた、それ自体は独立した事実であるという意味で考えるのでないならば、虚構であるから。それ自体独立した事実であると考えられた命題は、人が内心でつぶやく一組の語であるかもしれないし、[心に浮かぶ]複合したイメージ、或いは、心をよぎって行く一連のイメージ、ないしは、[語るときに]初めに現れる身体運動[(口や声帯の動き？)]の集まり、であるかもしれない。それは、[それ

ら以外の〕無数の様々なことどもの中の一つであり得る。それ自体独立した事実であると考えられた命題、例えば、或る人が内心で発する語の実際の集まりは、論理には関係がない。論理に関係があるのは、それら様々なことどもに共通する要素、そのお陰でその人がその命題が語る事実を——我々の言い方では——<u>意味する</u>事が可能になる要素、である。心理学には、勿論、もっと多くの事が関わっている。何故ならば、記号はそれが表すものを、論理的関係のお陰のみによってではなく、意図とか連合とかその他いろいろなもののお陰で、意味するのであるから。意味の心理的部分は、しかしながら、論理学者には関わりがない。信念の問題で論理学者に関係があるのは、論理的図式である。人が或る命題を信じるとき、形而上学的主体として考えられた人は、そのとき起きている事を説明するために想定されるべきものではない。説明されるべきは、それ自体独立した事実であると考えられた命題である一組の語と、その命題を真または偽とする「客観的」事実の間の、関係である。説明されるべきは、究極的には、命題の意味の問題なのである。即ち、命題の意味のみが、信念の分析に含まれている問題の非心理的部分なのである。その部分とは、単に、二つの事実の間の関係の問題、即ち、信念を持っている人によって使われる一連の語と、その一連の語を真または偽とする事実の間の関係の問題、である。一連の語は、それを真または偽とするものが事実であるのと丁度同じように、事実である。これら二つの事実の間の関係は、〔もはやそれ以上は〕分析不可能という訳ではない。何故ならば、命題の意味はその構成要素の意味から結果するのであるから。命題であるところの、一連の語の意味は、〔それを構成する〕個々の語の意味の関数なのである。したがって命題は、全体としては、命題の意味の説明における説明されるべきものの中には、実際には入り込まない。我々が考察しているこの場合、「命題は命題としてではなく事実として成り立っているのだ」と言う事が、私が指摘しようとしている見方を示唆するのに役立つであろう。そのように言う事は、しかしながら、あまり文字どおりにとられてはならない。真の論点は、こうである：信じる、欲求する、等々、において論理的に根本的な事は、<u>事実として</u>考えられた命題の、それを真または偽とする事実に対する関係であり、且つ、二つの事実の間のこの関係は、それらの構成要素の間の関係に還元可能であるという事である。したがって、〔「Aは、pと

信じる」における] 命題 [p] は、真理関数に現れるのと同じ意味で、そこに現れるのでは全くない。

　ウィトゲンシュタイン氏の理論には非常に大きな技術的進展を必要とする幾つかの点があるように、私には思われる。この事は、特に数についての彼の理論（6.02 以降の部分）に当てはまる。それは、そのままでは、有限な数を取り扱う事が出来るのみなのである。［ところが］論理学は、有限を超えた数を取り扱う事が出来る事が示されるまでは、妥当であるとは考えられ得ないのである。私は、ウィトゲンシュタイン氏の理論にはその欠陥を埋める事を彼に出来なくする何かが存在するとは、思わない。

　比較的細かい部分に立ち入ったそのような問題よりも、もっと興味深いのは、神秘的なものに対するウィトゲンシュタイン氏の態度である。神秘的なものに対する彼の態度は、［言語における］純粋に論理的な部分に関する彼の学説から自然に生まれたものである。その学説によれば、論理学に出てくる命題［（「論理法則」という意味での命題ではない）］は、事実の（真または偽の）像であり、且つ、その事実と或る構造を共有している。命題を事実の像であるとする事を可能にするのが、［まさに］この共有されている構造なのである。しかしこの構造それ自体は、言葉にする事が出来ない。何故ならそれは、言葉が指示する事実の構造であるのみならず、言葉［自体］の構造でもあるのであるから。［命題は事実（可能的事実を含めた意味で）を語る事が出来るのみである。しかし構造は、事実の構造であって、それ自体は事実ではない。したがって、命題が構造を語る事が出来ないのは、初めから明らかである。しかしそれでもなお、構造それ自体を何とか言葉にする事は出来ないのか。例えば、メタ言語で。しかしやはり、出来ないのである。］したがって、言語が世界を表現する事を可能にする全ての道具立ては、言語表現が出来ないままでなくてはならない。そしてそれ故それは、完全に正確な意味では、表現不可能なのである。この表現不可能性を有するものには、ウィトゲンシュタイン氏によれば、論理と哲学の全体が含まれている。彼が言うには、哲学を教える正しい方法は、こうであろう：哲学的主張には手を出さず、有らん限りの明確さと正確さを持って述べられた科学的命題以外、何も語らぬ事；そして、学習者が哲学的主張をしたときは、彼にその主張は無意味である事を証明してやる事。[（6.53 を参照。）] 実際のところ、哲学

を教えるこの方法を試みた人には、ソクラテスの運命が降りかかるかもしれない。しかし我々は、もしもそれが唯一正しい方法であるならば、そんな事を恐れて躊躇してはならない。しかしながら、ウィトゲンシュタインが自己の立場を支えるために行った非常に強力な議論にもかかわらず、彼の立場を受け入れる事に若干の躊躇を引き起こすのは、この恐れではない。その躊躇を引き起こすのは、結局ウィトゲンシュタイン氏は、語り得ぬものについて非常に多くの事をなんとか語り、それによって懐疑的な読者に、言語の階層あるいは何らかのその他の非常口という或る抜け穴が多分あるのではないか、という事を示唆しているという事実である。例えば倫理の全主題は、ウィトゲンシュタイン氏によって、神秘的な語り得ぬ領域に置かれている。それにもかかわらず彼は、彼の倫理についての意見を伝える事が可能なのである。彼の弁明は、彼が神秘的と呼ぶものは、語られ得ないとはいえ示され得るのだ、というものであろう。この弁明は、妥当なものであるかもしれない。しかし私としては、この弁明は私に或る意味での知的不快感を残すという事を、告白しておく。

　［語り得ぬという］この困難が特別に先鋭になる、純粋に論理的な問題が一つある。私が意味しているのは、一般性の問題である。一般性の理論においては、与えられた命題関数 fx について、fx の形をした全命題を考える事が必要である。この事は、ウィトゲンシュタイン氏の体系においては、論理の表現され得る部分に属する。しかし、x の可能な値の全体――これは fx の形をした命題の全体に含まれていると思われよう――は、ウィトゲンシュタイン氏によって、語られ得るものの中には入れられてない。何故ならば、それは、世界の中のものの全体と異ならないし、したがって、世界を全体として考えようとする試みを含むから。「限られた全体としての世界、に対する感情は、神秘的である。」(6.45) したがって、x の値の全体は神秘的である。この事は、ウィトゲンシュタイン氏が、世界には幾つものがあるか、とか、例えば、世界にはものが三つ以上ある、とかいった命題を作る事が出来るという事を否定するとき［(4.1272, 4.128, 5.553 を参照。)］、明瞭に論じられている。

　［語り得ぬという］この困難は、私の意見では、次のような可能性を示唆する：ウィトゲンシュタイン氏が言うように、いかなる言語も或る構造を持

っているが、それについてはその言語の中では何事も語られ得ない；しかし、この第一の言語の構造を取り扱うところの、それ自体或る新しい構造を持った［第二の］別の言語があるかもしれない；そして言語のこの階層には、限界がない。ウィトゲンシュタイン氏は、勿論、彼の全理論はそのまま何の変更もなしに、そのような言語群の全体に適用可能であると言って、反論するであろう。これに対する唯一の返答は、何らかのそのような全体が存在するという事を、否定する事であろう。ウィトゲンシュタイン氏が語る事が論理的に不可能であると主張する全体［なるもの］は、それにもかかわらず、彼によって存在すると思われている。そしてそれは、彼の神秘主義の主題なのである。我々の［言う言語の］階層の全体は、論理的に表現不可能であるのみならず、［実は］虚構であり単なる妄想であろう。そして、そうであるとすれば、神秘的なるものと想定された領域は廃棄されるであろう。［原文では、ここに段落なし。］

　［語り得ぬという困難が示唆する］そのような仮説は、非常に難しい。そして私は、それに対する、目下のところどう答えてよいか分からない反論を、承知している。しかし私には、何らかのもっと易しい仮説でウィトゲンシュタイン氏の結論から逃れる事が出来るものかどうか、分からない。もしもこの非常に難しい仮説が支持され得る事が証明されたとしても、それでもなお、ウィトゲンシュタイン氏の理論の非常に大きな部分は、たとえ、もしかして彼自身が最も強調しようとした部分ではないとしても、そのまま残されるであろう。論理の難しさと、拒否し得ぬと思われる理論の欺瞞性を、永いこと経験してきた者として、私は、いかなる点においても誤りを見出し得ないという事のみを根拠に、理論の正しさを確信するという事は不可能である、と思うようになっている。しかし、いかなる点においても明白に誤りという訳ではない論理の理論を構築したという事は、並々ならぬ困難さと重要性を持った業績の達成である。私の意見では、ウィトゲンシュタイン氏はこの本でこの賞賛すべき行為をなし、そしてこの本をいかなる真面目な哲学者にも無視出来ないものにしたのである。

1922年5月

　　　　　　　　　　　　　　　　　　　　　　バートランド・ラッセル

論理的−哲学的論考

我が友デーヴィッド H. ピンセントに、在りし日を追憶しつつ、この書を捧ぐ。

モットー：…そして、人が知っている事は全て、ただ単にざわめきとして聞いたのでないならば、三語で語られ得る。

キュルンベルガー

目　　次

(各項目の右側の数字は頁ではなく命題番号を示す。)

序
諸事実の総体としての世界　　1〜1.21
事実・事態・対象　　2〜2.0141
世界の実体としての対象　　2.02〜2.0272
事態の構造と形式　　2.03〜2.034
諸事態の成立と不成立・現実　　2.04〜2.063
事実の像　　2.1〜2.141
像の構造・写像の形式・写像関係　　2.15〜2.172
表現の形式　　2.173〜2.174
論理的形式・論理的像　　2.18〜2.21
像の意味　　2.22〜2.225
論理的像としての思念　　3〜3.05
世界に対して［逆向きに］投影関係にある命題記号としての命題　　3.1〜3.13
事実としての命題記号　　3.14〜3.144
完全に分析された［要素］命題・名前　　3.2〜3.221
［要素］命題の分析　　3.23〜3.261
名前の意味　　3.262〜3.3
表現・変項　　3.31〜3.314
論理的原像・表現の関数としての命題　　3.315〜3.318
記号とシンボル・表示の仕方　　3.32〜3.322
日常言語における混乱・記号言語の必要性　　3.323〜3.33
タイプの理論の誤り　　3.331〜3.333

シンボルの本質的な面と偶然的な面　　3.334〜3.3442
論理空間において一つの場所を決定する［要素］命題　　3.4〜3.42
有意味な命題としての思念・「言語批判」としての哲学　　3.5〜4.0031
像としての命題　　4.01〜4.021
命題と「示す」「語る」　　4.022〜4.023
構成要素の意味の関数としての命題の意味　　4.024〜4.0312 a
論理定項　　4.0312 b
命題の論理的多様性　　4.032〜4.0412
真理値・意味・否定　　4.05〜4.0641
哲学の本性　　4.1〜4.116
論理的形式の表現の不可能性　　4.12〜4.1213
形式的特性・形式的関係　　4.122〜4.123
形式的特性の表現のされ方　　4.124〜4.1252
形式的概念　　4.126
形式的概念を表示する変項　　4.127〜4.12721
形式列の一般項の表現のされ方　　4.1273
論理的形式と数　　4.1274〜4.128
［複合］命題の分析　　4.2〜4.24
同一性・定義　　4.241〜4.243
真理可能性　　4.25〜4.31
要素命題の真理関数としての命題　　4.4〜4.431
命題記号としての真理表・「論理的対象」　　4.44〜4.442
極端な場合としての同語反復命題と矛盾命題　　4.45〜4.4661
一般的命題形式　　4.5〜5.01
独立変項と指標の区別　　5.02
推論・演繹　　5.1〜5.134
因果結合　　5.135〜5.1362
同語反復命題と矛盾命題の命題同士における共有性　　5.1363〜5.143
確率　　5.15〜5.156
内的関係の表現としての操作　　5.2〜5.254
要素命題に対する真理操作の結果命題としての命題　　5.3〜5.32

目　次

「論理的対象」・「論理定項」・否定　　5.4〜5.442
論理的原始記号　　5.45〜5.452
論理学の本性　　5.453〜5.4541
句読点としての論理的操作記号　　5.46〜5.4611
一般的命題形式　　5.47〜5.472
論理学の自律性・自明性・オッカムの格言　　5.473〜5.4733
基礎操作　　5.474〜5.476
基礎的な論理的操作としての否定［の連言］　　5.5〜5.511
記号法の本質・否定　　5.512〜5.5151
一般性　　5.52〜5.525
完全に一般化された命題による世界記述　　5.526〜5.5262
同一性　　5.53〜5.534
「無限公理」　　5.535〜5.5352
信念・判断等々を表す命題　　5.54〜5.5423
要素命題の形式・論理の適用　　5.55〜5.5571
言語の諸限界　　5.6〜5.61
独我論・形而上学的主体　　5.62〜5.641
真理関数の一般形式・命題の一般形式　　6〜6.01
数　　6.02〜6.031
同語反復命題としての論理学の命題・論理学の本性　　6.1〜6.113
言語と世界の形式的特性　　6.12〜6.1202
同語反復命題の直観的証明・論理学の命題はなくてもすむ　　6.1203〜6.1221
論理学の命題のア・プリオリ性　　6.1222〜6.123
論理と一般的妥当性・「還元公理」　　6.1231〜6.1233
世界の骨組み・論理には驚きは存在し得ない　　6.124〜6.1251
論理学における証明・論理学の本性　　6.126〜6.13
数学の本性・等式としての数学の命題　　6.2〜6.2323
数学的方法　　6.233〜6.241
科学・帰納法・因果法則　　6.3〜6.34
科学理論の本性　　6.341〜6.35

因果法則・「時間の経過」　　6.36〜6.362
帰納・自然法則　　6.363〜6.372
私の意志とは独立な世界　　6.373〜6.374
論理的不可能性　　6.375〜6.3751
価値を有しない世界　　6.4〜6.41
倫理・賞罰・意志　　6.42〜6.43
死・不死　　6.431〜6.4312
神・神秘なるもの・永遠の相・人生の問題　　6.432〜6.522
哲学の正しい方法・梯子・沈黙　　6.53〜7

序

　おそらくこの書は、その中で表現されている思想——或いはいずれにせよそれに似た思想——を既に自ら一度は考えた事のある人にのみ、理解されるであろう。——それ故この書は、教科書ではない。——この書の目的は、それを読んで理解した人に楽しみを与えるならば、達成されたことになろう。

　この書は、哲学の諸問題を取り扱っている。そしてこの書は、——私の信ずるところによれば——哲学の諸問題が立てられるのは我々の言語の論理が誤解されている事に基づいているのだ、という事を示している。人は、この書がその全体で示している事を、例えば、以下のように纏める事が出来よう：そもそも一般に語られ得るものは、明確に語られ得る；そして人は、語り得ぬものについては、沈黙しなくてはならない。

　それ故この書は、思考に、——或いはむしろ、思考にではなく思考された事の表現に——或る限界を定めようとする：何故なら、思考に限界を定めるためには、我々はその限界の両側を思考し得ねばならないから（したがって、思考し得ぬ事を思考し得ねばならないから）。

　それ故その限界は、ただ言語の中においてのみ定められ得るのであり、その限界の彼方に在るものは端的に無意味であろう。

　私は、どの程度まで私の努力が他の哲学者たちの努力と符合しているかを、判断しようとは思わない。そもそも私は、私がここに書いた個々の事柄が新しい事だと、主張しはしない；そして、私が考えた事が既に私以前に他人が考えていた事かどうかは、私にはどうでもよいので、私は文献の提示もしていない。

　ただ私は、私の思想への刺激の大きな部分をフレーゲの偉大なる仕事と私の友人バートランド・ラッセル氏の著作に負っている、という事は言ってお

こうと思う。

　もし私の著作が価値を持つとすれば、それは次の二通りの仕方においてである。第一に、私の著作には思想が表現されている。そしてその事の価値は、その思想がより良く表現されていればいる程——即ち、表現がより適切であればある程——、より大きいであろう。——ここにおいて私は、私の思想が決して適切には表現されていないという事を、自覚している。その理由は全く、私の思想を適切に表現するという課題を達成するのに、私の能力があまりにも乏しいからである。——余人来り、その課題の達成により近づかんことを。　これに対し私には、ここにおいて伝えられている思想が<u>真理である事</u>は、非の打ち所なく且つ決定的である、と思われる。したがって私の意見では、哲学の諸問題は本質的には最終的に解かれたのである。そして、もし私がこの点で間違えていないならば、この著作の価値は第二に、この著作は哲学の諸問題が解かれた事によっていかに僅かな事しか行われていないかを示している、という事にあるのである。

　ウィーン、1918 年

　　　　　　　　　　　　　　　　　　　　　L. ウィトゲンシュタイン

諸事実の総体としての世界（1〜1.21）
1*　　世界は、成立している事柄［(成立している事態)］の総体である。
　　　　　＊それぞれの命題につけられた命題番号としての小数点つきの番号は、それぞれの命題の論理的重要度——私の叙述においてそれぞれの命題に置かれた強調度——を指示している。命題 $n.1, n.2, n.3,$ 等々は、命題 n への注釈である；命題 $n.m1, n.m2,$ 等々は、命題 $n.m$ への注釈である；等々。［但し、このコメントは必ずしも当たっていない。命題番号にはとらわれない方がよい場合もある。］
1.1　　世界は、［原子的］諸事実の総体であり、〈もの〉の総体ではない。
1.11　　世界は、［原子的］諸事実及びそれらが<u>全</u>事実である事によって、決定されている。
1.12　　何故ならば、［原子的］諸事実の総体は、成立している事柄［(成立している事態)］［の全て］のみならず、成立していない事柄［(成立していない事態)］の全てをも、決定しているのであるから。
1.13　　論理空間［(可能的原子的事実、即ち事態、の集合)］の中の［原子的］諸事実の総体が世界である。
1.2　　世界は、分解されると、［原子的］諸事実になる。
1.21　　［個々の］事柄［(事態)］は、成立する事も可能であり、成立しない事も可能である。そして、［個々の事柄(事態)が成立するにしろ成立しないにしろ、］それ以外の事柄［(事態)］は全て不変のままである。

事実・事態・対象（2〜2.0141）
2　　　［一般の］成立している事柄——［広い意味での］事実——は、諸事態の成立である。
2.01　　事態とは諸対象（諸々の個物［(インディヴィデュアル)］）と普遍

[（ユニヴァーサル）])の結合である。
　　　　［原文はDer Sachverhalt ist eine Verbindung von Gegenständen（Sachen, Dingen）である。したがってウィトゲンシュタインにおいては、「対象」には「事」と「もの」があるのだと解釈し、それぞれを更に「普遍」と「個物」と考える事にする。そして、両者を合わせて「対象」あるいは「〈もの〉」と呼ぶ事にする。］

2.011　事態の構成要素であり得るという事が、〈もの〉にとって本質的なのである。

2.012　論理においては、偶然的な事は何もない：もし或る〈もの〉が或る事態の中に現れ得るならば、この可能性は、その〈もの〉の中に既に予め入れられているのである。

2.0121　もしも、それ自体で成立し得る〈もの〉に、事後的に或る状況［（事態）］が適合するとすれば、それは言わば偶然的と思われる。
　　　　もしも、或る〈もの〉が或る事態の中に現れ得るならば、この事は既にその〈もの〉の中に存在するのでなくてはならない。
　　　　（論理的な事は、単に可能である、という事ではあり得ない。論理学はあらゆる可能性を扱うのであり、全可能性が論理学の事実なのである。）
　　　　我々はそもそも、空間的対象を空間の外に、時間的対象を時間の外に、思い描く事が出来ないように、我々は対象を、それと他の対象との結合の可能性を考えずに、思い描く事は出来ない。
　　　　もしも私が或る対象を、事態を構成している諸対象の結合の中に思い描く事が出来るならば、私はその対象を、その結合の可能性なしに思い描く事は出来ない。

2.0122　〈もの〉は、それが全ての可能な状況［（事態）］の中に現れ得る限り、自立的である。しかしこの自立性の形式は、事態への依存の形式であり、非自立性の形式である。（語は二つの異なった仕方で、即ち、単独で、と、命題の中で、という仕方で、現れる事は不可能である。）

2.0123　もしも私が或る対象を知っているならば、私はその対象が事態に現れる全ての可能性をも知っている。

　　　　　（そのような可能性はいずれも、対象の本性の中に入っているのでなければならない。）
　　　　　新しい可能性が後から発見されることはあり得ない。
2.01231　対象を知るためには、私はその外的な特性を知る必要はないが、——しかし私は、その内的な特性を全て知らなくてはならない。
2.0124　全対象が与えられるならば、同時に全可能的事態もまた与えられる。
2.013　〈もの〉はすべて、言わば、［それが入り得る］可能的事態という空間の中にある。私はこの空間が空っぽであることは想像できるが、しかし私は、この空間なしに〈もの〉を想像する事は出来ない。
2.0131　空間的対象は無限な空間の中になくてはならない。（空間内の点は［、言わば、様々な空間的対象によって占められる］独立変項の場所である。）
　　　　　視野の中に在る染みは、赤くある必要はないが、しかし何らかの色をもっていなければならない：染みは、言わば、その周りに色の空間をもっているのである。音は或る高さをもっていなければならない［：音は、言わば、その周りに高さの空間をもっているのである］。触覚の対象は或る硬さをもっていなければならない［：触覚の対象は、言わば、その周りに硬さの空間をもっているのである］。等々。
　　　　　［独立変項の変域も空間なのである。したがって、「空間」には二つの意味があることになる。染みを例にとれば、それは、視野という空間の中にあり、同時に、それがとり得る可能な色の集合という空間——色空間——の中にあるのである。この構造は、ソシュールが言うところの「連辞関係」と「連合関係」の構造を思い浮かべると、よく分かる。］
2.014　対象は、［それが入り得る］全状況［（全事態）］の可能性を含んでいる。
2.0141　対象が事態の中に現れる可能性が、その対象の形式である。

世界の実体としての対象（2.02〜2.0272）
2.02　　対象は単純である。
2.0201　複合体についての言明は、いずれも、その構成要素それぞれについ

ての言明と、その複合されたもの［の構造］を完全に記述する言明に分解される。［3.24 を参照。］

2.021　対象は世界の実体を構成する。それゆえ対象は、更に分解される事は出来ない。

2.0211　もしも世界に実体がないならば、命題が意味を持つか否か［、即ち、真であり得るか否か、］は、他の命題が真であるか否かに、依存するであろう。［かくして、無限後退に陥る事になる。］

2.0212　もしも世界に実体がないならば、世界の像を（正しく又は間違えて）描く事は、不可能であろう。

2.022　想像された世界は、それが現実の世界からいかに掛け離れていようとも、現実の世界と或るもの——或る形式——を共有しなければならない、という事は明らかである。

2.023　この不変の形式は、まさに［関係する］諸対象によって決められている。

2.0231　世界の実体は、ただ［世界の］形式を決定出来るのであり、［世界の］実質的特性を決定することは出来ない。何故ならば、［世界の］実質的特性は命題によって初めて表現されるのであるから——即ち、対象の配置によって初めて構成されるのであるから。

2.0232　ついでに言うと：対象［（個物）］には色がない。

2.0233　同じ論理的形式の二つの対象［（個物）］は——それらの外的特性を無視すれば——それらは［二つの対象（個物）として］異なっているという事によってのみ、区別される。

2.02331　或る〈もの〉［（個物）］が他のいかなる〈もの〉［（個物）］も持っていない諸特性を持っている場合と、全特性を共有している多くの〈もの〉［（個物）］が存在する場合の、二つの場合がある。前者の場合、人は直ちに［ラッセルが言うところの］記述によって他の〈もの〉［（個物）］からその〈もの〉［（個物）］を区別し、それを指示する事が出来る。後者の場合、それらから［その中の］一つを指示する事はそもそも不可能である。

　何故ならば、〈もの〉［（個物）］が何によっても区別されないならば、私は〈もの〉［（個物）］を区別出来ないから。と言うのは、そう

でないならば、その〈もの〉[(個物)]はまさに区別されるのであるから。

　　　　　[ウィトゲンシュタインはラッセルの「記述の理論」を完全に受け入れている。]

2.024　実体[(個物)]は、成立している事柄[(成立している事態――原子的事実――)]とは独立に存立している。

2.025　実体[(個物)]は形式と内容で成り立っている。

　　　　　[ここにおける内容とは、同じ論理的形式の二つの対象[(個物)]を二つの対象[(個物)]として区別するものである、と思われる。]

2.0251　空間[の中に在ること]、時間[の中に在ること]、及び色(有色性)[(色空間の中に在ること)]は、対象[(個物)]の形式である。

2.026　対象が存在するときにのみ、世界の不変の形式が存在し得る。

2.027　不変なるもの、存立しているもの、及び対象は、同一である。

2.0271　対象は、不変なるもの、存立しているもの、である；[対象の]配置は、変化するものであり、不安定なものである。

2.0272　対象の配置が、事態を構成する。

事態の構造と形式（2.03〜2.034）

2.03　諸対象は事態において、鎖の輪のように、相互に連結している。

2.031　諸対象は事態において、一定の仕方で、相互に関わりあっている。

2.032　諸対象が事態において相互に関わりあうその仕方が、その事態の構造である。

2.033　[事態の]構造の可能性が、[その事態の]形式である。

2.034　事実の構造は、[それを実現する]諸事態の構造から成り立っている。

諸事態の成立と不成立・現実（2.04〜2.063）

2.04　成立している諸事態の総体が、世界である。

2.05　成立している諸事態の総体は、成立していない諸事態の総体をも決定する。[(1.12 を参照。)]

2.06　諸事態の成立と不成立が現実である。

　　　　（我々はまた、或る事態の成立を「肯定的事実」と呼び、或る事態

の不成立を「否定的事実」と呼ぶ。）

　　　　［事態は成立か不成立かである。したがって、二つの事態については、こういう組み合わせがある。

　　　　　　事態Ⅰ　　事態Ⅱ
　　　　　　成立　　　成立
　　　　　　成立　　　不成立
　　　　　　不成立　　成立
　　　　　　不成立　　不成立

　　　　二つの事態のこの4通りの組み合わせのそれぞれを「状況」と言い、その中の一つが「現実」なのである。その意味で「状況」は、言わば「分子的事態」なのである。］

2.061　　事態は、相互に独立である。
2.062　　或る事態の成立あるいは不成立から、他の事態の成立あるいは不成立が推論される事はあり得ない。
2.063　　現実の総体が世界である。

事実の像（2.1〜2.141）

2.1　　我々は自らの内に事実の像を作る。
　　　　　［ここに言う「事実」は肯定的事実である。］
2.11　　像は、論理空間［（可能的状況──可能的な複数の事態の組──の集合）］において、［一定の］状況［（複数の事態の組）］を提示する。即ち像は、論理空間において、諸事態の成立と不成立［の組］を提示するのである。

　　　　［例えば、交通事故の状況を表している像（説明図あるいは説明のためのミニチュアの動く配置）は、多くの可能的状況の中で、不幸にも、「トラックがこう来たのに、スポーツカーがここで止まらなかった」という事を、提示している。この際、「トラックがこう来た」という事は、それ自体が「これはトラックである、そして、これはこう来た」という状況であり、「スポーツカーがここで止まらなかった」、という事も同様である。したがって、交通事故の状況を表している像は、二重の意味で状況を提示しているのである。］

2.12 　像は、現実の模型である。
2.13 　像の要素は、像において、対象に対応する。
2.131 　像の要素は、像において、対象を代理する。
2.14 　像は、それを構成する諸要素が或る一定の仕方で相互に関係している、という事で成り立っている。
2.141 　像は、一つの事実である。

像の構造・写像の形式・写像関係（2.15〜2.172）

2.15 　像の諸要素が或る一定の仕方で相互に関係している、という事は、諸対象が或る一定の仕方で相互に関係している、という事を提示している。
　　　像の諸要素のこの結合は像の構造と呼ばれ、その構造の可能性は像の〈写像の形式〉と呼ばれる。
2.151 　〈写像の形式〉は、像の諸要素のように、諸対象が相互に関係するという事の可能性で［も］ある。
2.1511 　像は<u>この様に</u>現実と結び付いている；像は現実に達している。
2.1512 　像は、物差しのように、現実にあてがわれる。
2.15121 　目盛り線の一番外側の点だけが、計られる対象に<u>触れる</u>。
2.1513 　この事を比喩にすれば、像を像たらしめる写像関係もまた、像に属するのである。
2.1514 　写像関係は、像の諸要素と諸対象の間の対応関係によって、成り立っている。
2.1515 　この対応関係は、云わば、像の諸要素の触手であり、それによって像は現実に触れるのである。
2.16 　事実は、それが像であるためには、それによって写像されるものと何かを共有しなければならない。
2.161 　像とそれによって写像されるものには、いやしくも一方が他方の像であり得るのであるから、何か同一のものが存在しなければならない。
2.17 　像が、自らの仕方で──正しいにせよ間違えているにせよ──現実を写像し得るために、現実と共有しなければならないもの、それが像が有する〈写像の形式〉である。

2.171　像はいかなる現実をも、その現実の形式をその像が有するかぎり、写像する事が出来る。
　　　　　空間的像はいかなる空間的なるものをも、色のつき得る像はいかなる色のついたものをも、写像する事が出来る。等々。
2.172　しかし像は、自らが有する〈写像の形式〉は、写像出来ない；像は、自らが有する〈写像の形式〉を、示しているのである。

表現の形式（2.173～2.174）

2.173　像は、それが表現しようとするものを、外から表現する。（その観点が像の〈表現の形式〉である。）それ故像は、それが表現しようとするものを、正しく或いは間違えて表現するのである。
2.174　しかし像は、自らが有する〈表現の形式〉の外に立つ事は出来ない。

論理的形式・論理的像（2.18～2.21）

2.18　あらゆる像が、たとえそれがいかなる〈写像の形式〉を持っていようとも、そもそも現実を――正しいにせよ間違えているにせよ――写像する事が出来るためには、現実と共有しなければならないもの、それが〈論理的形式〉である。〈論理的形式〉は、現実の形式である。
2.181　〈写像の形式〉が〈論理的形式〉であるならば、その像は論理的像と言われる。
2.182　像はみな論理的像で<u>も</u>ある。（これに対し、例えば、像がみな空間的像である訳ではない。）
2.19　論理的像は、世界を写像する事が出来る。
2.2　像は写像されるものと写像の〈論理的形式〉を共有している。
2.201　像は、事態の成立と不成立［（肯定的事実と否定的事実）］の可能性を表現する事によって、現実を写像する。
2.202　像は、論理空間において可能的状況を表現する。
2.203　像は、それが表現する状況の可能性を含んでいる。
2.21　像は、現実と一致するか一致しないか、である。像は、正しいか正しくないか、である；像は真または偽である。

像の意味（2.22～2.225）

2.22　像は、その真偽とは無関係に、それが表現するものを〈写像の形

式〉を通じて表現する。
2.221　像が表現するもの、それがその像の意味（Sinn）である。
2.222　像の真偽は、その像の意味と現実との一致不一致で成り立つ。
2.223　像の真偽を知るためには、我々はその像を現実と比べねばならない。
2.224　像のみからでは、その像の真偽を知る事は出来ない。
2.225　ア・プリオリに真なる像は、存在しない。
　　　　［例えば、富士山には空間性（3次元・位置・形・大きさ）と有色性がある。この富士山を（1）カンバスの上に絵の具で描く場合と、（2）スケッチブックの上に鉛筆で描く場合を、考える。この場合、「絵の具で描く」という事と「鉛筆で描く」という事が、それぞれの場合の「表現の形式」である。そして実物とは、（1）の場合は形と有色性を共有し、（2）の場合は形のみを共有している。それぞれの場合に実物と共有されているものが、それぞれの場合の「写像の形式」であり、（1）の場合にも（2）の場合にも実物と共有されているもの、即ち「形」、が「論理的形式」である。］

論理的像としての思念（3〜3.05）

3　　　　事実の論理的像が思念である。
3.001　「或る事態が思考可能である」という事は、我々は自らの内にその事態の像を作り得る、という事である。
3.01　真なる思念の総体が、世界像である。
3.02　思念には、それが思考する状況の可能性が含まれている。思考可能なものは、［現実に］可能なものでもある。
3.03　我々は、非論理的なるものを思考する事は出来ない。何故ならば、さもないと我々は、非論理的に思考しなければならないから。
3.031　かつて人はこう言った。神は何でも創造し得る、但し、論理法則に反するものを除いては。――我々ならば、こう言う：我々は「非論理的な」世界について、それがどう見えるかを<u>言う</u>事は出来ない。
3.032　言語において、「論理に反する」何かを表現する事が不可能であるのは、幾何学において、空間の法則に反する図形を座標で表現する事

が不可能であり、また、存在しない点の座標を述べる事が不可能であるのと、同じである。

3.0321　我々は、物理学の法則に反する事態を空間的に表現する事は可能でも、しかし、幾何学の法則に反する事態を空間的に表現する事は不可能である。

3.04　ア・プリオリに正しい思念とは、その可能性がその真理性を保証するものであろう。

3.05　我々が、或る思念が真である事をア・プリオリに知り得るのは、その思念が真である事を（それを何かと比べる事なしに）その思念自体から知り得るときのみである。

世界に対して［逆向きに］投影関係にある命題記号としての命題（3.1〜3.13）

3.1　思念は、命題において、自らを感性的に知覚可能な姿に表現する。
　　　　［思念自体は、感性的には知覚可能ではない。］

3.11　我々は、命題における感性的に知覚可能な記号（音声記号或いは文字記号、等々）を、可能的状況［（事態）］の投影として用いる。
　　　投影の仕方［を逆向きに考える事］が、命題の意味を考える事である。

3.12　我々が思念を表現するその記号を、私は命題記号と名付ける。そして、命題とは、世界に対して［逆向きに］投影関係にある命題記号なのである。
　　　　［ここで、「命題」と言うとき、それは未だ使われていない。命題は、使われる事によって、思念となるのである。（4を参照。）］

3.13　命題には、投影に属する全てのものが属する；但し、投影されるものは属さない。
　　　したがって、命題には、投影されるものの可能性は属するが、投影されるものそのものは属さない。
　　　命題には、それゆえ、その意味を表現するという可能性は含まれているが、しかしやはり、その意味は含まれていない。
　　　（「命題の内容」とは、有意味な命題［（使われる事によって意味を

獲得した命題、即ち、思念)〕の内容の事である。)

　命題には、その意味の形式は含まれているが、しかし、その意味の内容は含まれていない。

　〔命題は、用いられる事によって、はじめて、その意味の内容をも獲得する；即ち当の命題は、有意味な命題として、その命題の内容を獲得するのである。〕

　　　〔要素〕命題記号

　　　〔要素〕命題 　　投影される　　 意味（可能的事態）
　　　　　　　　 ⟵――――――――⟶
　　　　　　　　　　表現する可能性

有意味な〔要素〕命題　　投影される　　 意味＝＝一致／不一致＝＝事実
（思念）　　　　　⟵――――――――⟶　　（可能的事態）
　　　　　　　　　　　表現する

事実としての命題記号（3.14〜3.144）

3.14 　命題記号は、その構成要素――即ち語――がその命題記号において或る一定の仕方で相互に関係している、という事において、成り立っている。

　　　命題記号は、一つの事実である。

3.141 　命題は、語の寄せ集めではない。――（音楽の主題が、音の寄せ集めではないように。）

　　　命題は、分節されている。

3.142 　事実のみが、意味を表現し得るのであり、名前の集まりでは、それは出来ない。

3.143 　命題記号が事実であるという事は、（書かれた）文字あるいは活字という通常の表現形式によって、隠蔽されている。

　　　何故ならば、例えば印刷された命題においては、命題記号は語と本質的には違わなく見えるから。

　　　（この事が、フレーゲをして、命題を合成された名前と呼ばしめたのである。）

3.1431 　もしも我々が命題記号を、書かれた記号によってではなく、空間的

な物（例えば、机、椅子、本）によって構成されていると想像するならば、命題記号の本質は非常に明確になるであろう。

　　この場合、これらの物の相互の空間的配置が、［それを命題記号とする］命題の意味を表現し得るのである。

3.1432　『複合記号「aRb」は、a は b に対して R という関係にある、という事を語っている』：これは正しくない。正しくは、こうである：記号「a」は記号「b」に対して或る関係にある、という事が、aRb という事を語っている。

3.144　人は状況［(事態)］を、記述する事は出来るが、名指す事は出来ない。（名前は点に似ているが、命題は矢に似ている。命題は意味をもっている。）

　　　　　　［命題には、矢がそうであるように、向き——構造——がある。その事によって命題は、同じ構造を有する事態を記述する。そしてその事態が、命題の意味なのである。］

完全に分析された［要素］命題・名前（3.2〜3.221）

3.2　　思念は命題で表現され得るが、その仕方は、思念を構成する対象に命題記号の要素が対応するように、なのである。

3.201　この場合の命題記号の要素を、私は「単純記号」と呼ぶ。そして、この場合の命題を、私は「完全に分析された命題」と呼ぶ。

3.202　命題において用いられた単純記号は、名前と呼ばれる。

3.203　名前は［思念を媒介にして、世界における］対象を意味する。［世界における］対象が、名前の意味（Bedeutung）である。（「A」は「A」と同じ記号である。）

3.21　　命題記号における単純記号の配置は、状況［(事態)］における対象の配置に、対応する。

3.22　　名前は、命題において、対象の代理をする。

3.221　対象については、私はただ名前をつける事が出来るのみである。［つけられた名前の］記号は、対象の代理をする。私は、ただ対象について［外的に］語る事が出来るのみであり、対象［そのもの］を［直接］言葉にすることは出来ない。命題は、〈もの〉がいかにあるかを言えるのみであり、〈もの〉［自体］が何であるかを言う事は出来な

い。

[要素] 命題の分析 (3.23〜3.261)

3.23　単純記号があり得る、という要求は、命題の意味は確定している、という要求と同一である。

3.24　複合体［(例えばソクラテス)］について何かを語る命題は、その複合体の構成要素について語る命題と、内的関係にある。

　　　複合体は、それについての記述によってのみ与えられ得る。そして、その記述は、合っているか合っていないか、であろう。複合体について語る命題は、もしその複合体が存在しなければ、無意味ではなく、端的に偽である。

　　　命題を構成している或る要素が複合体を指示しているという事は、その要素が現れている命題における不確定性から、見て取る事が出来る。我々は、そのような命題によっては、すべてが確定される訳ではない、という事を<u>知っている</u>。(普遍性を表す記号には、原型が<u>含まれている</u>のだ。)

　　　　［この部分は、ラッセルの「記述の理論」を知らないと理解出来ない。］

　　　複合体のシンボルを単純なシンボルで要約する事は、定義によって表現され得る。

3.25　命題には、一つそしてただ一つの完全な分析がある。

3.251　命題は、一定の、明確に示され得る仕方で、自らが表現するものを表現する。命題は分節されている。

3.26　名前は、いかなる定義によっても、さらに分解される事はない。名前は原始記号である。

3.261　定義された記号はすべて、それを定義した記号を経由して、表示を行う；そして、定義がその仕方を示す。

　　　　二つの記号——原始記号と原始記号によって定義された記号——は、同じ仕方で表示を行う事は出来ない。人は、名前を定義によって分解する事は<u>出来ない</u>。(それ自体で意味をもっている記号もまた、定義によって分解する事は出来ない。)

名前の意味 (3.262〜3.3)

3.262　記号の使用は、その記号［自体］においては表現されないものを、示す。記号の使用は、その記号が隠蔽するものを、示す。

3.263　原始記号の意味は、解明によって明らかにされ得る。［ここに言う］解明は、当の原始記号を含んでいる命題である。したがってこの解明は、当の原始記号の意味が既に知られている時にのみ、理解され得る。

　　　　　［ここに言う解明は、一種の隠伏定義（implicit definition）と考えられる。或る記号の隠伏定義は、その記号の使用のされ方を明らかにするものである。］

3.3　命題のみが意味（Sinn）をもつ；命題という文脈においてのみ、名前は意味（Bedeutung）をもつ。

　　　　　［一般に Sinn は「意義」と訳される。］

表現・変項（3.31〜3.314）

3.31　［要素］命題の部分で、その命題の意味の規定に寄与するものは、何であれ私は表現（シンボル）と呼ぶ。

　　　（命題自身が、一つの表現である。）

　　　［要素］命題の意味にとって本質的であり、且つ、諸［要素］命題が相互に共有し得るものは、全て表現である。

　　　表現は、［それを含む要素命題の意味の］形式と内容の目印である。

　　　　　［例えば、命題 aRb において、表現 $-R-$ は命題 aRb の意味の形式の規定に寄与し、表現 a, b は命題 aRb の意味の内容の規定に寄与する。］

3.311　表現は、それがその中に現れ得る全［要素］命題の形式を前提にしている。表現は、その全命題の集合において、その集合を特徴づけるところの、その全命題に共通する目印である。

3.312　表現は、それ故、それが特徴づける諸命題の一般形式によって、表現される。

　　　そして、この［一般］形式においては、当の表現は定項になるとはいえ、それ以外は全て変項である。

　　　　　［例えば、a を値として含む変項を x、R を値として含む変項を Z、b を値として含む変項を y とすれば、命題 aRb の一般

形式は xZy である。この場合、表現 a は、変項 x の一つの値として表現される。それは即ち、aZy として表現されるという事である。]

3.313　表現は、それ故、その値が当の表現を含んでいる命題であるところの、変項［(命題変項)］によって表現される。［(表現 a は、命題変項 aZy によって表現される。)］

　　　　(極限の場合、変項は定項になり、表現は命題になる。)

　　　　私は、そのような変項を「命題変項」と呼ぶ。

3.314　表現は、命題の中においてのみ意味を持つ。［表現は命題変項によって表現されるのであるから、］いかなる変項も、命題変項として解釈される。

　　　　(変項である名前もまた、命題変項として解釈される。)

論理的原像・表現の関数としての命題 (3.315〜3.318)

3.315　我々が或る［要素］命題の或る構成要素を変項で置き換えるならば、そこには、それによって成立する変項を含んだ命題の値全体で作られるところの、命題集合が存在する事になる。この命題集合は、なお一般には、［出発点をなした］件の命題の各構成要素が何を意味するか——これは我々の任意の取り決めである——に依存する。しかし我々が、その意味が任意の取り決めである全構成要素を変項で置き換えてしまえば、そこには、なお一層の命題集合が存在する事になるが、しかしこの命題集合は、今度はいかなる取り決めにも依存せず、当の命題の本性にのみ依存する。この命題集合は、或る論理的形式——或る論理的原像——に対応する。

3.316　命題変項がいかなる値をとり得るかは、取り決められるものである。

　　　　この値の取り決めが、［命題］変項なのである。

3.317　命題変項の値［全体］の取り決めとは、共通の目印がその［命題］変項であるところの命題を列挙する事である。

　　　　命題変項の値［全体］の取り決めとは、それらの命題についての記述である。

　　　　命題変項の値［全体］の取り決めとは、それ故、ただシンボル

[（命題）］についてのみ行われるのであって、シンボル［（命題）］の意味について、ではない。［命題はシンボル（表現）の極限の場合である。そして、命題にはその意味は含まれていない。(3.13)］

　そして、命題変項の値［全体］の取り決めは、ただシンボル［（命題）］についての記述であって、シンボル［（命題）］の意味については何も言われていない、という事のみが、この取り決めにとって本質的なのである。

　それらの命題についての記述がいかに行われるかという事は、本質的ではない。

3.318　私は命題を——フレーゲ及びラッセルと同様に——その中に含まれている表現の関数として考える。

記号とシンボル・表示の仕方（3.32〜3.322）

3.32　　記号とは、シンボルにおける感性的に知覚可能な側面である。

3.321　したがって、二つの異なったシンボルが一つの記号（文字記号或いは音声記号、等々）を共有する事が出来る。——この場合には、それらのシンボルは異なった仕方で表示を行う。

3.322　我々が同一の記号で二つの対象を、しかし二つの異なった表示の仕方で表示するという事は、決して、それら二つの対象の共通の特徴を指示する事ではあり得ない。何故なら記号は、ご存じのように、恣意的であるから。それ故また人は、二つの異なった記号を選ぶことも可能であったろう。そうだとすると、一体どこに、表示に共通なものが残るのだろうか。［勿論、残りはしない。したがって、二つの対象に共通な特徴があるわけでもない。］

日常言語における混乱・記号言語の必要性（3.323〜3.33）

3.323　　日常言語においては、同一の語が異なった仕方で表示を行う事——したがって、同一の語が異なったシンボルに属するという事——が、はなはだ多い。或いは、異なった仕方で表示を行う二つの語が、外見上は同じ仕方で命題において用いられるという事が、はなはだ多い。

　そういうわけで、「ist」という語は、繋辞として、等号として、そしてまた、存在の表現として、現れる；「存在する」という語は、「行く」のような自動詞のように見える；「同一の」という語は、形

容詞のように見える；我々は或る事について語り、しかしまた、或る事が起こったという事についても語る。

（「緑は緑である」という命題において、はじめの緑は人の名前であり、次の緑は形容詞である、という場合、これら二つの語は、単に異なった意味をもっているのではなく、異なったシンボルなのである。）

3.324　そうであるので、最も根本的な混乱がいともやすやすと生じてしまう。（全哲学が、この種の混乱にみちみちている。）

3.325　その種の混乱に陥る過ちを避けるために我々は、それを排除する記号言語を用いなければならない。その記号言語では、異なったシンボルにおいては同じ記号を用いず、また、異なった仕方で表示を行う記号が外見上同じ仕方で用いられる事はない。したがってその記号言語は、論理的文法――論理的構文法――に従っている記号言語なのである。

（フレーゲとラッセルの概念記法は、勿論いまだ全ての過ちを排除してはいないが、そのような言語の一つである。）

3.326　記号においてシンボルを認識するためには、人はその記号の有意味な使用を注意深く観察しなければならない。

3.327　記号は、それの論理的‐構文法的使用と一体になって、初めてその論理的形式が決定される。

3.328　もしも記号が使用されないならば、その記号は無意味である。これが、オッカムの格言の意味である。

　　　［オッカムの格言とは、「必要なしに多くのものを定立してはならない」という事である。］

（何であれ、それがあたかも或る記号が意味をもっているように振る舞うならば、それもまた意味をもっている。）

3.33　論理的構文法においては、けっして記号の意味が役割を演じてはならない；論理的構文法は、記号の意味について語られる事なしに、構成されねばならない。論理的構文法においては、ただ表現の記述のみが前提されてよいのである。

タイプの理論の誤り　（3.331〜3.333）

3.331　この考察から我々は、ラッセルの「タイプの理論」に目を転じよ

う。ラッセルの誤りは、彼は、記号の規則を立てるに際し、記号の意味に言及せざるを得なかった、という事に示されている。

3.332　いかなる命題も、自分自身については、何事をも語る事が出来ない。何故ならば、命題記号は自分自身に含まれる事が出来ないから。［したがって、自分自身を主語には出来ないから。］（この事が、「タイプの理論」の全てである。）

3.333　［命題］関数は、自分自身の独立変項である事は出来ない。何故ならば、［命題］関数の記号は、既にその独立変項の原像を含んでおり、自分自身を含む事は出来ないから。

　　［命題］関数 $F(fx)$ が自分自身の独立変項であり得る、と想定してみよう。そうすれば、命題［関数］「$F(F(fx))$」が存在する事になる。そして、この命題［関数］においては、外側の［命題］関数 F と内側の［命題］関数 F は異なった意味を持っていなくてはならない。何故ならば、内側の［命題］関数は $\phi(fa)$ という形式を有し、外側の［命題］関数は $\psi(\phi(fx))$ という形式を有しているから。両［命題］関数に共通なのは、ただ文字「F」のみである。しかし、文字のみでは何事も意味しない。

　　外側の［命題］関数 F と内側の［命題］関数 F は異なった意味を持っていなくてはならないという事は、もし我々が「$F(Fu)$」の代わりに「$(\exists\phi): F(\phi u).\phi u = Fu$」と書くならば、直ちに明らかになるであろう。

　　　　［Fu はそのようには書けないのであり、したがって、外側の命題関数 F と内側の命題関数 F は異なった形式を有し、それ故、異なった意味を持つ事になるのである。したがって、外側の命題関数 F と内側の命題関数 F は、実は、異なった記号で書かれなくてはならない。即ち、命題関数は、自分自身の独立変項である事は出来ないのである。］

　　このようにして、ラッセルのパラドックスは処理される。

シンボルの本質的な面と偶然的な面（3.334〜3.3442）

3.334　論理的構文法の規則は、個々の記号がいかなる表示をするのかが知られさえすれば、おのずと理解されるのでなくてはならない。

3.34　命題には、本質的な面と偶然的な面がある。
　　　　命題記号が生み出される特別な仕方に起因する面が、偶然的である。それのみが命題にその意味を表現する能力を与えるという面が、本質的である。
3.341　命題において本質的なものは、それ故、同じ意味を表現し得る全命題が共有するものである。
　　　　そして同様に、一般に、シンボルにおいて本質的なものは、同じ目的を達成し得る全シンボルが共有するものである。
3.3411　人はそれ故、こう言う事が出来よう：本当の名前とは、［同じ］対象を表示する全シンボルが共有するものである。［合成された］名前にとって、その合成がいかなるものであるかは本質的ではない、という事が順次明らかになるであろう。
3.342　我々の記号法においては、確かに恣意的な何かが存在するが、しかし、以下の事は恣意的ではない：もしも我々が或る事を恣意的に決定してしまえば、他の何かが［恣意的ではなく］成立するのでなくてはならない。（この事は、記号法の本質に基づく。）
3.3421　或る特定の表示法は重要でないかもしれないが、しかし、その表示法が可能な表示法の一つであるという事は、常に重要なのである。そして哲学においては、一般に、そのように言えるのである。即ち、こうである：個々の事柄はいつも悉く重要ではない事が分かるとはいえ、しかし個々の事柄の可能性は、我々に、世界の本質について或る開示をしてくれる。
3.343　定義は、或る言語から或る他の言語への翻訳の規則である。いかなる正しい記号言語からもいかなる他の正しい記号言語へと、そのような規則に従って翻訳されねばならない。この事は、正しい記号言語全てが共有している事である。
3.344　シンボルにおいて表示されているものとは、そのシンボルを論理的構文法の規則に従って置き換え得る全シンボルに、共有されているものである。
3.3441　例えば人は、真理関数を構築するための全記号法に共通なものを、こう表現する事が出来る：その全記号法は──例えば──「〜p」

（「p ではない」）と「$p \vee q$」（「p 又は q」）という記号法によって<u>置き換えられる</u>という事、これはその全記号法に共通である。

　　　　［「真理関数」という語は、この断章で初出する。但し、本格的に論じられるのは、5からである。］

（ここにおいて、或る特定の可能な記号法が我々に一般的な何かを開示する事が出来るという、その仕方が明らかにされている。）

3.3442　複合体の記号は、分析によって——例えば、それを含む命題が違う毎にその解体も違ってくるように——恣意的に解体されるわけではない。

論理空間において一つの場所を決定する［要素］命題（3.4～3.42）

3.4　　［要素］命題は、論理空間において一つの場所を決定する。この論理的場所の存在は、［その命題の］構成要素［（表現）］の存在——［それは即ち］有意味な命題の存在［であるが］——のみによって保証される。

3.41　　命題記号と［その構成要素のそれぞれの］論理的座標：これが［その命題記号を命題記号とする命題の］論理的場所を決定する。

3.411　［座標］幾何学的場所と論理的場所は、共に［そこに或るものが］存在する可能性があるという点で、一致している。

3.42　　［要素］命題は論理空間において一つの場所のみを決定し得るとはいえ、それにもかかわらず、その命題によって既に全論理空間が与えられているのでなくてはならない。

（さもないと、否定、論理和、論理積、等々、によって、常に新しい要素が——並列して［新しい座標軸として］——導入されるであろう。）

（像［（命題）］を取り巻く論理的足場が、論理空間を決定する。［その論理空間において一つの場所を決定する］命題は、全論理空間を支配している。）

　　　　［命題を表現の結合体に分析し、それぞれの表現を一定の値域を持った変項で置き換えれば、もとの命題は、それぞれの値域から或る値をとって得られた命題である事になる。この場合の、値域の集合が「論理的足場」であろう。ソシュールが言う

ところの「連合」が、イメージとして役に立つ。]
有意味な命題としての思念・「言語批判」としての哲学（3.5〜4.0031）
3.5 　　思考において用いられている命題記号は、思念である。
　　　　　［原文は Das angewandte, gedachate, Satzzeichen ist der Gedanke. である。直訳すれば、「用いられ、思考された命題記号は、思念である」となる。しかし、ここでの論旨は、「命題記号を用いての思考は、思念である」という事であろう。そこで、「思考において用いられている命題記号は、思念である」とした。］
4 　　　思念は、有意味な命題である。［3.13 を参照。］
4.001 　命題の総体が、言語である。
4.002 　人間は、それぞれの語がいかにそして何を意味するかについて、おぼろげな知識すらも持つ事なしに、いかなる意味をも表現し得る言語を構築する能力をもっている。——それは丁度、人は、いかに個々の声が発せられるのかについて知る事なしに話をするように、である。
　　　　　日常言語は、人間の機構の一部である。そしてそれは、人間の［他の］機構に劣らず、複雑である。
　　　　　日常言語から言語の論理を直接取り出す事は、人間には不可能である。
　　　　　［日常］言語は、思念に衣服をきせて偽装する。しかもそれは、［日常］言語という衣服の外形からその覆われた思念の形を推論出来ないように、である。そもそも衣服の外形というものは、身体の形を知らしめるのとは全く異なった目的に従って、作られているのである。
　　　　　日常言語を理解するための暗黙の取り決めは、ものすごく込み入っている。
4.003 　哲学的な事柄について書かれた大抵の命題や問いは、偽なのではなく、無意味なのである。それゆえ我々は、その種の問いについては、そもそも答える事は出来ず、ただそれが無意味である事を突き止める事が出来るのみ、なのである。哲学者の大抵の問いや命題は、我々が我々の言語の論理を理解していないという事に、基づいている。
　　　　　（哲学者の問いとは、善は多かれ少なかれ美と同一であるかどうか、

といった種類の問いである。)

　　　そして、最も深遠な問題というものは、実は、本来の意味では問題ではないのだ、という事は驚くべき事ではない。

4.0031　すべての哲学は「言語批判」である。(勿論、マウトナーの意味で、ではないが。) ラッセルの功績は、命題の見かけ上の論理的形式がその命題の現実の論理的形式であらねばならない訳ではない、という事を示した事である。

像としての命題（4.01〜4.021）

4.01　命題は、現実の像である。[但し、不完全な像であるかもしれない。(5.156を参照。)]

　　　命題は、我々がそうであると思い描いている現実の、模型である。

4.011　一見したところ、命題——例えば、紙の上に印刷されているような命題——は、それが扱う現実の像であるとは見えない。しかし譜面もまた、一見したところ、音楽の像であるとは見えない。そしてまた、我々の発音記号（或いは、アルファベット）で書かれたものもまた、一見したところ、我々の談話の像であるとは見えない。

　　　それにもかかわらず、これらの記号言語は、普通の意味においてでも、それが表現するものの像である事はわかるであろう。

4.012　明らかに我々は、「aRb」という形の命題を、像と感じる。ここにおいてこの記号は、明らかに、それが表示するものの似姿である。

4.013　そしてもし我々が、命題というもののこの造形性の本質を突き止めるならば、我々は、その造形性は（譜面における#や♭の使用のような）見かけ上の不規則性によって犯される事はない、という事を理解する。

　　　何故ならば、このような不規則性もまた、当の不規則性が表現しようとしている事を、——ただ別の仕方で——描いているのであるから。

4.014　レコード、楽想、楽譜、音波、これらは全て相互に、言語と世界の間に成り立っている、かの内的写像関係にあるのである。

　　　それら全てには、論理的構造が共有されている。

　　　(童話における二人の若者、彼らの二頭の馬、彼らの二本のユリ、

のように。それらは全て、或る意味では、一つなのである。)
　　　　［これは、グリムの「黄金の子供」という話である。］

4.0141　或る一般的規則が存在し、それによって音楽家は総譜から交響曲を取り出す事が出来る；また、それによって人はレコードの溝から交響曲を取り出す事が出来る；そしてまた、最初の、総譜から交響曲を取り出すときの規則を逆に使って、音楽家は交響曲から再び総譜を取り出す事が出来る、という事：まさにこの事の内にこそ、これらの見かけ上は全く異なった構成物の間の内的相似性が、存在するのである。かの一般的規則は、交響曲を楽譜に投影する投影の法則である。そして、その規則はまた、楽譜の言語をレコードの言語に翻訳する規則なのである。

　　　　［総譜、交響曲、レコードの溝の凹凸、これら全てには、或る論理的構造が共有されている。そしてこの事の具体的記述が、ここで言う「一般的規則」であろう。］

4.015　我々の表現方法は表現されるものの似姿を作る事である、という事の可能性、即ち、我々の表現方法のこの完全な造形性の可能性、これは、写像の論理に依拠している。

4.016　命題の本質を理解するために、我々は、記述しようとする事実を写像する象形文字について、思い起こしてみよう。
　　　象形文字から、その写像という本質的な部分が失われて、アルファベットが成立したのである。

4.02　我々は、命題は現実の像であるという事を、我々は命題記号の意味をそれが我々に説明される事なしに理解する、という事から見て取れる。

4.021　命題は現実の像である：何故なら私は、その命題によって表現される状況を、もし私がその命題を理解しているならば、知っているのであるから。そして、私がその命題を理解するのに、私にその意味が説明される必要はないのであるから。［命題が現実の名前であるならば、こうはゆかない。］

命題と「示す」「語る」（4.022〜4.023）

4.022　命題は、その意味を<u>示している</u>。

［それは、こういう事であろう：］命題は、もしそれが［使われて］真であるならば、事態はシカジカである、という事を示している。

そして［実際に使われている］命題は、事態はシカジカである、という事を語っている。［(3.13を参照。)（但し、段落を変えてある。)］

4.023 命題は、その真偽が言えるほどに、［それが描く］現実を確定しなければならない。

そのためには命題は、現実を完全に記述しなければならない。

命題は、事態［(現実)］の記述である。

［ラッセルの意味での］記述は対象をその外的特性によって記述するが、命題は現実を［同型性という］その内的特性によって記述する。

命題は世界を論理的足場の助けを借りて構築する。それゆえ人は命題に、もしそれが真であるならば、論理的なるものの全てがいかにあるかを見る事も出来る。［例えば、］人は偽なる命題から、さまざまな推論を引き出す事が出来る。

　　　　　［例えば、「トラックがこう来たのに、スポーツカーがここで止まらなかったので、交通事故が起こった」という命題は、現実を論理的足場の助けを借りて構築している。(3.42を参照。)そして、もしこの命題が真であるならば、事実に反し、もし「スポーツカーがここで止まった」ならば、この偽なる命題から、人は「交通事故は起きなかった」という推論を引き出す事が出来る。或いは、もし「トラックがこう来たのではない」ならば、やはりこの偽なる命題から、人は「交通事故は起きなかった」という推論を引き出す事が出来る。］

構成要素の意味の関数としての命題の意味（4.024〜4.0312 a）

4.024 命題を理解するという事は、もしそれが真であるならばいかなる事柄が成立しているかを知る事である。

（したがって人は命題を、それが真であるか否かを知る事なしに、理解し得るので［なくてはならないので］ある。）

人は命題を、その構成要素を理解すれば、理解する。

4.025 或る言語を或る他の言語に翻訳するという事は、一方の言語のそれ

　　　　　ぞれの命題を他方の言語の命題に翻訳してゆくという事ではなく、ただ、一方の言語の命題の構成要素を他方の言語の命題の構成要素に翻訳するという事なのである。
　　　　　（辞書は、名詞のみではなく、動詞、形容詞、接続詞、等々をも訳す。そして辞書は、それらを全て同じに取り扱う。）
4.026　単純な記号（語）の意味を理解するためには、説明してもらわねばならない。
　　　　　しかし命題は、説明してもらわなくとも分かる。
4.027　命題の本質は、命題は我々に新しい意味を伝える事が出来る、という事にある。
4.03　命題は、既存の表現を組み合わせて、新しい意味を伝えねばならない。
　　　　　［命題を構成している部分で、その命題の意味を規定するものを、「表現」と言う。命題自体も一つの表現である。表現は、それを含む命題の意味にとって本質的であり、多くの命題によって共有され得るものである。（3.31 を参照。）］
　　　　　命題は我々に或る状況を伝える。したがって命題は、状況と本質的に結合していなくてはならない。
　　　　　命題は、ただそれが像である限りにおいてのみ、何事かを語る。
4.031　状況は、命題において、あたかも見本としてのように構成される。
　　　　　人は、まさに——この命題はこれこれの意味を持っている、と言う代わりに——こう言う事が出来る：この命題はこれこれの状況を具現する。
4.0311　或る名前は或る〈もの〉の代理をし、或る別の名前は或る別の〈もの〉の代理をする。そして、それらの名前は相互に結合している。そうである事によってそれらの名前の全体は、——活人画のように——或る事態を提示するのである。
4.0312　命題の可能性は、記号による対象の代理という原理に基づいている。

論理定項（4.0312 b）

　　　　　私の根本思想は、こうである：「論理定項」という記号は、何らか

の対象の代理ではない；事実の論理が何かによって代理されるという事はない。

　　　［この断章は、4.0312ａで「記号による対象の代理という原理」が述べられたので、ついでに挿入されたものであり、「論理定項」が正式に問題にされるのは 4.2 以降である。なお「事実の論理」とは、言語（命題）の論理に対応するものである。そしてこの事は、複合命題に対応する事実をも事実として――世界の構成要素として――考えている、という事を意味している。］

命題の論理的多様性（4.032〜4.0412）

4.032　命題は、論理的に分節されている限りにおいてのみ、状況の像である。

　　　（「（私は）散歩する」という意味のラテン語の「Amblo」もまた、分節されている。何故ならば、語尾が変化しても語幹が変化しても、意味が変わるのであるから。）

4.04　命題は、それが表現する状況が有する分節の数と丁度同じ数だけの分節を、有さねばならない。

　　　命題とそれが表現する状況は、同じ論理的（数学的）多様性を有さねばならない。（力学モデルについてのヘルツの『力学』と比べよ。）

4.041　人は、勿論この数学的多様性それ自体を、改めて写像する事は出来ない。命題が状況を写像するとき、人はその数学的多様性の外に立つ事は出来ない。

4.0411　もしも我々が、例えば、「$(x).fx$」によって表現する事を、「fx」の前に何らかの指標を置く事によって――例えば「Alg. fx」のように――表現しようと欲するならば、それでは不十分であろう。［何故ならば、それでは］我々は、［「普遍的（allgemein）」を意味する Alg. によって］何が普遍化されるのか［――f なのか、x なのか――］が分からないであろうから。もしも我々が、「$(x).fx$」によって表現する事を、指標「a」によって――例えば「$f(x_a)$」のように――表現しようと欲するならば、それでも不十分であろう。［何故ならば、それでは］我々は、［指標「a」という］普遍性の表示の範囲

［(x が普遍化される範囲——変域——）］が分からないであろうから。［ちなみに、「α」は——Alg. の頭文字の——a のギリシャ文字である。］

　　　もしも我々が、「$(x)(y).f(x,y)$」によって表現する事を、——例えば、「$(A,A).F(A,A)$」のように——独立変項の場所に或る記号を導入する事によって、試みようとするならば、それは不十分であろう。［何故ならば、それでは］我々は、［二つの独立］変項［x と y］の同一性を確立出来ないから。［それでは、$(x)(y).f(x,y)$ と $(y)(x).f(x,y)$ が区別出来ないのである。］等々。

　　　これらの表示方法は、全て不十分なのである。何故ならば、それらは必要な数学的多様性を持っていないから。

4.0412　同じ根拠から、空間的諸関係の視覚についての「空間眼鏡」による観念論的説明は、不十分である。何故ならば、空間眼鏡は空間的諸関係の多様性を説明出来ないから。［カントの認識論が念頭にあると思われる。］

真理値・意味・否定　（4.05〜4.0641）

4.05　　現実は命題と比べられる。

4.06　　命題は、それが現実の像である事によってのみ、真か偽であり得る。

4.061　人は、命題は事実とは独立に意味をもっている、［即ち、命題の意味はその真偽とは無関係である、］という事に注意しないと、易々とこう信じてしまう事が有り得る：真と偽は、命題記号とそれが表示するものの間の同権な関係である。

　　　　　［同権な関係とは、真な命題について言える事は偽な命題についても言える、という事であろう。例えば、こうである：命題 p が真のときは、命題 p は p という事実を語っているが、命題 p が偽のときは、命題 p は p ではないという事実——否定的事実——を語っている。しかし実は、「否定的事実」という「事実」があるわけではない。実情は、命題 p が表示する事態が事実と一致しないという事を、「否定的事実」と言っているにすぎないのである。］

真と偽は、命題記号とそれが表示するものの間の同権な関係であるとすれば、例えば人はこう言い出しかねない：「p」は、「$\sim p$」が偽な仕方で表示するものを、真な仕方で表示する；等々。

[「$\sim p$」は、真の仕方であろうと偽の仕方であろうと、何かを表示するという事はない。「これは赤い」という命題は〈これは赤い〉という事態を表示するが、「これは赤くない」という命題は〈これは赤くない〉という事態を表示するわけではない。〈これは赤くない〉という事態などは存在しない。ここで存在し得るのは、〈これは青い〉、〈これは黄色い〉、〈これは白い〉……といった事態のみなのである。]

4.062 　人は偽なる命題を、これまで真なる命題を理解してきたように、理解し得ないのか。人は、命題が偽として意味されている事を知ってさえいれば、その命題を [、これまで真なる命題を理解してきたように、] 理解し得るのではないか。そうではない！　何故ならば、事態が我々が命題で言っているようになっているならば、その命題は真である；[これこそが、命題が「真」であるという事の本来の意味である。] そして、[この前提の下では、] もしも我々が「p」で $\sim p$ を意味し、そして事態が我々が意味しているようになっているならば、「p」は、そのような新しい考え方のもとでは、真であって偽ではないから。

[我々の言語においては、命題は、主張されるならば、それは<u>真として</u>主張される。しかし、もしも命題は、主張されるならば、それは<u>偽として</u>主張されるのだとすれば、どうであろう。この新しい考え方の下では、「これは赤い」という命題は、<u>偽として</u>主張されるのであるから、我々の言語での「これは赤くない」を意味しているのである。そして実際に〈これ〉が、我々の言語で「赤くない」ならば、この新しい考え方の下での「これは赤い」という命題は、真なのである。そしてこの場合、この新しい考え方の下では、単に「これは赤い」と言われるのである。したがって、この新しい考え方の下で単に「これは赤い」と言うとき、そこには、それを偽として主張する事は真で

ある、という事が前提されているのである。我々はここに、真と偽の間の非同権性をみる事が出来る。］

4.0621 しかし、命題記号「p」と「$\sim p$」は同じ事を言う事が<u>出来る</u>、という事は重要である。何故ならばこの事は、現実には否定記号「$\sim$」に対応するものは何もない、という事を示しているから。

［我々の外に立っている命題「p」は、それ自体としては、真偽に関して無記である。我々はそのような「p」を、或る場面では<u>真として</u>主張し、或る場面では<u>偽として</u>主張する。そして我々は、「p」を<u>真として</u>主張する場合、「$\sim p$」を<u>偽として</u>主張し、「p」を<u>偽として</u>主張する場合は、「$\sim p$」を<u>真として</u>主張するのである。これは論理学における事実である。この事は、否定記号「$\sim$」は、その次にくる命題の真偽を逆転させる記号であって、現実の中に記号「$\sim$」に対応するものが何か有るわけではない、という事を示している。したがって、「$\sim\sim p$」を真として主張する事は「$\sim p$」を偽として主張する事であり、それ故、「p」を真として主張する事なのである。］

命題の中に否定が現れるという事だけでは、その命題の意味を何ら規定しはしない。（例えば、$\sim\sim p = p$ を見よ。）

命題「p」と「$\sim p$」は、正反対の意味をもっている。しかしそれらには、同一の現実が対応している。［同一の現実に対して、命題「p」が真のときは、命題「$\sim p$」は偽であり、その逆も成り立つのである。］

有意味な［要素］命題			状況・事態・意味	現実・事実
（思念）		表示する	一致	
「p」：「p」	——	表現する 意味する	—→ $(p)=======\langle p\rangle$	
		表示する	不一致	
「$\sim p$」：「p」	——	表現する 意味する	—→ $(p)===\ne===\langle q\rangle$ $(q\ne p)$	

4.063 以下は、真という概念を解説するための一つの比喩である：白い紙

の上に黒い染みがついている；人は、この染みの形を、紙の上のそれぞれの点について、そこが白いか黒いかを言う事によって、記述する事が出来る；或る点が黒いという事実は、肯定的事実に対応し、或る点が白い（黒くない）という事実は否定的事実に対応する；私が紙の上の或る点（フレーゲの真理値）を指示するとき、この事は、「この点は黒い」という言明に対応する；そして私は、この言明が真か偽かを言うのである。等々。［したがってこの想定の下では、紙の上の各点には、真または偽という値が与えられる事になる。］

　しかしながら、或る点が白いか黒いかを言う事が出来るためには、私は予め、どのようなとき人は或る点が黒いと言い、また、どのようなとき人は或る点が白いと言うのかを、知っていなくてはならない。同様に、「p」は真（あるいは偽）であると言えるためには、私は、いかなる状況の下で「p」は真（あるいは偽）であると言えるかを、予め決定しておかねばならない。［即ち、真理条件を予め決定しておかねばならない。］そして、そうする事によって私は、［複合］命題の意味を決めるのである。

　この比喩が破れるのは、次の点においてである：我々は、白とは何であり黒とは何であるかを知らなくとも、紙の上の点を指示する事が出来るが；しかし、意味が分からない命題には、何物も対応しない、何故なら、そのような命題は、その特性が「真」または「偽」であるようないかなるもの［(紙の上の点)］（フレーゲの真理値）をも指示しないから；命題の動詞は——フレーゲが信じていたように——「は真である」とか「は偽である」ではなく、「真である」ところのものが既に動詞を含んでいるのでなくてはならないのである。［命題の動詞はその命題に含まれているのである。］

4.064 　いかなる命題も、<u>既に或る意味を持っているのでなくてはならない</u>；或る命題を肯定する事が、その命題に意味を与える事が出来るのではない、何故ならば、或る命題を肯定するという事は、まさにその命題の意味を肯定する事であるから。そして同じ事が、或る命題を否定するという事などにも当てはまる。

4.0641 　人は、こう言う事が出来よう：或る命題を否定するという事は、そ

こで否定された命題が決定する論理的場所と関係がある。

否定命題は、そこで否定される命題が決定する論理的場所とは<u>別の</u>論理的場所を、決定する。

否定命題は、そこで否定される命題が決定する論理的場所の助けを借りて、自分の論理的場所を決定する。何故ならば、否定命題は自分の論理的場所を、そこで否定される命題が決定する論理的場所の外側として、記述するのであるから。

人は否定命題を再び否定する事が出来るという事、この事は既に、否定命題は一つの命題であって、命題になる前段階のものではない、という事を示している。

哲学の本性（4.1〜4.116）

4.1　　命題は、事態の成立と不成立を表現する。

4.11　　真なる命題の総体が、全自然科学（あるいは自然科学の総体）である。

4.111　　哲学は、自然科学ではない。

（「哲学」という語は、自然科学の上あるいは下にある何かを意味すべきであって、自然科学に並んだ何かを意味してはならない。）

4.112　　哲学の目的は、思念の論理的明確化である。

哲学は、学説ではなく、活動である。

哲学的著作は、本質的に解明で成り立っている。

哲学の成果は、「哲学的命題」が立てられる事ではなく、命題が明確になる事である。

哲学は、さもないとぼやけている思念を明確にし、はっきりと限界づけなければならない。

4.1121　　心理学は、他のいかなる自然科学よりも哲学と近親な関係にある訳ではない。

認識論は、心理学の哲学である。

記号言語についての私の研究は、哲学者たちが論理学の哲学に対して非常に本質的であると思っているかの思考過程についての研究に、当たらないであろうか。哲学者たちは、たいていの場合、本質的ではない心理学的研究に巻き込まれている。そして私の方法においても、

類似な危険が存在する。

4.1122 ダーウィンの理論は、自然科学の他のいかなる仮説よりも哲学と関係が深いわけではない。

4.113 哲学は、自然科学で議論可能な領域を画定する。

4.114 哲学は、思考可能なものの限界を画定し、そして、そうする事によって、思考不可能なものの限界を画定しなければならない。

哲学は、思考不可能なものの限界を、内側から、思考可能なものの限界を通じて画定しなければならない。

4.115 哲学は、語り得るものを明確に表現する事によって、語り得ぬものを暗示する。

4.116 そもそも思考され得るものは全て、明確に思考され得る。語られ得るものは全て、明確に語られ得る。[序を参照。]

論理的形式の表現の不可能性 (4.12〜4.1213)

4.12 命題は現実の総体[――即ち世界――]を表現する事が出来る。しかし命題は、それが現実を表現する事が出来るためには現実と共有しなければならないもの――即ち論理的形式――を表現する事は出来ない。

論理的形式を表現する事が出来るためには、我々は命題とともに論理の外に――即ち世界の外に――立たねばならないのである。[そして勿論、それは不可能である。]

4.121 命題は論理的形式を表現する事が出来ない。論理的形式は命題の中に自らを映し出す。

言語は、その中に自らを映し出すものを、表現する事は出来ない。

我々は、言語の中に自らを表現するものを、言語でもって表現する事は出来ない。

命題は、現実の論理的形式を示す。

命題は、現実の論理的形式を提示する。

4.1211 そういう訳で、命題「fa」は、その意味の中に対象 a が現れている事を示している;二つの命題「fa」と「ga」は、それら両方において同一の対象が語られている事を示している。

もし二つの命題が相互に矛盾しているならば、それらの構造がその

事を示している；同様に、もし或る命題が他の命題から導かれるならば、それらの構造がその事を示している；等々。

4.1212 示され<u>得る</u>ものは、語られ<u>得</u>ない。

4.1213 もし一度全てが我々の記号言語においてうまくゆくならば、我々は正しい論理的なものの見方を持っているのだ、という我々の感情：この感情を、今や我々もまた理解する。

形式的特性・形式的関係（4.122〜4.123）

4.122 我々は、或る意味で、対象と事態の形式的特性について、ないしは、事実の構造の［形式的］特性について、語る事が出来る。そして同じ意味で、［事実の間の］形式的関係と構造的関係について、語る事が出来る。

（構造の［形式的］特性と言う代わりに、私はまた［構造の］「内的特性」とも言う；構造的関係と言う代わりに、私はまた「内的関係」とも言う。

私はこれらの表現を、哲学者たちの間に非常に広く流布しているところの、内的関係と実際上の関係（外的関係）を混同するという事の、根源を示すために導入するのである。［「外的……」に対して「内的……」と言う事によって、問題の混同の発生源を示す、という事であろう。］）

そのような内的特性と内的関係が成り立っているという事は、しかし、命題によっては主張され得ない。それは、事態を表現し、そして、その事態を構成する対象を扱う命題において、示されるのである。

4.1221 事実の内的特性を、我々は（例えば人相について語る意味において）その事実の相と呼ぶ事も出来る。

4.123 或る特性は、もしその対象がそれを持たない事が考えられないならば、内的である。

（この青色とあの青色は、おのずと、明暗という内的関係にある。<u>この</u>二つの対象が明暗という関係にないという事は、考えられないのである。）

（ここにおいては、「特性」という語と「関係」という語の不安定な

使用に、「対象」という語の不安定な使用が対応している。)

形式的特性の表現のされ方（4.124〜4.1252）

4.124　可能的状況の内的特性の成立は、命題によっては表現されない。それは、その可能的状況を表現する命題において、その命題の内的特性によって表現されるのである。

　　　命題に或る形式的特性を認めるという事も、認めないという事も、無意味であろう。

4.1241　人は二つの形式を、一方はこの特性を有し、他方はあの特性を有する、と言う事によって区別する事は出来ない。何故なら、そのように言う事は、それぞれの形式がそれぞれの特性を有すると言う事が意味を持つ、という事を前提しているからである。

4.125　可能的状況の間における或る内的関係の成立は、当の可能的状況を表現する命題の間における内的関係によって、言語的に表現される。

4.1251　「全ての関係は内的か、それとも外的か」という論争になっている問題は、今や決着がついた。

4.1252　内的関係によって順序づけられている列を、私は形式列と呼ぶ。
　　　数列は、外的関係によってではなく、内的関係によって順序づけられている。
　　　同様に、命題の列
$$\lceil aRb \rfloor$$
$$\lceil (\exists x) : aRx . xRb \rfloor$$
$$\lceil (\exists x, y) : aRx . xRy . yRb \rfloor$$
　　　　　　　　等々
も、外的関係によってではなく、内的関係によって順序づけられている。
　　　（もし b の a に対する関係がこのような関係の一つであるならば、私は b を a の後続者と呼ぶ。）

形式的概念（4.126）

4.126　今や我々は、形式的特性について語るのと同じ意味で、形式的概念についても語る事が出来る。

　　　（今までの全論理学に浸透していたところの、形式的概念を本来の

概念と取り違えるという事、この事の根源を明らかにするために私は、形式的概念という表現を導入する。)

或るものが或る形式的概念が妥当する対象であるという事は、命題によって表現される事は出来ない。そのかわりその事は、その対象を表示する記号自体において、示される。(名前は、或る対象を表示するという事を、示している。数記号［(数字)］は、或る数を表示する事を、示している。等々。)

［この段落は、こういう事を言っているのだと、思われる：或るもの〈赤〉が或る形式的概念『色』が妥当する対象であるという事は、その対象〈赤〉を表示する記号「赤」自体において、示される。或るもの〈1〉が或る形式的概念『自然数』が妥当する対象であるという事は、その対象〈1〉を表示する記号 (数字)「1」自体において、示される。要するに、対象〈赤〉が色であるという事は、対象〈赤〉を表す語「赤」において示されており、対象〈1〉が数であるという事は、対象〈1〉を表す語「1」において示されているのである。］

実のところ形式的概念は、本来の概念のように関数によって表現される事は、出来ない。

何故ならば、形式的概念の目印となるもの、即ち、形式的特性は、関数によっては表現されないから。

形式的特性は、或るシンボルの相として表現される。

それ故、或る形式的概念が妥当するそれぞれの対象を意味するそれぞれのシンボル全てに［共通する］特徴的な相が、その形式的概念の目印となるもの［(形式的特性)］を表す記号となる。

［例えば、こうであろう：或る形式的概念『色』が妥当するそれぞれの対象〈赤〉、〈青〉、〈緑〉、……を意味するそれぞれのシンボル「赤」、「青」、「緑」、……全てに［共通する］特徴的な相が、その形式的概念『色』の目印となるもの［(形式的特性)］を表す。或る形式的概念『自然数』が妥当するそれぞれの対象〈1〉、〈2〉、〈3〉、……を意味するそれぞれのシンボル「1」、「2」、「3」、……全てに［共通する］特徴的な相が、

その形式的概念『自然数』の目印となるもの〔(形式的特性)〕を表す。〕

形式的概念は、それ故、件の特徴的な相のみが共有されているところの変項によって、表現される。

〔例えば、こうであろう：形式的概念『色』は、シンボル「赤」、「青」、「緑」、……全てに共通する特徴的な相によって表現される。したがって形式的概念『色』は、件の特徴的な相を共有するシンボル「赤」、「青」、「緑」、……全てを変域とする変項 x によって表現される。形式的概念『自然数』は、シンボル「1」、「2」、「3」、……全てに共通する特徴的な相によって表現される。したがって形式的概念『自然数』は、件の特徴的な相を共有するシンボル「1」、「2」、「3」、……全てを変域とする変項 y によって表現される。なお、原文では「命題変項 (Satzvariable)」となっているが、これは「変項 (Variable)」の間違いであろう。次の 4.127 においても同様である。〕

形式的概念を表示する変項（4.127〜4.12721）

4.127　変項は形式的概念を表示する。そして、変項の値は形式的概念が妥当する対象を表示する。

〔シンボル「赤」、「青」、「緑」、……全てを変域とする変項 x は、形式的概念『色』を表示する。変項 x の値「赤」、「青」、「緑」、……は、それぞれ、形式的概念『色』が妥当する対象〈赤〉、〈青〉、〈緑〉、……を表示する。シンボル「1」、「2」、「3」、……全てを変域とする変項 y は、形式的概念『自然数』を表示する。変項 y の値「1」、「2」、「3」、……は、それぞれ形式的概念『自然数』が妥当する対象〈1〉、〈2〉、〈3〉、……を表示する。〕

4.1271　いかなる変項〔の名前「x」〕も、或る形式的概念を表示する記号である。

何故ならば、いかなる変項も、その変項の値がいずれも所有しているところの、そして、その全ての値の形式的特性とみなされ得るとこ

ろの、或る一定の形式を表現しているから。

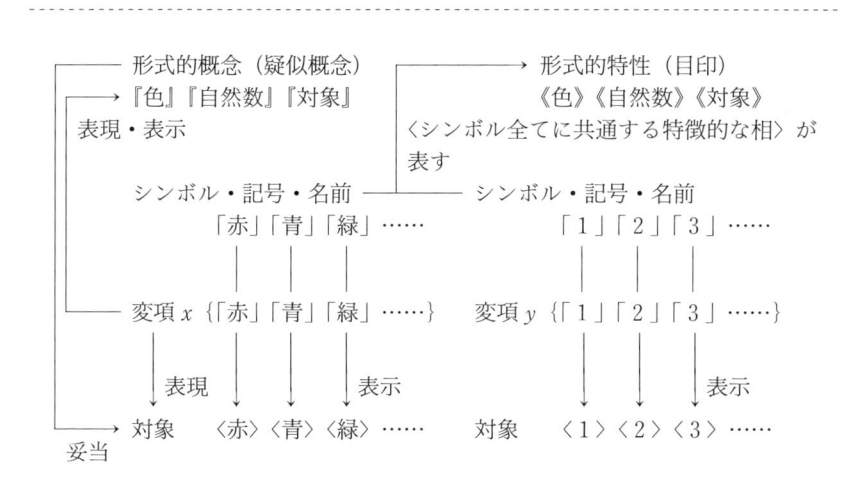

───────────────────────────────

```
          ┌─ 形式的概念（疑似概念）      ┌─→ 形式的特性（目印）
          │  『色』『自然数』『対象』    │    《色》《自然数》《対象》
  表現・表示                              │    〈シンボル全てに共通する特徴的な相〉が
          │                              │    表す
          │  シンボル・記号・名前 ───────┘    シンボル・記号・名前
          │      「赤」「青」「緑」……         「1」「2」「3」……
          │        │   │   │                  │   │   │
          └─ 変項 x {「赤」「青」「緑」……}     変項 y {「1」「2」「3」……}
          │        │   │   │                      │   │   │
          │       表現  │  表示                   │  表示
          │        ↓   ↓   ↓                      ↓   ↓   ↓
          │   対象  〈赤〉〈青〉〈緑〉……    対象  〈1〉〈2〉〈3〉……
          └─ 妥当
```

───────────────────────────────

4.1272　したがって変項の名前「x」は、<u>対象</u>という疑似概念を表す本来の記号である。

　「対象」（「個物」「普遍」など）という語が正しく用いられている場合には、その語は常に、概念記法においては、変項の名前によって表現される。

　例えば、「……である二つの対象が存在する」という命題は、「($\exists x, y$)……」によって表現される。

　「対象」という語が別様に使用される場合には、即ち、本来の概念を表す語として使用される場合には、無意味な疑似命題が生まれる。

　したがって例えば人は、例えば「本が存在する」と言うように、「対象が存在する」と言う事は出来ない。そして同様に、「100個の対象が存在する」とか「対象はアレフ・ゼロ個存在する」などと言う事も出来ない。

　そして、<u>対象の総数</u>について語る事は無意味である。

　同じ事が、「複合体」、「事実」、「関数」、「数」等々といった語についても、あてはまる。

　これらの語は、全て、形式的概念を表示する。そしてそれらは、概

念記法においては、(フレーゲやラッセルが信じていたように) 関数や集合によってではなく、変項によって表現される。

「1は数である」、「ただ一つのゼロが存在する」のような表現、そして、それらに似た全ての表現は、無意味である。

(「ただ一つの1が存在する」と言う事が無意味であるのは、「2+2は3時には4に等しい」と言う事が無意味であるのと、同じである。)

4.12721 形式的概念は、それが妥当する対象に伴って、既に与えられている。したがって人は、形式的概念が妥当する対象<u>と</u>［それに加えて］その形式的概念自体を基礎概念として導入する事は出来ない。したがって人は例えば、特定の諸関数と［それに加えて］関数という概念を(ラッセルのように)基礎概念として導入する事は出来ない。或いはまた、特定の諸々の数と数という概念についても、同様である。

形式列の一般項の表現のされ方 (4.1273)

4.1273 もしも我々が、「b は a の後続者である」という一般命題を概念記法において表現しようと欲するならば、そのためには、形式列：

$$aRb,$$
$$(\exists x): aRx.xRb,$$
$$(\exists x,y): aRx.xRy.yRb,$$
$$\dots$$

の一般項を表す表現が必要になる。形式列の一般項は変項によってのみ表現され得る。何故ならば、この「形式列の一般項」という概念は<u>形式的概念</u>であるから。フレーゲとラッセルは、この事を見過ごしていた。彼らが上記のような一般的命題を表現しようとした仕方は、それ故、誤りである。その仕方は、悪循環を含んでいるのである。

我々は形式列の一般項を、初項と、或る項からその次の項を導き出す操作の一般形式を与える事によって、決定する事が出来る。

論理的形式と数 (4.1274〜4.128)

4.1274 形式的概念の存在を問う事は、無意味である。何故ならば、いかなる命題もそのような問いに答える事は出来ないから。

(人はそれ故、例えば「分析不可能な主語-述語命題は存在するか」と問う事は出来ない。)

4.128　論理的形式に数が入り込む事はない。
　　　　それ故、論理においては、特別な数は存在しない。そしてそれ故、哲学的一元論とか哲学的二元論、等々、などは存在しない。

［複合］命題の分析（4.2～4.24）

4.2　　［複合］命題の意味（Sinn）は、その命題と諸事態の成立と不成立［（現実）］の可能性［（状況）］との一致と不一致である。
　　　　［例えば、命題 $p \vee q$ の意味は、その命題と、事態 p と事態 q の成立と不成立（現実）の可能性（状況・真理可能性）との一致と不一致である。］

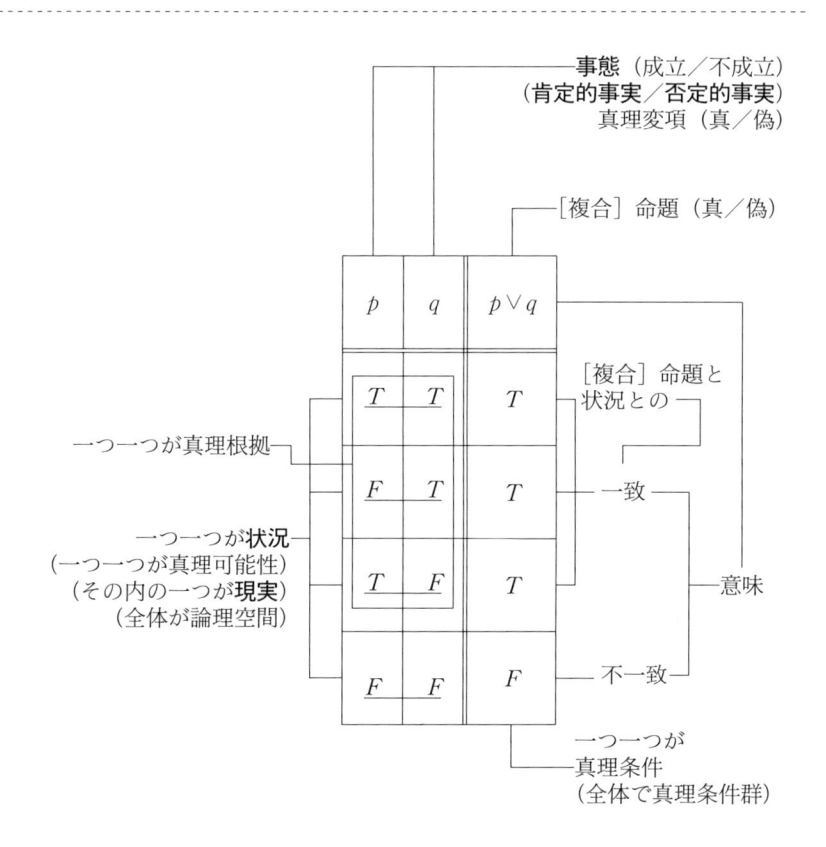

---

p	q	$p \vee q$
T	T	T
F	T	T
T	F	T
F	F	F

事態（成立／不成立）
（肯定的事実／否定的事実）
真理変項（真／偽）

［複合］命題（真／偽）

一つ一つが真理根拠

一つ一つが**状況**
（一つ一つが真理可能性）
（その内の一つが**現実**）
（全体が論理空間）

［複合］命題と状況との

一致

意味

不一致

一つ一つが真理条件
（全体で真理条件群）

［事態は原子的である。(4.21) 状況は分子的である。但し、広い意味で、事態は状況の一種である。事実は、狭くとれば、事態の成立、一段広くとると、状況の成立（現実）、もう一段広くとると、命題の成立（真理根拠の論理和）、という事になろう。］

4.21　最も単純な命題——要素命題——［を主張する事］は、或る事態の成立を主張する［事である］。

4.211　或る命題が要素命題であるという事の徴は、いかなる要素命題もその命題と矛盾する事が出来ない、という事である。

4.22　要素命題は、名前によって成り立っている。それは、名前の繋がり——連鎖——である。

4.221　我々は、命題を分析すれば、名前が直接的に結合している要素命題にまで行き着かねばならない、という事は明らかである。

　　　ここにおいて、いかにして名前の結合が命題になるのか、という事が問題になる。

4.2211　たとえ世界は——いかなる事実も無限に多くの事態で構成され、そして、いかなる事態も無限に多くの対象で構成されている、と言えるほどに——無限に複雑であろうとも、それでもなお、対象と事態が存在しなくてはならない。

4.23　名前は命題において、ただ要素命題という文脈の中にのみ、現れる。

4.24　名前は、単純なシンボルである。それを私は、個々の文字（「x」、「y」、「z」）によって指示する。

　　　要素命題を私は、「fx」、「$\phi(x,y)$」といった形の、名前の関数として記述する。

　　　或いは、要素命題を私は、文字 p, q, r によって指示する。

同一性・定義（4.241〜4.243）

4.241　もしも私が二つの記号を同一の意味で使用するならば、私はこの事を、両者を記号「＝」で結ぶ事によって、表現する。

　　　したがって等式「$a=b$」は、記号「a」は記号「b」によって置き

換え可能である、という事を意味している。

（もしも私が、既知の記号「a」を或る新しい記号「b」で置き換えようと決め、そのために、等式によって記号「b」を導入するならば、私はその等式——定義——を（ラッセルのように）「$a=b$ Def.」の形に書く。定義は記号を扱う規則である。）

4.242　したがって「$a=b$」という形の表現は、記号「a」と記号「b」は同一の意味を有する、という事を表す補助手段である。それは、記号「a」と記号「b」の意味については、何も言っていない。

4.243　我々は二つの名前を、それらは同一の〈もの〉或いは二つの異なった〈もの〉を表示している事を知る事なしに、理解出来るであろうか。［理解出来ない。］──我々は、二つの名前が現れる命題を、その二つの名前が同じ〈もの〉或いは異なった〈もの〉を意味しているか否かを知る事なしに、理解出来るであろうか。［理解出来ない。］

　もしも私が、例えば、英語の或る語が何を意味しているかを知っており、そして、ドイツ語の或る語がそれと同じ〈もの〉を意味している事を知っているならば、私は、それら二つの語は同一の意味である事を知らない事は不可能である。それら二つの語が相互に翻訳出来ないという事はあり得ない。

　「$a=a$」のような表現、或いは、これから導かれた表現は、要素命題でも有意味な記号でもない。（この事は、後に明らかになるであろう。）

真理可能性（4.25〜4.31）

4.25　もしも要素命題が真であるならば、［その要素命題が表している］事態は成立している；もしも要素命題が偽であるならば、［その要素命題が表している］事態は成立していない。

4.26　真なる要素命題を全て述べ挙げる事によって、世界は完全に記述される。［言い換えれば］世界は、全要素命題の列挙プラスその内のどれが真でありどれが偽であるかを述べ挙げる事で、完全に記述される。

4.27　n 個の事態の成立と不成立に関しては、

$$K_n = \sum_{\nu=0}^{n} \binom{n}{\nu} \left[= \sum_{\nu=0}^{n} {}_nC_\nu = 2^n \right]$$

の可能性がある。

$$[K_3 = {}_3C_0 + {}_3C_1 + {}_3C_2 + {}_3C_3 = 1 + 3 + 3 + 1 = 8]$$

諸事態の［成立と不成立の］組み合わせ全体について、その内の幾つかが成立し、それ以外は成立し得ない。

4.28　この組み合わせは、n 個の要素命題の真偽の［組み合わせの］可能性［──n 個の要素命題の真理可能性──］の数と同じ数だけある。

4.3　諸要素命題の真理可能性は、諸事態の成立と不成立の［組み合わせの］可能性を意味する。

4.31　［諸要素命題の］真理可能性を、我々は、以下のような図式で表現できる。（「T」は「真」を意味し、「F」は「偽」を意味する；諸要素命題の横列の下にある「T」と「F」の横列は、［諸要素命題の］真理可能性の分かりやすい表現である。）

p	q	r
T	T	T
F	T	T
T	F	T
T	T	F
F	F	T
F	T	F
T	F	F
F	F	F

p	q
T	T
F	T
T	F
F	F

p
T
F

要素命題の真理関数としての命題（4.4〜4.431）

4.4　命題は、諸要素命題の真理可能性との一致と不一致の表現である。

4.41　諸要素命題の真理可能性は、命題が真または偽になる条件である。

4.411　諸要素命題の導入はそれ以外の全ての種類の命題を理解するために根本的であるという事は、初めから有りそうな事である。実際のところ一般命題の理解は、<u>歴然として</u>諸要素命題の理解に依存している。

4.42　命題の、n 個の要素命題の真理可能性との一致と不一致に関して

は、

$$L_n = \sum_{\kappa=0}^{K_n} \binom{K_n}{\kappa}$$

の可能性がある。

　　　[$n=2$ のときは、$L_n=16$ であり、この場合は 5.101 を参照。
$n=3$ のときは、$L_n=256$ であり、下記のようになる。

p	q	r	f_1	f_2	f_3	・・・	f_{256}
T	T	T	T	F	T	・・・	F
F	T	T	T	T	F	・・・	F
T	F	T	T	T	T	・・・	F
・	・	・	・	・	・	・・・	・
・	・	・	・	・	・	・・・	・
・	・	・	・	・	・	・・・	・
F	F	F	T	T	T	・・・	F

]

4.43　真理可能性との一致を我々は、一致している真理可能性に例えば記号「T」(真) を対応させる図式によって、表現する事が出来る。[例えば、f_3 は ($T-T\cdots T$) のように表現される。]

　　　[この場合] この記号 [T] の欠如は、不一致を意味している。

4.431　諸要素命題の真理可能性との一致と不一致の表現は、命題の真理条件を表している。

　　　命題は、その真理条件の表現である。

　　　(したがってフレーゲが、彼の概念記法における記号の説明に際し、先ず真理条件から始めたのは、全く正しい。だが、フレーゲにおける真理概念の説明は、間違っている。もしも [彼が言うように]「真」と「偽」が、実際に対象であり、且つ、〜p 等々の独立変項であるとすれば、フレーゲの規定によっては、「〜p」の意味は決して決まらないであろう。)

命題記号としての真理表・「論理的対象」(4.44〜4.442)

4.44　かの記号「T」を [諸要素命題の] 真理可能性に対応づけて成立する記号が、命題記号である。

4.441 記号「F」と記号「T」で構成される図式［——例えば真理表——］には、いかなる対象も（或いは、対象によって構成されたいかなるものも）対応しない。それは丁度、水平な線や垂直な線に、或いは括弧に、いかなる対象も（或いは、対象によって構成されたいかなるものも）対応しないのと、同じである。——「論理的対象」は存在しないのである。

　同様の事が、勿論、「T」と「F」の図式が表現するものと同じものを表現する全ての記号に当てはまる。

4.442 例えば、以下の図式は命題記号である。

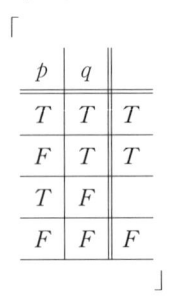

「
p	q	
T	T	T
F	T	T
T	F	
F	F	F
」

（フレーゲの判断記号「⊢」は、全く論理的には無意味である。それは、フレーゲ（およびラッセル）において、彼らはその記号がつけられた命題は真であると判断している、という事を示しているのみなのである。「⊢」は、命題の番号がその命題の構成要素ではないように、命題の構成要素ではない。命題が自分自身が真である事を語る事など、不可能である。）

　もし、この図式における真理可能性の順番が組み合わせの規則によってはっきりと決められているならば、最後の縦列だけで、既に真理条件の表現になっている。もし我々がこの縦列を横に書くならば、この命題記号は

　　　　「$(TT-T)(p,q)$」

或いは、もっとあからさまに

　　　　「$(TTFT)(p,q)$」

となる。

　（左の括弧にある真偽の数は、右の括弧にある命題の数で決まる。）

　　　　　［この命題記号は $p \supset q$ を表している。］

極端な場合としての同語反復命題と矛盾命題（4.45〜4.4661）

4.45　　n 個の要素命題に対しては、L_n 個の可能な真理条件群が存在する。
　　　或る数の要素命題の真理可能性に属する真理条件群は、一列に並べられる。

4.46　　可能な真理条件群には、極端な二つの場合がある。
　　　一つの場合では、命題が要素命題の全真理可能性に対して真である。我々は、この真理条件［群］を<u>同語反復的</u>（トートロジカル）と言う。
　　　第二の場合では、命題が要素命題の全真理可能性に対して偽である。我々は、この真理条件［群］を<u>矛盾的</u>（コントラディクトリー）と言う。
　　　第一の場合、我々はその命題を同語反復命題と呼び、第二の場合、我々はその命題を矛盾命題と呼ぶ。

4.461　命題は、それが語る事を示す；同語反復命題と矛盾命題は、それらは何事をも語らないという事を示す。
　　　同語反復命題は、真理条件を有しない；何故ならそれは、無条件に真であるから。矛盾命題は、いかなる条件の下でも真ではない。
　　　同語反復命題と矛盾命題は、意味を欠く（sinnlos；lack sense）。
　　　（［矛盾命題 $p \wedge \sim p$ のイメージは、］そこから向きが正反対の二本の矢が出て行く点のよう、なのである。）
　　　（［同語反復命題の場合は、こうである。］たとえ私が、雨である又は雨ではない、という事を知ったとしても、私は天気について何かを知った事にはならない。）

4.4611　同語反復命題と矛盾命題は、しかしながら、無意味（unsinnig；nonsensical）ではない；それらは、記号法に属しているのである。
　　　丁度それは、記号「０」が算術の記号法に属しているのと、似ている。

4.462　同語反復命題と矛盾命題は、現実の像ではない。それらは、いかなる可能的状況をも表してはいない。何故ならば、同語反復命題は<u>いかなる</u>可能的状況をも許し、矛盾命題は<u>いかなる</u>可能的状況をも許さな

いから。

　　同語反復命題においては、世界との一致の条件――［世界を］表現する条件――が相互に消しあい、その結果、同語反復命題と現実の間には、前者が後者を表現するいかなる関係もなくなるから。

4.463　真理条件［群］は、命題によって事実［（現実）］に許容される［ところの、そこのどこかに事実（現実）が存在する］空間を決定する。

　　（命題、像、模型、これらは、否定的意味では、他の固体の運動の自由を制限する固体のようである；肯定的意味では、その中で物体が或る一定の場所を所有しているところの、堅いもので囲われた空間のようである。）

　　同語反復命題は、現実があり得る場所として全論理空間――限界を設けない論理空間――を認める；矛盾命題は、全論理空間を塞いでしまい、現実が入り込む余地を全く認めない。それ故、両者とも、いかなる仕方においても現実を決定出来ない。

4.464　同語反復命題は真である事が確実である；［一般の］命題は真である事が可能である；矛盾命題は真である事が不可能である。

　　（確実である、可能である、不可能である：これは、我々が確率論で用いるかの等級の、最も大まかな言い方である。）

4.465　同語反復命題と或る命題の論理積は、その命題と同じ事を言っている。それ故その論理積は、その命題と同一である。何故ならば、人はシンボルの本質をその意味を変える事なしに変える事は不可能であるから。

4.466　記号の或る一定の論理的結合に対しては、記号の意味の或る一定の論理的結合が対応している；記号の意味の<u>任意の論理的結合すべて</u>に対応するものとして、何らかの記号の結合を考える事は出来ない。

　　即ち、全ての状況に対して真である命題は、そもそも、記号の結合ではあり得ない。何故ならば、全ての状況に対して真である命題が記号の結合であるとすれば、その命題には、或る一定の状況のみが対応し得る事になるから。

　　（そして、記号の論理的結合で状況に対応し<u>ない</u>ものはない。）

　　同語反復命題と矛盾命題は、記号の結合の極限の場合である。即

ち、それらは記号の結合の解消なのである。
　　　　［記号として要素命題を、記号の意味としてそれが表す事態を考えればよい。］

4.4661　確かに、同語反復命題と矛盾命題においても、記号［(命題)］は依然として相互に結合されている、即ち、記号［(命題)］は相互に或る関係にある。しかし、この関係には意味がない。この関係は、<u>シンボル</u>［(記号・命題)］にとっては、本質的ではない。［何故ならば、この関係はいかなる命題にとっても等しく成り立つから。命題は変項でよいのである。］

一般的命題形式（4.5～5.01）

4.5　　今や、最も一般的な命題形式を提示する事が可能であると思われる：即ち、<u>いかなる</u>記号言語の命題をも記述する事が可能であると思われる。その結果、いかなる可能な意味をも、その記述が適合するシンボル［(命題)］によって表現され得る事になり、そしてまた、その記述が適合するシンボル［(命題)］は、もし名前の意味がうまく選ばれるならば、或る意味を表現し得るのである。［「シンボル」として「６」の記号を考えればよいであろう。］

　　　　最も一般的な命題形式を記述するさいには、唯その本質的な事のみが記述されねばならない、という事は明らかである。──さもないと、その命題形式は最も一般的な命題形式ではなくなるであろうから。

　　　　一般的命題形式が存在するという事は、人がその形式を予見し得ない（即ち、構成し得ない）命題は存在し得ない、という事によって証明される。［広い意味で、］事柄はシカジカである：これが命題の一般形式である。

4.51　　私に<u>全</u>要素命題が与えられた、と想定せよ。そうすると、単純に、こういう疑問が浮かんでくる：私は、全要素命題から、どんな命題を構成し得るのか。それは<u>全</u>命題であり、そして、<u>そのようにして</u>全命題には、限界が与えられるのである。

4.52　　命題とは、全要素命題の総体から（即ち、それは<u>要素命題の総体</u>である、という事から）論理的に出てくるものの全てである。（それ故、

或る意味では人は、こう言う事が出来る：全ての命題は要素命題の一般化である。）

4.53　一般的命題形式は、［命題］変項［の値になり得る事］である。
　　　　　［命題の一般形式は、「事柄はしかじかである」とか「［命題］変項（の値になり得る事）である」とかと言われ、「6」では $[\bar{p}, \bar{\xi}, N(\bar{\xi})]$ と言われる。これらのうち、「6」で言われている事が基本であり、それを普通の言葉で言い換えたのが「事柄はしかじかである」である。そしてこの事から、命題は真または偽である事になり、したがって、命題の一般形式は「［命題］変項（の値になり得る事）である」という事にもなるのである。］

5　　　命題は、要素命題の真理関数である。
　　　　（要素命題は、それ自身の真理関数である。）

5.01　要素命題は、命題の真理変項である。

独立変項と指標の区別（5.02）

5.02　［真理］関数の独立変項は、名前の指標と混同されがちである。というのも私は、［独立変項の場合も指標の場合も、］それらを含む記号の意味をそれらによって認めるのであるから。
　　　　　例えばラッセルの「$+_c$」においては、「c」は、その記号「$+_c$」全体が基数（cardinal number）の加法記号である、という事を示す指標である。しかし、「$+_c$」全体がそのような記号であるという事は、恣意的な取り決めに依存しているのであって、「$+_c$」の代わりに或る簡単な記号を選ぶ事も可能なのである。しかしながら「$\sim p$」においては、「p」は指標ではなく、独立変項である。「$\sim p$」の意味は、「p」の意味が予め理解されている事なしには、理解され得ないのである。（名前「ジュリアス・シーザー」においては、「ジュリアス」は指標である。指標（「ジュリアス」）は常に、我々がその指標（「ジュリアス」）をつける名前（「シーザー」）の対象（シーザー）についての記述——例えば「ジュリアス家一門の出のそのシーザー」——の部分である。）
　　　　　命題と関数の意味についてのフレーゲの理論の底には、もし私が間

違えていなければ、独立変項と指標の混同がある。フレーゲにとっては、論理学の命題は名前であり、論理学の命題の独立変項はその名前の指標なのである。

推論・演繹（5.1〜5.134）

5.1　真理関数は或る系列に順序づけられる。
　　　この事は、確率論の基礎である。

5.101　いかなる数の要素命題の真理関数も、以下のような図式で書く事が出来る。［以下の図式は、要素命題が2個の場合である。］

p	q	f_1	f_2	f_3	f_4	f_5	f_6	f_7	f_8	f_9	f_{10}	f_{11}	f_{12}	f_{13}	f_{14}	f_{15}	f_{16}
T	T	T	F	T	T	T	F	F	F	T	T	T	F	F	F	T	F
F	T	T	T	F	T	T	F	T	T	F	F	T	F	F	T	F	F
T	F	T	T	T	F	T	T	F	T	F	T	F	F	T	F	F	F
F	F	T	T	T	T	F	T	T	F	T	F	F	T	F	F	F	F

f_1　$(TTTT)(p,q)$　同語反復命題（もし p ならば p であり、且つ、もし q ならば q である）
$$(p \supset p \,.\, q \supset q)$$

f_2　$(FTTT)(p,q)$　p であり、且つ、q である、という事はない。
$$(\sim(p \,.\, q))$$

f_3　$(TFTT)(p,q)$　もし q ならば、p である。
$$(q \supset p)$$

f_4　$(TTFT)(p,q)$　もし p ならば、q である。
$$(p \supset q)$$

f_5　$(TTTF)(p,q)$　p であるか、または、q である。
$$(p \vee q)$$

f_6　$(FFTT)(p,q)$　q ではない。
$$(\sim q)$$

f_7　$(FTFT)(p,q)$　p ではない。
$$(\sim p)$$

f$_8$　$(FTTF)(p,q)$　p であるか q であるか、いずれかである。
$$(p.\sim q \vee q.\sim p)$$
f$_9$　$(TFFT)(p,q)$　もし p ならば q であり、且つ、もし q ならば p である。
$$(p \equiv q)$$
f$_{10}$　$(TFTF)(p,q)$　p である。
$$(p)$$
f$_{11}$　$(TTFF)(p,q)$　q である。
$$(q)$$
f$_{12}$　$(FFFT)(p,q)$　p ではなく、且つ、q ではない。
$$(\sim p.\sim q、または p \mid q)$$
f$_{13}$　$(FFTF)(p,q)$　p であり、且つ、q ではない。
$$(p.\sim q)$$
f$_{14}$　$(FTFF)(p,q)$　q であり、且つ、p ではない。
$$(q.\sim p)$$
f$_{15}$　$(TFFF)(p,q)$　q であり、且つ、p である。
$$(q.p)$$
f$_{16}$　$(FFFF)(p,q)$　矛盾命題（p であり、且つ、p ではない、そして、q であり、且つ、q ではない。）
$$(p.\sim p.q.\sim q)$$

　命題の真理変項［の組］の真理可能性で、その命題を真とするものを、私はその命題の<u>真理根拠</u>と名付ける。

命題として $p \vee q$ をとると、以下のようになる。

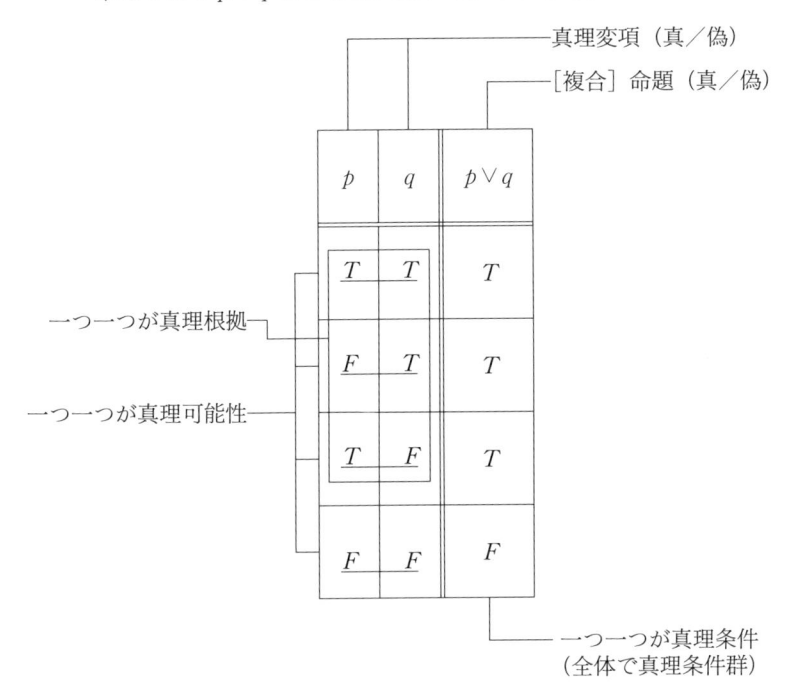

p	q	$p \vee q$
T	T	T
F	T	T
T	F	T
F	F	F

右側の注記：
- 真理変項（真／偽）
- ［複合］命題（真／偽）
- 一つ一つが真理条件（全体で真理条件群）

左側の注記：
- 一つ一つが真理根拠
- 一つ一つが真理可能性

5.11　もし、幾つかの命題に共有されている真理根拠が、全体として或る一定の命題の真理根拠でもあるならば、我々は、後者の命題の真なる事は前者の幾つかの命題の真なる事から［論理的に］導かれる、［推論される、］と言う。

　　　［例えば、f_4 $(TTFT)(p,q)$ と f_{10} $(TFTF)(p,q)$ に共有されている真理根拠（TT）は f_{11} $(TTFF)(p,q)$ の真理根拠（TT, FT）でもある。したがって我々は、f_4 と f_{10} から f_{11} を導く事が出来る。これは、$p \supset q$ と p から q への推論である。
　　　また、f_5 $(TTTF)(p,q)$ と f_7 $(FTFT)(p,q)$ に共有されている真理根拠（FT）は f_{11} $(TTFF)(p,q)$ の真理根拠（TT, FT）でもある。したがって我々は、f_5 と f_7 から f_{11} を

導く事が出来る。これは、$p \vee q$ と $\sim p$ から q への推論である。］

5.12　特に、もし命題「q」の全真理根拠が命題「p」の真理根拠であるならば、命題「p」の真なる事が命題「q」の真なる事から導かれる。

5.121　［5.12 においては、］命題「q」の真理根拠は、命題「p」の真理根拠に含まれている；即ち、p は q から導かれるのである。

5.122　もし p が q から導かれるならば、命題「p」の意味（Sinn）は命題「q」の意味（Sinn）に含まれている。

　　　　［ここで言われている「意味」は、一般によく言われるところの、推論は意味の含み関係である、という意味での「意味」であって、4.2 で言われている意味での「意味」ではない。4.2 では、「命題の意味（Sinn）は、事態の成立と不成立の可能性との一致と不一致である」と言われているのである。これは要するに、「命題の意味とは、命題の状況との一致と不一致である」という事である。ここで、命題の意味の「量」というものを考えれば、状況を狭く規定する方が意味の量は多いのであるから、命題の意味の量は命題の状況との不一致の部分の量に比例する事になる。そこで、命題の状況との不一致の部分——論理空間における真理根拠の余集合——を改めて命題の「意味（Sinn）」と考えるならば、5.122 はよく理解できる。］

5.123　もしも神が、或る幾つかの命題が真である世界を創造するならば、そうする事によって神は、それらの命題から導かれる全ての命題が真になる世界をも、既に創造しているのである。そして同様に神は、命題「p」が真なる世界を、その命題「p」の全対象を創造する事なしに、創造する事は出来ないのである。

5.124　命題は、そこから導かれるいかなる命題をも、肯定する。

5.1241　「$p.q$」は、「p」を肯定する命題の一つであり、同時に、「q」を肯定する命題の一つである。

　　　　二つの命題は、それら両者を肯定する有意味な命題がないならば、相互に対立している。

　　　　或る他の命題と矛盾する命題は全て、その或る他の命題を否定す

る。

5.13　我々は、或る命題の真なる事が他の幾つかの命題の真なる事から導かれるという事を、それらの命題の構造から見て取れる。

5.131　もしも、或る命題の真なる事が他の命題の真なる事から導かれるならば、この関係は、それらの命題の形式の相互の関係によって表現されている；我々はそれらの命題を、或る［第三の］命題によって相互に結合する事によって、そのような関係にもち来すという必要はない；それらの命題の間のこの関係は、内的であり、そして、それらの命題が与えられさえすれば、ただそれだけで、直ちに成り立つのである。

5.1311　もしも我々が $p \vee q$ と $\sim p$ から q を推論するならば、この場合この記号法によって、「$p \vee q$」と「$\sim p$」の命題形式の間の関係は隠蔽されている。しかし我々が例えば、「$p \vee q$」の代わりに「$p \mid q. \mid .p \mid q$」と書き、「$\sim p$」の代わりに「$p \mid p$」と書けば、それらの間の内的関係は明白になるであろう。($p \mid q$=「p ではなく、且つ、q ではない」)

　　［それらの間の内的関係は、それらが共通の記号で書かれる事によって、初めて明らかになるであろう、というのである。］

　　(人は $(x).fx$ から fa を推論する事が出来るという事、この事は、一般性はシンボル「$(x).fx$」の中にも存在する、という事を示している。)

5.132　もしも p が q から導かれるならば、私は q から p を推論する事が出来る；p は q から演繹される。

　　［q から p への］推論の方法は、［q, p］両命題からのみ取り出される。

　　［q, p］両命題そのもののみが、［q から p への］推論を正当化し得る。

　　当の推論を正当化すべき——フレーゲとラッセルにおいてのような——「推論の法則」は、意味がなく、余計であろう。

5.133　全ての演繹は、ア・プリオリに行われる。

5.134　或る要素命題から他の要素命題が導かれる事はない。

因果結合（5.135〜5.1362）

5.135 　いかにしても、何らかの状況の成立からそれとは全く異なった状況の成立が推論される事は、あり得ない。

5.136 　そのような推論を正当化する因果結合は、存在しない。

5.1361 　我々は、未来の出来事を現在の出来事から推定する事は<u>出来</u>ない。因果結合についての信念は<u>迷信</u>である。

5.1362 　意志の自由は、未来の行為は今は知られ得ないという事において、成り立っている。もしも因果性が、論理的推論の必然性のように、<u>内的必然性</u>であるならば、我々は未来の行為を知り得るであろう。──知る事と知られるものの関係は論理的必然性の関係である。

　　　　　［もしも「Aは、pという事を知っている。」が真であるならば、「p」という事も真である。この関係は論理的必然である。］

　　　　（「Aは、pという事を知っている。」は、もしもpが同語反復命題であるならば、無意味である。）

同語反復命題と矛盾命題の命題同士における共有性（5.1363〜5.143）

5.1363 　もしも、或る命題が自明であるという事からその命題が真であるという事が［論理的に］導かれないならば、その自明性は、その命題の真理性についての我々の信念を何ら正当化しない。

5.14 　もしも、或る命題［q］が或る他の命題［p］から導かれるならば、後者［p］は前者［q］より多くの事を言っており、前者［q］は後者［p］より少ない事を言っている。

5.141 　pがqから導かれ、qがpから導かれるならば、両者は同一の命題である。

5.142 　同語反復命題は、いかなる命題からも導かれる；それは何も語らない。

5.143 　矛盾命題は、いかなる命題も他の命題と共有しない命題である。同語反復命題は、何も共有しない全ての命題に共有される命題である。

　　　言わば、矛盾命題は全命題の外側に消え、同語反復命題は全命題の内側に消える。

　　　矛盾命題は［全］命題の外側の限界であり、同語反復命題は［全］

命題の実質のない中心点である。

　　　　［矛盾命題を K とすれば、$p.K=K$ であり、$q.K=K$ であるから、矛盾命題は、いかなる命題にも（and の形では）共有されず、同語反復命題を T とすれば、$p.T=p$ であり、$q.T=q$ であるから、同語反復命題は、いかなる命題にも（and の形で）共有される。なお、矛盾命題からは全ての命題が推論でき、全ての命題からは同語反復命題が推論できるという事を、次のような図式で考えれば、「矛盾命題は全命題の外側に消え、同語反復命題は全命題の内側に消える。そして、矛盾命題は［全］命題の外側の限界であり、同語反復命題は［全］命題の実質のない中心点である」という事が、理解できよう。矢印は推論関係である。

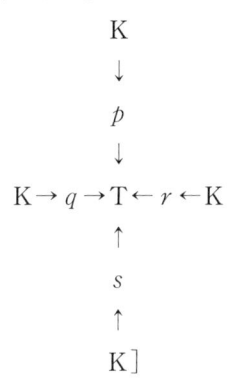

$$K$$
$$\downarrow$$
$$p$$
$$\downarrow$$
$$K \to q \to T \leftarrow r \leftarrow K$$
$$\uparrow$$
$$s$$
$$\uparrow$$
$$K\,]$$

確率（5.15〜5.156）

5.15　T_r は命題「r」の真理根拠の数であり、T_{rs} は命題「r」の真理根拠でもあり命題「s」の真理根拠でもある真理根拠の数であるとすれば、我々は比 $T_{rs}:T_r$ を、命題「r」が命題「s」に与える確率と呼ぶ。

5.151　先の 5.101 で与えられた図式において、T_r は命題 r［例えば f_5］の「T」の数［3］であり；T_{rs} は命題 r の「T」と同じ横列にある命題 s［例えば f_9］の「T」の数［1］であるとすれば、命題 r［f_5］は命題 s［f_9］に確率 $T_{rs}:T_r$［1：3］を与える。［即ち、命題 $p\vee q$ は命題 $p\equiv q$ に確率 $1/3$ を与えるのである。これは、もし命

題 $p \lor q$ が真であれば、命題 $p \equiv q$ が真である確率は $1/3$ である、という事である。]

5.1511　確率命題に固有な特別な対象は存在しない。

5.152　我々は、真理変項を共有しない命題同士を、相互に独立であると言う。相互に独立な命題（例えば、任意の二つの要素命題）は相互に確率 $1/2$ を与える。[f_{10} と f_{11} で見よ。]

　　　q から p が導かれるならば、命題「q」は命題「p」に確率 1 を与える。論理的推論の確実性は確率の極限の場合である。

　　　（[確率の] 同語反復命題と矛盾命題への適用）

　　　　　[いかなる命題も、同語反復命題に確率 1 を与え、矛盾命題に確率 0 を与える。]

5.153　命題は、[他の命題から確率が与えられるのであって、] それ自体では、蓋然的でも非蓋然的でもない。[命題が表す] 出来事は、生じるか生じないかであり、その中間は存在しない。

5.154　或る壺に同数の白玉と黒玉が入っているとしよう。（それ以外には何も入っていない。）私は、その壺から玉を一つ取り出してはまたそれを壺に戻す、という事を繰り返す。そうすれば私はこの試行によって、黒玉を取り出した数と白玉を取り出した数は試行を重ねて行くと次第に近づいてくるという事を、確認することが出来る。

　　　この事は、それ故、数学的事実ではない。

　　　もし私がここで、私が白玉を取り出す確からしさは黒玉を取り出す確からしさと同じである、と言うとすれば、この事は、私が知っている（仮説として受け入れられている自然法則を含む）全ての事柄が、私が白玉を取り出すという出来事の生起に対して、私が黒玉を取り出すという出来事の生起に対してよりも大きな確率を与える事はない、という事を意味している。即ち、私が知っている全ての事柄は――先の説明から容易に推察出来るように――それぞれの出来事の生起に対して確率 $1/2$ を与える、という事を意味しているのである。

　　　私がこの試行によって確認した事は、それぞれの出来事の生起は、私が詳しくは知らないいろいろな事柄に対し独立である、という事である。

5.155 確率命題の構成単位は、こうである：複数の事柄——私はそれ以上の事は知らない——が、或る特定の出来事の生起に対し、しかじかの確率を与える。

5.156 それ故、確率は一般化である。
確率は或る命題形式の一般的記述を含む。
我々は、確実性が欠如しているとき、確率を用いる。——もし我々が或る事実を完全には知らないとしても、しかし我々は、その事実の形式については<u>何事か</u>を知っている。
（命題は、或る状況の不完全な像であるかもしれないが、しかし、常に<u>或る</u>［何かの］完全な像である。）
確率命題は、言わば、他の諸命題から抽出されたエキスである。

内的関係の表現としての操作（5.2〜5.254）

5.2 命題の構造は、相互に内的関係にある。

5.21 我々の表現方法の中では、我々はこの内的関係を、或る命題を他の命題（操作の基礎命題）からのその命題を生み出す操作の結果として表す事によって、際立たせる事が出来る。

5.22 操作は、その結果命題の構造と基礎命題の構造の関係の表現である。

5.23 操作は、或る命題から他の命題を作り出すために、その或る命題に行われねばならない。

5.231 そして、或る命題から他の命題を作り出すという事は、勿論、それらの命題の形式的特性に、それらの形式の内的類似性に、依存している。

5.232 或る系列を作り出す内的関係は、その系列の或る項を他の項から作り出す操作と、同値である。

5.233 操作は、或る命題が論理的に有意味な仕方で他の命題から生み出される所において、即ち、命題の論理的構築が始まる所において、初めて登場する。

5.234 要素命題の真理関数は、要素命題を基礎命題として有する操作の結果である。（私はこの操作を真理操作と名付ける。）

5.2341 p の真理関数の意味は、p の意味の関数である。

否定、論理和、論理積、等々、は、操作である。
（否定は命題の意味を逆転する。）

5.24　操作は、変項において示される；操作は、いかにして人が或る命題の形式から或る他の命題の形式に達し得るかを、示している。

操作は、命題の形式の相違を表現している。

（そして、基礎命題とそれに対する操作の結果命題に共有されている命題は、基礎命題自身である。）

5.241　操作は、何ら［命題の］形式を表してはいない。それは、［命題の］形式の差異のみを表しているのである。

5.242　「p」から「q」を作り出す、まさにその操作が、「q」から「r」を作りだし、……なのである。この事は、「p」、「q」、「r」、……が或る形式的関係を一般的に表現する変項であるからこそ、表現され得るのである。

5.25　命題に操作が現れるという事は、その命題の意味を特徴づけはしない。

操作は何事も語りはしない。操作の結果のみが、何事かを語るのである；そして、それが何を語るかは、操作の基礎命題に依存するのである。

（操作と関数は、混同されてはならない。）

5.251　関数は、自らの変項ではあり得ない。これに対し、操作の結果はその操作の基礎命題になり得るのである。

5.252　ただそのようにしてのみ、形式列の項から項への（ラッセルとホワイトヘッドの階型におけるタイプからタイプへの）前進が可能なのである。（ラッセルとホワイトヘッドは、この前進の可能性を認めなかった。しかし彼らは、繰り返しそれを用いていたのである。）

5.2521　私は、或る操作を自らが作り出した結果命題に対して繰り返し適用する事を、その操作の継続的適用と呼ぶ。（「$O'O'O'a$」は「a」に対する「$O'\xi$」という操作の3回の継続的適用の結果命題である。）

私は、類似の意味において、幾つかの命題に対しての<u>一つ以上の操作の継続的適用</u>についても、語る。

5.2522　それゆえ私は、$a, O'a, O'O'a, \cdots$ という命題の形式列の一般項

を、「$[a, x, O'x]$」と書く。この括弧表現は、変項である。この括弧表現の中の第1項は、この形式列の初項である；第2項は、この形式列の任意の項 x の形式である；第3項は、項 x に操作「$O'\xi$」を適用して生じた項（したがって、x に直接続く項）の形式である。

5.2523　操作の継続的適用という概念は、「以下同様」という概念と同値である。

5.253　操作は、他の操作の働きを打ち消す事が出来る。操作は相互に消し合う事が出来る。

5.254　操作は、消える事が有り得る。(例えば、「〜〜p」における否定 [〜] がそうである：〜〜$p=p$)

要素命題に対する真理操作の結果命題としての命題（5.3〜5.32）

5.3　全ての命題は、要素命題に対する真理操作の結果命題である。

　真理操作は、要素命題から真理関数が生み出される仕方である。

　真理操作の本質、それは、要素命題から真理関数が生み出されるのと同じ仕方で、真理関数から或る新しい真理関数が生み出されるという事である。いかなる真理操作も、要素命題の真理関数から或る命題を生み出すが、その命題は、再び、要素命題の真理関数なのである。要素命題に対する真理操作の結果命題に対し、更に行われるいかなる真理操作の結果命題も、再び、要素命題に対する<u>一つの</u>真理操作の結果命題である。

　いかなる命題も、要素命題に対する真理操作の結果命題である。

5.31　4.31 の図式は、「p」、「q」、「r」、……が要素命題でないときでも、意味を持つ。

　そして 4.442 の命題記号は、たとえ「p」、「q」が要素命題の真理関数であろうとも、要素命題の<u>或る真理関数</u>を表現しているという事を見て取る事は、容易である。

5.32　全ての真理関数は、要素命題に対する真理操作の或る有限回の継続的適用の結果命題である。

「論理的対象」・「論理定項」・否定（5.4〜5.442）

5.4　ここにおいて、「論理的対象」或いは（フレーゲとラッセルの意味での）「論理定項」は存在しない、という事が明らかになる。

5.41　何故ならば：真理関数に対する真理操作の結果命題は、全て、それらが要素命題の同一の真理関数であるならば、同一であるから。

　　　［例えば、$p.q$ と $\sim(\sim p\vee\sim q)$ は、要素命題 p, q の同一の真理関数である。したがって、$p.q$ と $\sim(\sim p\vee\sim q)$ は、命題として同一である。それゆえ、それらと同型な世界における対応者は存在しない、というのであろう。］

5.42　∨、⊃、等々は、右、左、等々が関係であるという意味では、関係ではない、という事は明白である。

　　　フレーゲやラッセルの論理的「原始記号」の間の相互定義の可能性は、既に、それらは原始記号ではないという事を、いわんや、いかなる関係をも表していないという事を、示している。

　　　そして、我々が「～」と「∨」で定義する「⊃」は、我々がそれと「～」で「∨」を定義する「⊃」と、同一であるという事、また、この「∨」は、初めの「∨」と同一であるという事、等々、は、明らかである。

　　　　［$p\supset q=\mathrm{df}\sim p\vee q$ ； $p\vee q=\mathrm{df}\sim p\supset q$］

5.43　ある事実 p から、無限に多くの<u>他の事実</u>、即ち、$\sim\sim p$、$\sim\sim\sim\sim p$、等々が導かれるに違いないという事は、初めから殆ど信じ難い。そして、これに劣らず奇妙なのは、論理の（そして、数学の）無限に多くの命題が、半ダースほどの「基礎命題」から導き出されるという事である。

　　　しかし、論理学の全命題は同じことを語っている、つまり、何も語っていないのである。

5.44　真理関数は、内容のある関数ではない。

　　　例えば、人が肯定を二重否定によって生み出し得るならば、二重否定は——何らかの意味で——その肯定の中に含まれているのであろうか。「$\sim\sim p$」は「$\sim p$」を否定しているのか、或いは、p を肯定しているのか；或いは、その両方であるのか。

　　　命題「$\sim\sim p$」は否定を、対象を扱うようには、扱わない；とはいえ、否定の可能性は肯定の中に既に先取りされている。

　　　そして、もしも「～」という対象が存在するならば、「$\sim\sim p$」は

「p」とは何か違った事を言うのでなければならない。何故なら、そのときは、一方の命題はまさに〜を扱うのに、他方はそうではないから。

5.441　見せかけ上の論理定項の消滅はまた、「$(x).fx$」と同じ事を言っている「$\sim(\exists x).\sim fx$」において、或いはまた、「fa」と同じ事を言っている「$(\exists x).fx.x=a$」において、生じている。

5.442　もしも我々に或る命題が与えられるならば、その命題と共に既にその命題を基礎命題とする全ての真理操作の結果命題をもまた、与えられているのである。

論理的原始記号　(5.45〜5.452)

5.45　もしも幾つかの［見せかけではない］論理的原始記号が存在するならば、正しい論理学がそれらの相互の位置関係を明確にし、且つ、それらの存在を正当化しなくてはならない。それらの原始記号から作られた論理学の構造が、明確にされねばならない。

5.451　もしも論理学が幾つかの基礎概念［(原始概念)］を有するとすれば、それらは相互に独立でなければならない。もしも或る基礎概念が導入されるならば、それは、そもそもそれが現れる全ての結合において、［同時に］導入されねばならない。したがって人はそれを、先ず或る結合において導入し、次に更にまた他の結合において導入する、という事は出来ない。例えば、もしも否定［という基礎概念］が導入されるならば、今や我々はそれを、「$\sim p$」という形の命題においてのみならず、「$\sim(p\vee q)$」、「$(\exists x).\sim fx$」等々のような命題においても、理解しなければならない。我々はそれを、先ず或る一組の場合に導入し、次に他の一組の場合に導入する、という事はすべきではない；何故ならば、そうすると、その意味が両者の場合において同じであるか否かが疑われ、そしてまた両者の場合において、同じ種類の記号結合が用いられているという根拠も存在しないから。

　（要するに、こうである：フレーゲが（『算術の基本法則』において）定義に基づく記号の導入について言ったのと同じ事が、必要な変更を加えれば、原始記号の導入についても当てはまるのである。）

5.452　論理学の記号法における新しい補助手段［(定義)］の導入は、常

に、重大な出来事でなくてはならない。新しい補助手段は、論理学においては、――言わば全く無邪気な顔をして――括弧の中で或いは横棒に挟まれて、導入されてはならないのである。

（ラッセルとホワイトヘッドの『数学原理』においては、定義と基本法則は言葉で表現されている。何故ここにおいて突然、それらは言葉で表現されているのか。この事には正当化が必要である。しかし、ここには正当化は存在せず、また、必然的に存在しない。何故なら、ここにおいては、正当化という手続きは事実上禁じられているのであるから。）

しかし、もし或る新しい補助手段［（定義）］の導入が或る場所で必要である事が明らかになるならば、人は直ちにこう自問しなくてはならない：どこでこの補助手段は必ず用いられねばならないのか。論理学におけるその場所が明確にされねばならないのである。

論理学の本性（5.453〜5.4541）

5.453　論理学における全ての数は、正当化されねばならない。

或いは、むしろこうである：論理学においてはいかなる数も存在しない、という事がはっきり示されねばならない。

特別扱いされる数は存在しないのである。

　　　［4.128、5.474、5.553 などを参照。］

5.454　論理学においては、［命題は全て独立であり、］相並んで存在するという事はない。分類は存在し得ない。［6.127 を参照。］

論理学においては、より一般的なものとか、より特殊的なものとかいうものは、存在しえない。

5.4541　論理的問題の解決は単純でなければならない。何故なら、論理的問題の解決が単純という事の基準を設定するのであるから。

その答えが――ア・プリオリに――均整がとれており、そして、閉じた規則的な構成物［（論理学）］に一体化して存在する、そのような問いの領域が存在するにちがいない、と人々は常に予感してきた。

［その領域は、］単純は真理の徴し、という命題が妥当する領域［である］。

句読点としての論理的操作記号（5.46〜5.4611）

5.46 もし人が論理記号 [(例えば ∨)] を正しく導入するならば、人はその事によって、その論理記号による全ての命題結合の意味をも、既に導入しているのである；したがって、「$p \vee q$」の意味のみではなく、「$\sim (p \vee \sim q)$」等々の意味をも、既に導入しているのである；人はその事によって、括弧による単に可能的であるに過ぎない全ての命題結合の意味をも、既に導入しているのである。そして、以上の事により、以下の事が明らかになったであろう：本来の一般的原始記号は、「$p \vee q$」、「$(\exists x).fx$」等々ではなく、命題結合の最も一般的な形式である。

5.461 ∨や⊃のような論理的疑似関係は——本当の関係とは対照的に——括弧を必要とするという、一見重要ではないと思われる事実が、実は意味深いのである。

それらの見かけ上の原始記号には括弧が必要であるという事が、既に、それらは本当の原始記号ではないという事を示唆している。誰も、括弧が自立した意味をもっているなどとは、信じはしない。[したがって、∨や⊃も自立した意味などもってはいない。]

5.4611 論理的操作記号は、句読点である。[論理的操作記号で命題は区切られるのである。]

一般的命題形式（5.47〜5.472）

5.47 そもそも予め全命題の形式について言われ得る事は、全て、一挙に言われ得るのでなくてはならない、という事は明らかである。

実際のところ、既に要素命題の中に、全論理的操作が含まれているではないか。何故ならば、「fa」は

「$(\exists x).fx.x=a$」

と同じ事を言っているのであるから。

組み立てが存在する所には、独立変項と関数が存在し、独立変項と関数が存在する所には、既に全論理定項が存在する。

人はこう言う事が出来よう：或る一つの論理定項が存在する；それは、全命題が、命題というものの本性によって、相互に共有するものである。

しかし、全命題が、命題というものの本性によって、相互に共有す

るもの、それが一般的命題形式である。
5.471 一般的命題形式は命題の本質である。
5.4711 命題の本質を述べる事は、全記述の本質を述べる事であり、それ故世界の本質を述べる事である。
5.472 最も一般的な命題形式を記述する事は、論理学における一つのそして唯一つの一般的原始記号を記述する事である。

論理学の自律性・自明性・オッカムの格言（5.473～5.4733）

5.473 論理学は自分で自分の面倒を見るのでなくてはならない。
　　　もしも或る記号が可能であるならば、その記号はまた何かを表示する事が可能でなくてはならない。論理学において可能なものは、全て、許されてもいる。（「ソクラテスは同一である」という命題は何事をも意味しない；何故ならば、「同一」と言われる特性は存在しないから。この命題が無意味であるのは、我々が自由に決め得る規定をうまく決めなかったからであり、[「同一」という] シンボルそれ自体が許されていないからではない。）
　　　論理学においては我々は、或る意味で、誤り得ない。
5.4731 ラッセルが非常に多くを語った自明性は、論理学においては、言語自体がいかなる論理的誤りをも阻止するという事によってのみ、無くて済むものになり得る。——論理学はア・プリオリであるという事は、我々は何事も非論理的には考えられ得ないという事において、成り立っている。
5.4732 我々は記号に不当な意味を与える事は出来ない。
5.47321 オッカムの格言は、勿論、恣意的な規則でもなければ、実際上の成果によって正当化される規則でもない。その言わんとする所は、こうである：不必要な記号の単位は何も意味しない。
　　　同じ一つの目的を達成する複数の記号は、論理的に同値であり、いかなる目的をも達成しない記号は、論理的に無意味である。
5.4733 フレーゲはこう言う：正しく作られた命題は、いずれも、意味を有さねばならない。そして私はこう言う：可能な命題は、いずれも、正しく作られている；そして、もしも或る命題が意味を有さないならば、この事は、我々がその命題の幾つかの構成要素にいかなる意味を

も与えていなかった、という事にのみ基づいている。
　（たとえ我々が、意味を与えていたと信じているとしても。）
　という訳で、我々は「同一」という語に形容詞としてのいかなる意味をも与えていなかったが故に、「ソクラテスは同一である」という命題は何事をも語っていない。何故なら、もしも「同一」という語が等号として登場するならば、その語は全く異なった仕方でシンボルとして働き、――その語が表示する関係は全く別の関係なのであって――、したがって、シンボルは、形容詞としての場合と等号としての場合では、全く異なっているのである；両方のシンボルは、唯たまたま同じ記号を共有しているのみなのである。

基礎操作（5.474〜5.476）

5.474　必要な基礎操作の数は、唯我々の記号法にのみ依存する。

5.475　或る一定数の次元の――或る一定の数学的多様性の――記号体系を構成するという事、この事のみが問題なのである。

5.476　明らかに、ここで問題なのは、表示されるべき幾つかの基礎概念ではなく、規則の表現である。

基礎的な論理的操作としての否定［の連言］（5.5〜5.511）

5.5　いかなる真理関数も［複数の］要素命題に対する
$$(---T)(\xi, \ldots\ldots)$$
という操作の逐次的適用の帰結である。
　この操作は、右側の括弧内の全命題を否定する、［そして連言を作る、］という事である。私はこの操作をこれらの命題の否定［の連言］と呼ぶ。

5.501　その中の項が命題である括弧の表現を、私は――括弧内の項の順序は問題でないならば――「$(\bar{\xi})$」という形の記号で示す。「ξ」は、それの値が括弧の表現内の項である変項であり；そしてその変項の上の棒は、その変項が括弧内の全ての値を代表している、という事を示している。
　（したがって、変項 ξ が例えば三つの値 P, Q, R を有するならば、
$$(\bar{\xi}) = (P, Q, R)$$
である。）

変項の値は、確定されている。

この確定は、変項が代表している命題を記述する事によって、行われる。

括弧の表現内の項のこの記述がいかに行われるかは、本質的ではない。

我々は、三種類の記述を区別する事が<u>出来る</u>：1. 直接的列挙。この場合には、我々は、変項の代わりに端的にそれの定項である値を置く事が出来る。2. 関数 fx の提示。この場合には、［独立変項］x の全ての値に対する［従属変項、即ち関数 fx］の値が記述されるべき命題なのである。3. それに従って問題の命題が構成される形式的規則の提示。この場合には、括弧の表現内の項は、或る形式列の全ての項なのである。

5.502　そこで私は、「$(---T)(\xi,……)$」の代わりに「$N(\bar{\xi})$」と書く。
　　　　$N(\bar{\xi})$ は、命題変項 ξ の全ての値の否定［の連言］である。

5.503　いかにしてこの操作によって諸命題が構成され得るのか、はたまた構成され得ないのか、という事が容易に表現され得るのは明らかであるから、この事に厳格な表現を見いだす事が出来ねばならない。

5.51　もし ξ が一つの値のみを有するならば、$N(\bar{\xi})=\sim p$（p ではない）であり、二つの値を有するならば、$N(\bar{\xi})=\sim p.\sim q$（$p$ でも q でもない）である。

5.511　全てを包括し、且つ、世界を映し出す論理が、これらの特殊な論理記号［（〜と.）］を用いる仕方はどうなのか。それは唯、これらの論理記号［が命題］を結合して、限りなく精妙な網状組織に、［世界を映し出す］巨大な鏡［（言語）］に、編み上げていくように、である。
　　　　［この断章の真意は読みにくい。この訳は私の推測に基づく意訳である。］

記号法の本質・否定（5.512〜5.5151）

5.512　もし「p」が偽であるならば、「$\sim p$」は真である。したがって、真なる命題「$\sim p$」においては、「p」は偽なる命題なのである。では、いかにして波「$\sim$」はこの偽なる命題「p」を［$\sim p$ として否定する事によって］現実との一致にもち来すことが出来るのか。

「〜p」において否定という操作を行っているものは、しかしながら、「〜」ではなく、pを否定するこの記号法の全記号に共有されているもの、である。

それは、したがって、「〜p」、「〜〜〜p」、「〜p∨〜p」、「〜p．〜p」等々等々と（限りなく）構成される命題に共有されている規則である。そしてこの共有されている規則が、否定という操作を映し出しているのである。

　　　［ちなみに、「〜〜〜p」、「〜p∨〜p」、「〜p．〜p」は全て「〜p」と同値である。］

5.513　人はこう言う事が出来よう：pとqを共に肯定するシンボル全てに共有されているものが、命題「p．q」である。［少なくとも］p若しくはqを肯定するシンボル全てに共有されているものが、命題「p∨q」である。

そしてまた、人はこう言う事も出来よう：二つの命題は、もし何も共有していないならば、相互に対立している。：そして、いかなる命題も唯一つその否定命題を有している；何故ならば、その命題に対し完全に外部にある命題は唯一つしかないから。

ラッセルの記号法においても、［q．(p∨〜p)を意味する］「q：p∨〜p」は「q」と同じ事を語っており、「p∨〜p」は何も語っていない、という事が示されている。

5.514　或る記号法が確立されるならば、その記号法には、pを否定する全命題を構成する規則、pを肯定する全命題を構成する規則、p又はqを肯定する全命題を構成する規則、等々、が存在する。これらの諸規則は、［「〜p」、「p」、「p∨q」等々という］シンボルと同値であり、そしてその中にその意味が映し出されている。

5.515　「∨」、「．」等々によって相互に結合されるものは命題でなければならない、という事は、我々のシンボルにおいて示されねばならない。

そして、この事はまた事実なのである；何故なら、シンボル「p」と「q」は、それ自体で「∨」、「〜」等々を前提しているのであるから。「p∨q」の中の記号「p」は、もしもそれが或る複合した記号を

代理する［事が出来る］のでないならば、［即ち］ただ記号「p」だけであるならば、意味を持ち得ないのである。その場合はまた、「p」と同一の意味を有する記号「p∨p」、「p．p」等々もまた意味を持ち得ない。そして、もしも「p∨p」が意味を持たないならば、「p∨q」もまた意味を持ち得ないのである。

5.5151　否定命題の記号は、肯定命題の記号で構成されねばならないのか。人は何故、否定命題を否定的事実によって表現してはいけないのか。（例えば：もしも「a」が「b」に対し或る一定の関係にないならば、この事は、aRb ではない、という事を表現出来そうなものである。）

しかし、ここにおいてもまた、否定命題は間接的に肯定命題によって構成されているのである。

肯定命題は、否定命題の存在を前提しなくてはならず、そして、その逆も真なのである。

一般性（5.52～5.525）

5.52　ξ の値が、x の全ての値に対する、関数 fx の値全体であるならば、$N(\xi) = \sim(\exists x).fx$ となる。

5.521　私は、<u>全ての</u>という概念を真理関数から分離する。
フレーゲとラッセルは一般性を、論理積や論理和と関連づけて、導入した。そのために、一般性という観念および論理積や論理和という観念を含んでいる「$(\exists x).fx$」や「$(x).fx$」という命題を理解する事が、困難になった。

5.522　一般性を表す記号に特有な事は、第一に、それは論理的原型 [(fx)] を指示する、という事であり、そして第二には、それは定項 [(f)] を目立たせる、という事である。

5.523　一般性を表す記号は、変項として現れる。

5.524　もし対象が与えられるならば、それによって、既に<u>全対象</u>も与えられているのである。
もし要素命題が与えられるならば、それによって、既に<u>全要素命題</u>も与えられているのである。

5.525　命題「$(\exists x).fx$」を——ラッセルがしたように——言葉で「fx は<u>可能である</u>」と言い換える事は、正しくない。

或る状況の確実性、可能性、あるいは不可能性は、命題で表現される事はない。それらは、その状況を表す命題が同語反復命題、有意味な命題、あるいは矛盾命題である事によって、表現される。

人が常にそこにより所を求めるかの先例なるものは、既に、シンボルそれ自体に含まれているのである。

完全に一般化された命題による世界記述（5.526〜5.5262）

5.526　人は世界を、完全に一般化された命題によって、完全に記述する事が出来る。したがって、人は世界を、名前を予め或る一定の対象に対応づける事なしに、完全に記述する事が出来るのである。

その場合、通常の表現方法に至るためには、人は唯、「……である所の、一つそして唯一つの x が存在する」という表現の次に、「そして、この x は a である」と言いさえすればよいのである。

　　［ウィトゲンシュタインはラッセルの記述の理論を前提にしている。この事がわかれば、この断章は理解出来る。］

5.5261　完全に一般化された命題は、いかなる他の命題もそうであるように、合成されている。（この事は、我々は命題「$(\exists x, \phi).\phi x$」において「ϕ」と「x」に対し別々に言及せざるを得ない、という事によって示されている。「ϕ」、「x」両者の世界に対する表示関係は、一般化されていない命題がそうであるように、独立なのである。）

合成されたシンボルの徴は、それは<u>他</u>のシンボルと何かを共有している、という事である。

5.5262　<u>いかなる</u>命題の、真あるいは偽である事も、確かに、世界の一般的構造の何かを変える。要素命題の総体によって世界の構造に与えられる可能性の空間は、まさに、完全に一般的な命題によって限界づけられる可能性の空間と、同じである。

（もし或る要素命題が真であるならば、その事によって、いずれにせよ、真なる要素命題が<u>一つ増えた</u>のである。）

同一性（5.53〜5.534）

5.53　私は対象が同一である事を、記号が同一である事によって表現し、同一性の記号［「＝」］を用いては表現しない。私は対象が同一でない事を、記号が同一でない事によって表現する。

5.5301　同一性(「同一である事」)が対象間の関係ではない事は、自明である。この事は、例えば、命題「$(x):fx.\supset.x=a$」について考察すれば、非常に明らかになる。この命題が言っている事は、単に、a <u>のみ</u>が関数 f を満足するという事であって、a に対して或る関係 [(実は「同一性の関係」)] を有する〈もの〉<u>のみ</u>が関数 f を満足するという事ではない。

　　勿論、人はこう言うかもしれない：まさに a <u>のみ</u>が a に対しこの関係 [(実は「同一性の関係」)] を持つが、しかし、この事を表現するために、我々は同一性の記号 [「=」] そのものを用いるのである。[しかし、そうは言えない。5.5303 を参照。]

5.5302　「=」についてのラッセルの定義は、不十分である。何故なら人は、それに従えば、二つの対象が全特性を共有する、とは言えないから。(二つの対象が全特性を共有する、という事は、現実にはないとしても、しかし有意味ではあるのである。)[ラッセルによれば、二つの対象が全特性を共有するならば、「不可識別者同一の原理(the principle of the identity of indecernibles)」によって、実は同一の対象なのである。]

5.5303　大雑把に言うと、<u>二つ</u>の〈もの〉について、それらは同一である、と言う事は無意味であり、<u>一つ</u>の〈もの〉について、それは自分自身と同一である、と言う事は、全く何も語っていない。

5.531　したがって私は、「$f(a,b).a=b$」とは書かないで、「$f(a,a)$」(或いは「$f(b,b)$」)と書く。

5.532　そして同様に私は、「$(\exists x,y).f(x,y).x=y$」とは書かないで、「$(\exists x).f(x,x)$」と書く；そして「$(\exists x,y).f(x,y).\sim x=y$」とは書かないで、「$(\exists x,y).f(x,y)$」と書く。

　　(したがって私は、ラッセルの「$(\exists x,y).f(x,y)$」の代わりに「$(\exists x,y).f(x,y).\vee.(\exists x).f(x,x)$」と書く。)

5.5321　したがって我々は、「$(x):fx.\supset.x=a$」の代わりに、「$(\exists x).fx.\supset.fa:\sim(\exists x,y).fx.fy$」と書く。

　　そして命題「唯一つの x が $f(\ )$ を満足する」は、こうなる：
　　　「$(\exists x).fx:\sim(\exists x,y).fx.fy$」

5.533　同一性の記号［「＝」］は、それ故、概念記法の本質的構成要素ではない。

5.534　そして今や我々は、「$a=a$」、「$a=b.b=c.\supset.a=c$」、「$(x).x=x$」、「$(\exists x).x=a$」等々のような疑似命題は、正しい概念記法においては全く書かれる事がない、という事を知るのである。

「無限公理」（5.535〜5.5352）

5.535　このようにして、そのような疑似命題と結び付いた全ての問題も片づくのである。

　　　ラッセルの「無限公理」がもたらす全ての問題は、既にここで、解決されている。

　　　［ちなみに、］無限公理が言わんとする事は、言語においては、こう表現されるであろう：異なった意味を持つ無限に多くの名前が存在する。

5.5351　人は、「$a=a$」或いは「$p\supset p$」等々の形の表現を用いたいという誘惑に、駆られる場合がある。しかもそれは、命題、〈もの〉、等々といった原像について語りたいときに、生じる。そういう訳でラッセルは、『数学の原理』において、「p は命題である」という無意味な命題を記号的に「$p\supset p$」と表現し、それを［p を含む］命題の前に仮説として置いた。そうする事によって、その命題の独立変項の場所は命題のみによって占められる事になる、というのである。

　　　（命題に正しい形式の独立変項を確保するために、その命題の前に仮説 $p\supset p$ を置くという事は、既に無意味である。何故ならば、［その命題の独立変項の場所が命題でないもの「p」で占められている場合、］その命題でないもの「p」に対する無意味な仮説「p は命題である」——記号的には「$p\supset p$」——は、偽ではなく、無意味になるからであり、そしてまた、［独立変項の場所が命題でないもの「p」で占められている］命題そのものが、その独立変項の種類が正しくないという事によって、無意味になるからである。それ故、［独立変項の場所が命題である「p」で占められている］命題は、それ自体で、善かれ悪しかれ、命題の前に置かれた無意味な仮説が目指した程度には、正しくない独立変項に対して護られているのである。）

5.5352　同様に人は「〈もの〉は存在しない」という事を、「〜($\exists x$).$x=x$」によって表現しようとする。しかし、たとえこれが命題であるとしても——もしも「〈もの〉が［複数］存在する」［（したがって、その命題なるものは偽であるはずである）］とはいえ、しかしそれらがそれ自身と同一でないならば、やはり真ではないのか。

信念・判断等々を表す命題　（5.54〜5.5423）

5.54　一般的命題形式においては、命題は［複合］命題の中で、真理操作の基礎命題としてのみ、現れる。

5.541　一見したところ、命題は他の命題の中では、真理操作の基礎命題としてとは異なった仕方でも、現れ得るかの如くである。

　　　特に、心理学の「Aは、pと信じる」とか「Aは、pと考える」等々といったような、或る種の命題形式を持った命題の中では［、そうであるかの如くなのである］。

　　　即ち、表面的には、この種の命題形式を持った命題の中では、命題pは或る対象Aに対し或る種の関係にあるかの如くに思われるのである。

　　　（そして（ラッセル、ムーア、等々、の）現代認識論においても、心理学でのかの諸命題は、やはり、命題pは或る対象Aに対し或る種の関係にあるかの如くに思われているのである。）

5.542　しかしながら、「Aは、pと信じる」、「Aは、pと考える」、「Aは、pと言う」は、［「「p」は、pと信じる」、「「p」は、pと考える」］、「「p」は、pと言う」という形式を持っている、という事は明らかである。そして、ここにおける問題は、［pという］或る事実と［Aという］或る対象の対応づけではなく、［pという事実と「p」という事実という］二つの事実の間の、それらを構成している対象間の対応づけによる対応づけ、なのである。

5.5421　この事はまた、今日の皮相な心理学において考えられているような心——主観、等々——はナンセンスである、という事を示している。

　　　合成された心、といったものは、もはや心ではないであろう。

5.5422　「Aは、pと判断する」という形式の命題についての正しい説明は、無意味な判断をする事は不可能である、という事を示さねばならな

い。(ラッセルの理論は、この要請を満たしていない。)

5.5423　或る複合体を知覚するという事は、その構成要素がいかに相互に関係しているかを知覚する事である。

　　　この事はまた、人は図

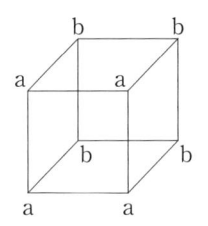

```
        b       b
      ┌───────┐
     a│ a     │
    ┌─┼─────┐ │
    │ │  b  │ │
    │ │     │ │
    │ └─────┼─┘
    │   b   │
    └───────┘
      a     a
```

を立方体として二様に見る事が出来るという事を、よく説明する；そしてまた、これと似た全ての現象を、よく説明する。何故ならば、我々はまさに実際、それらにおいて、二つの異なった事実を見るのであるから。

　　　(もし私が最初に [四つの] aの角を見、そしてほんのちょっとbの角に眼をやれば、aの面が前面に見える；もし私が最初に [四つの] bの角を見、そしてほんのちょっとaの角に眼をやれば、今度はbの面が前面に見える。)

要素命題の形式・論理の適用 (5.55〜5.5571)

5.55　我々は今や、要素命題の全ての可能な形式に関する問いに対し、ア・プリオリに答えねばならない。

　　　要素命題は、名前によって成り立っている。しかしながら我々は、異なった意味を有する名前の数を提示する事は出来ないのであるから、要素命題の合成を提示する事も出来ないのである。

5.551　我々の基本原則は、こうである：そもそも論理によって答えられ得る問いは、全て、即座に答えられねばならない。

　　　(そして、もしも我々が、そもそも論理によって答えられ得る問いが、世界についての考察によって答えられねばならない、という状態に立ち至っているならば、この事は、我々は根本的に間違った道筋に入り込んでいる、という事を示している。)

5.552　我々が論理を理解するのに必要な「経験」は、何かがシカジカであ

る、という事についての経験ではなく、何かが<u>存在する</u>、という事についての経験である；しかしこの経験は、まさに、[本来の意味では]経験ではない。

　論理は、あらゆる経験——何かがシカジカである、という経験——に<u>先立っている</u>。

　論理は、「いかに」には先立っているが、「何」には先立っていない。

5.5521　そして、もしもそうでないならば、いかにして我々は論理を適用し得るのであろうか。人はこう言う事が出来よう：世界が存在しないにもかかわらず、もしも論理が存在するならば、世界が存在するときに、いかにしてその論理は世界に適用し得るのであろうか。

5.553　ラッセルは、こう言った：さまざまな数の〈もの〉（個物）の間に、単純な関係が存在する。しかし、幾つの〈もの〉の間に、なのか。そして、いかにしてこの事は決められるのか。——経験によってか。

　（特別な数というものは、存在しない。）

5.554　いかなる特殊な形式を提示する事も、全く任意であろう。

5.5541　例えば、私が、27項の関係を表す記号で何かを表示しなくてはならない、という状況に陥る事が有り得るか、という問いには、ア・プリオリに答えられねばならないと思われる。

5.5542　しかし、それなら、そもそも我々には、そのように問うことが許されるのであろうか。我々は、それに何が対応し得るのかを知らないような、或る記号形式を立てる事が出来るであろうか。

　或る事が成立し得るためには、何が<u>存在</u>しなくてはならないか、という問いは意味をもっているか。

5.555　我々は、要素命題について、その個々の論理形式は別として、或る概念をもっている、という事は明らかである。

　しかしながら、人がシンボルを或る体系に従って構成出来る場合には、論理的に重要なのは、その体系であって、個々のシンボルではない。

　そして、私が論理において関わりあわねばならないのは、私が案出し得る諸形式である、という事など、どうして有り得ようか。私は、

私に形式の案出を可能にするものと、関わりあわねばならないのである。

5.556 　要素命題の形式に、階層は存在し得ない。我々が予見し得るものは、我々自身が構成するもののみである。

5.5561 　経験的実在は、対象の総体によって、限界づけられている。その限界はまた、要素命題の総体の中に示されている。
　　　　階層は、実在から独立であり、そして、独立であらねばならない。

5.5562 　もしも我々が純粋に論理的な根拠から、要素命題が存在しなければならない、という事を知るならば、命題を分析されていない形で理解する人は、その事を知っているのでなくてはならない。

5.5563 　我々の日常言語の全命題は、実際、その有りのままにおいて、論理的に完全に秩序づけられている。――我々がここにおいて提示すべき、かの最も単純なるもの [(命題の一般形式にまで分析された命題?)] は、真理の似姿ではなく、全き真理そのものである。
　　　　　[5.4541を参照。]
　　　（我々の問題は、抽象的ではなく、おそらく、存在する最も具体的なるものである。）

5.557 　論理の適用は、いかなる要素命題が存在するかを、決定する。
　　　　論理の適用に属する事を、論理は予想できない。
　　　　論理はその適用と衝突してはならない、という事は明らかである。
　　　　しかし論理は、その適用と接触する点がなければならない。
　　　　したがって、論理とその適用は相互に犯しあってはならない。
　　　　[「論理の適用」とは「真理操作の適用」の事か？]

5.5571 　もしも私が要素命題をア・プリオリに提示出来ないならば、要素命題を提示しようと欲する事は、明白な無意味に至らねばならない。

言語の諸限界（5.6〜5.61）

5.6 　　<u>私の言語の諸限界</u>（die Grenzen）は、私の世界の諸限界を意味する。

5.61 　　論理は世界を満たす；世界の諸限界はまた論理の諸限界でもある。
　　　　したがって我々は、論理において、こう言う事は出来ない：世界にはこれとこれは存在するが、あれは存在しない。

[「これ」とか「あれ」は対象のことである、と思われる。5.552 を参照。]

　というのは、「世界にはこれとこれは存在するが、あれは存在しない」と言う事は、我々は或る可能性 [（或る事実の存在の可能性？）] の排除を前提しているように思われるが、この可能性の排除は事実としては起こり得ないから、である。何故ならば、この可能性の排除が事実として起こり得るとすれば、論理は世界の諸限界を越え出なければならないから；即ち、論理は世界の諸限界を外側からも眺める事が出来ねばならないから。

　我々は、思考し得ぬものを思考する事は出来ない；したがって我々は、思考し得ぬものを語る事も出来ない。

独我論・形而上学的主体 （5.62〜5.641）

5.62　この所見は、独我論はどの程度まで真理であるか、という問いに決着をつける鍵を与える。

　即ち、独我論が意味している事は、完全に正しいのであるが、ただ、それは、語られ得ず、自らを示す [のみな] のである。

　世界は私の世界である、という事 [――これは「独我論」の表現の一つである――] は、（私のみが理解する）この言語の諸限界が私の世界の諸限界を意味する、という事の中に示されている。

　　　[私のみが理解するこの言語の諸限界が私の世界の諸限界を意味するとすれば、この私の世界は私のみが理解する世界なのであり、他人には理解出来ない世界となる。かくして各人はそれぞれ自己の世界に閉じこもり、そこには相互理解は存在しない事になる。即ち、各人の世界には窓が無いのである。この世界観は、「独我論」と言われてよいであろう。私には私の世界のみがあり、そこには、私の感覚、感情、思い、意志、……が、即ち心的なるものが、生き生きと存在するのであるが、他人のそれらは感じられず、他人はただ人の形をしたものとしてのみ存在するのであるから。他人が心的なるものを有するか否かは、たかだか仮説として言われ得るに過ぎないのである。]

5.621　[私の] 世界と [私の] 生活は、一つである。

5.63　　私は、私の世界（小宇宙）［そのもの］である。
5.631　思考し表象する主体は、［世界の中には］存在しない。
　　　　もしも私が『世界――それを私はいかに見たか――』という本を書いたとすれば、そこにおいて私は、私の身体についても述べねばならないであろうし、そのどの部分は私の意志に従い、どの部分は私の意志に従わないか、等々についても、言わねばならないであろう。これが即ち、主体を分離する一つの方法、或いはむしろ、或る重要な意味において主体は［世界の中には］存在しない、という事を示す一つの方法、なのである。と言うのは、この本においては、主体についてのみ、言及される事がないのであるから。――
5.632　［思考し表象する］主体は、世界には属さない；それは、世界の一限界（eine Grenze）なのである。
　　　　［主体によって思考し表象される世界は、当の主体を超える事は出来ない。その意味で主体は、世界の一限界なのである。もう一つの限界は、私が知っている全対象によって与えられる全可能的事態ではないか。（2.0124 を参照。）］
5.633　［思考し表象する主体ではなく、］形而上学的主体は、世界の中のどこに、認められるべきなのか。
　　　　君は、こう言うであろう：ここにおける事態は、眼と視野の関係と同じである。しかし、君は実際には眼を見てはいない。［それ故、眼は視野の中には存在しない。］
　　　　そして、視野にある何ものからも、それが眼によって見られているという事を推論する事は、出来ない。［それ故、視野と眼の関係は偶然的である。］
5.6331　つまり、［二重の意味で］視野は例えばこのような形を［必然的に］持つものではないのである：
5.634　この事は、我々の経験のいかなる部分もア・プリオリではない、という事と関係している。
　　　　我々が見るものは全て、別様でもあり得たのである。
　　　　我々がそもそも記述し得るものは全て、別様でもあり得たのであ

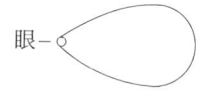

ものの ア・プリオリな秩序は存在しない。

5.64 ここにおいて人は、独我論は、厳格に遂行されると、純粋な実在論と一致する、という事を悟る。独我論の自我は、大きさのない点へと収縮し、その自我に対応する実在が残るのである。

5.641 したがって実際、この意味でならば自我が哲学において——心理学的にではなく——問題になり得る、という意味が存在する。

自我は、「世界は私の世界である」という事を通して、哲学に入り込む。哲学的自我は、人間ではない、人間の身体ではない、或いは、心理学が扱う人間の心ではない；それは、形而上学的主体であり、世界の——部分ではなく——［超える事の出来ない］限界（die Grenze）なのである。

真理関数の一般形式・命題の一般形式（6〜6.01）

6 真理関数の一般形式は、こうである：$[\bar{p}, \bar{\xi}, N(\bar{\xi})]$

これが、命題の一般形式である。

6.001 この事は、いかなる命題も要素命題に操作 $N'(\bar{\xi})$ を逐次適用した結果である、という事を言っているに過ぎない。

6.002 もしも、いかに命題が構成されるかの一般形式が与えられるならば、その事によって既に、いかに或る命題から或る操作によって他の命題が作り出され得るのかの一般形式が与えられているのである。

6.01 操作 $\Omega'(\bar{\eta})$ の一般形式は、したがって、こうである：

$$[\bar{\xi}, N(\bar{\xi})]'(\bar{\eta}) \ (= [\bar{\eta}, \bar{\xi}, N(\bar{\xi})])$$

これが、或る命題から他の命題への移行の最も一般的形式である。

数（6.02〜6.031）

6.02 そして、そのようにして我々は数に至る。私は、こう定義する。

$x = \Omega^{0'}x$ Def.

そして、こう定義する。

$\Omega'\Omega^{\nu'}x = \Omega^{\nu+1'}x$ Def.

この記号規則に従って、我々はまた次のような列を書く：

$x, \ \Omega'x, \ \Omega'\Omega'x, \ \Omega'\Omega'\Omega'x, \ \cdots$

それ故、こうである：

$$\Omega^{0'}x,\ \Omega^{0+1'}x,\ \Omega^{0+1+1'}x,\ \Omega^{0+1+1+1'}x,\ \ldots$$

したがって私は、――「$x,\ \xi,\ \Omega'\xi$」の代わりに――こう書く：

「$[\Omega^{0'}x,\ \Omega^{\nu'}x,\ \Omega^{\nu+1'}x]$」

そして、こう定義する：

$0+1=1$ Def.

$0+1+1=2$ Def.

$0+1+1+1=3$ Def.

（以下同様）

6.021　数は或る操作の冪である。

6.022　数という概念は、全ての数に共有されているもの――数の一般形式――に外ならない。

数という概念は、任意の数である。

そして、数が等しいという概念は、特定の数が等しい場合の全てに共有されている一般形式である。

6.03　全ての数の一般形式は、こうである：$[0,\ \xi,\ \xi+1]$

6.031　集合論は、数学においては、全く余計である。

この事は、我々が数学において必要とする一般性は偶然的一般性ではない、という事と関係している。

同語反復命題としての論理学の命題・論理学の本性（6.1～6.113）

6.1　論理学の命題は、同語反復命題である。

6.11　論理学の命題は、したがって、何事をも語っていない。（それらは、分析命題である。）

6.111　論理学の命題には内容があるように見せる理論は、常に偽である。［この理論にしたがえば、］例えば人は、「真」という語と「偽」という語は、他の諸特性の中の二つの特性を表しているのだ、と思うかもしれない。そして、そうだとすれば、命題は、いずれも、その「真」、「偽」によって表される二つの特性の内の一つをもつ、という事になるが、それは事実としては奇妙であると思われよう。この事は、全然自明ではないと思われる；それは丁度、例えば、「全てのバラは黄色いか赤い」という命題は、たとえそれが真であろうとも、自明ではないと思われるのと同じである。それどころか、そうすると、論理学の

命題は自然科学の命題の特徴を完全に持つ事になるが、この事は、論理学の命題は誤解されたという事の確実な徴候なのである。

6.112 　論理学の命題についての正しい説明は、それに、あらゆる命題の中における比類なき位置を与えるものでなくてはならない。

6.113 　論理学の命題の際立った特徴は、そのシンボルのみから、それが真であるという事が認識され得る、という事である。そしてこの事実の中に、論理学の全哲学が含まれている。そして、論理学の命題ではない命題の真偽は、命題のみからは認識され<u>ない</u>という事もまた、最高に重要な事実の一つである。

言語と世界の形式的特性（6.12〜6.1202）

6.12 　論理学の命題は同語反復命題であるという事、この事は、言語の、世界の、形式的――論理的――諸特性を<u>示している</u>。

　論理学の命題の構成要素は、<u>同語反復命題を生み出すように結合されている</u>という事、この事は、論理学の命題の構成要素の論理を特徴づけている。

　幾つかの命題が、或る一定の仕方で結合されて、同語反復命題を生み出すためには、それらの命題は、決まった構造上の特性を有するのでなくてはならない。それらは、<u>同語反復命題を生み出すように結合されている</u>という事、この事はそれ故、それらは構造上の特性を有する、という事を示している。

6.1201 　例えば、命題「p」と「$\sim p$」は「$\sim(p.\sim p)$」の形に結合される事によって同語反復命題を生み出す、という事は、それらは相互に矛盾している、という事を示している。命題「$p \supset q$」と「p」と「q」は「$(p \supset q).(p):\supset:(q)$」の形に結合される事によって同語反復命題を生み出す、という事は、$p \supset q$ と p から q が導かれる、という事を示している。「$(x).fx:\supset:fa$」は同語反復命題である、という事は、$(x).fx$ から fa が導かれる、という事を示している。等々、等々。

6.1202 　人は同じ目的のために、同語反復命題の代わりに矛盾命題を用いる事も出来る、という事は明らかである。

同語反復命題の直観的証明・論理学の命題はなくてもすむ（6.1203〜6.

1221)

6.1203 同語反復命題を同語反復命題として認識するためには、その中に量記号が現れない場合には、以下のような直観的方法を用いる事が出来る。私は、まず「p」、「q」、「r」……の代わりに「TpF」、「TqF」、「TrF」……と書く。次に真理値の組み合わせを、例えばこのように、中括弧記号で表現する：［今日一般の書き方では、右のようになる。但し、FT と TF の順は今日一般の書き方とは逆になっている。4.31 を参照。以下同じ。］

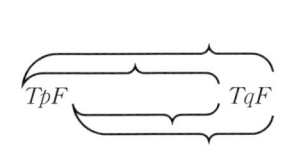

p	q
T	T
F	T
T	F
F	F

そして、命題全体の真偽と、真理変項［$(p, q, r, \cdots)$］の真理値の組み合わせの対応を、［例えば］このように、線で表現する：

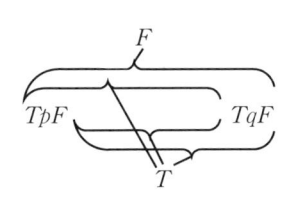

p	q	$p \supset q$
T	T	T
F	T	T
T	F	F
F	F	T

この場合、この記号は命題 $p \supset q$ を表現する。

さて私は、例えば、命題 $\sim(p.\sim p)$（矛盾律）が同語反復命題であるか否かを調べよう。「$\sim \xi$」の形の命題は、我々の記号法では

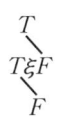

ξ	$\sim \xi$
T	F
F	T

と書かれる；そして「$\xi . \eta$」の形の命題は、我々の記号法では

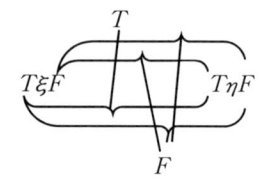

ξ	η	$\xi . \eta$
T	T	T
F	T	F
T	F	F
F	F	F

と書かれる；それ故、命題 $\sim(p.\sim q)$ は、次のようになる：

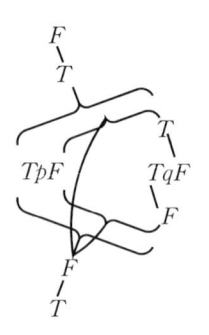

p	q	$\sim(p.\sim q)$			
T	T	T	T	F	T
F	T	T	F	F	T
T	F	F	T	T	F
F	F	T	F	T	F

ここで我々は、「q」の代わりに「p」を代入して、一番外側の TF と一番内側の TF の結合を調べよう。そうすれば、命題全体の T はその命題の真理変項の真理値の<u>全</u>組み合わせに対応づけられており、命題全体の F はその命題の真理変項の真理値のいかなる組み合わせにも対応づけられていない、という事が分かるのである。

［この場合、先の図式は次のようになる。］

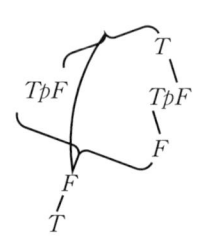

p	$\sim(p.\sim p)$			
T	T	T	F	T
F	T	F	F	F

6.121　論理学の命題は、幾つかの命題を結合して何事も語らない命題を生み出す事によって、それらの命題の論理的特性を明らかにする。

　　人はこの方法を、零点法と名付ける事も出来よう。論理学の命題において、幾つかの命題が相互に［、プラス・マイナス・ゼロで何事を

も語らない〕平衡状態に持ち来たされ、この平衡状態が、これらの命題はいかなる論理的特性を持たねばならないかを示している、というのである。

6.122　この事から、我々は論理学の命題なしにも、やってゆく事が出来る、という事が判明する；と言うのは、実際我々は適切な記号法〔(6.1203のそれか？)〕を用いれば、諸命題の形式的特性〔(論理的特性——同語反復命題であるか否か、等々——)〕を、それらの命題をただよく見さえすれば、認識出来るから。

6.1221　例えば、もしも二つの命題「p」と「q」が「$p \supset q$」の形に結合されて同語反復命題を生み出すならば、p から q が導かれるという事が、明らかである。

　　例えば我々は、「$p \supset q \,.\, p$」から「q」が導かれるという事を、これら二つの命題自体から見て取る。しかし我々はその事を、それらを「$p \supset q \,.\, p : \supset : q$」の形に結合し、そして、これが同語反復命題である事を示す事によっても、示す事が出来る。

論理学の命題のア・プリオリ性（6.1222〜6.123）

6.1222　この事は、何故に論理学の命題は、経験によって論駁され得ないだけではなく、経験によって確かめられる事も出来ない、という事に光を投げかける。論理学の命題は、何らかの可能的経験によって論駁される事があってはならないのみならず、何らかの可能的経験によって確かめられる事があってもならないのである。

6.1223　ここに至って、何故しばしば人は「論理的真理」をあたかも我々によって「要請される」かの如くに感じてきたか、という事が明らかになる。即ち我々は論理的真理を、我々が十分な記号法を要請し得る限りにおいて、要請し得るのである。

6.1224　今や、何故論理学は形式の学と呼ばれ、また推論の学と呼ばれたかの理由も、明らかになる。

6.123　明らかに論理法則は、それ自体が論理法則に従ってはならない。

　　（それぞれの「タイプ（階型）」には、ラッセルが誤解したように、それ固有の矛盾律が存在する訳ではなく、一つの矛盾律で十分なのである。何故ならば、矛盾律は自分自身には適用されないのであるか

ら。)

論理と一般的妥当性・「還元公理」（6.1231〜6.1233）

6.1231　論理学の命題の印は、一般的妥当性ではない。
　　　　一般的であるという事は、ただ単に、偶然に全ての〈もの〉に妥当するという事を意味するにすぎない。一般化されていない命題でも、一般化されている命題がそうであるように、同語反復命題であり得るのである。

6.1232　人は、論理的な一般的妥当性を——例えば「全ての人は死ぬ」という命題の偶然的な一般的妥当性に対比して——本質的と呼ぶ事が出来よう。ラッセルの「還元公理」のような命題は、論理学の命題ではない。そしてこの事が、そのような命題は、たとえそれが真であっても、ただ単に幸運な偶然によって真であり得たのだ、という我々の感じを説明する。

6.1233　還元公理が妥当しない世界は、考えられ得る。しかし明らかに、我々の世界が実際に還元公理が妥当しない世界であるか否かという問いには、論理は何の関わりもない。

世界の骨組み・論理には驚きは存在し得ない（6.124〜6.1251）

6.124　論理学の命題は世界の骨組みを、記述する、或いはむしろ、表現する。論理学の命題は何ものをも「取り扱う」事をしない。論理学の命題は、名前は［Bedeutungと言われる］意味を有し、要素命題は［Sinnと言われる］意味を有する、という事を前提している：そしてこの事が、論理学の命題と世界との繋がりなのである。本質的に或る一定の特性を有するシンボルの或る結合が同語反復命題であるという事は、明らかに、世界について何事かを示しているに違いない。ここに、決定的な点がある。我々は、我々が使用するシンボルにおいて、多くが恣意的であり、多くが恣意的ではない、と言った。論理においては、恣意的でないもののみが、表現をする。しかしこの事が意味している事は、こうである：論理においては、我々は記号の助けを借りて我々が欲する事を表現するのではなく、論理においては、本質的に必然的な記号の本性自体が［（世界の骨組みを）］証言するのである。もしも我々が何らかの記号言語の論理的構文法を知るならば、既に論

理学の全命題が与えられているのである。

6.125 「真なる」論理学の命題を全て前以て記述するという事は、可能である。しかも、［（ラッセルの）］古い論理観にしたがってすらも、可能である。

　　　　［公理は「真なる」論理学の命題を全て前以て一括して記述している、と言えるであろう。］

6.1251 それ故、論理においては、驚きは決して存在し得ない。

論理学における証明・論理学の本性（6.126〜6.13）

6.126 或る命題が論理に属しているか否かを、人は、そのシンボルの論理的特性を計算する事によって、計算する事が出来る。

　　そしてこの事を我々は、論理学の命題を「証明する」ときに、行う。何故なら［そのとき］我々は、［名前のBedeutungと言われる］意味と［要素命題のSinnと言われる］意味を気にする事なしに、当の論理学の命題を他の論理学の命題から記号の規則のみに従って構成するのであるから。

　　論理学の命題の証明とは、当の命題を他の論理学の命題から或る操作——それは出発点の論理学の命題から常に同語反復命題を作りだすものなのであるが——の逐次的適用によって成り立たせる事である。（しかも、同語反復命題からは同語反復命題のみが導かれるのである。）

　　勿論、論理学の命題が同語反復命題であるという事を示すこの仕方は、論理にとっては、全く非本質的である。この事は、証明がそこから出発する命題［（公理）］は、証明なしに、自分が同語反復命題である事を示さなくてはならないという事からして、既に明らかである。

6.1261 論理においては、過程と結果は同値である。（それ故、［論理においては、結果に関する］驚きは存在しない。）

6.1262 論理学における証明は、命題が複雑であるときに、それが同語反復命題である事をより簡単に認識する為の、機械的な補助手段に過ぎない。

6.1263 もし人が、有意味な命題を或る他の命題から論理的に証明する事が出来、そして論理学の命題をもまたその同じ命題から論理的に証明す

る事が出来るならば、それは真に奇妙な事であろう。有意味な命題の論理的証明と論理学の<u>内部</u>における証明は、二つの全く異なった事でなくてはならないという事は、初めから明らかである。

6.1264　有意味な命題は、或る事を語っている。そして有意味な命題の証明は、その或る事が実際にそうである事を示している；論理学においては、いかなる命題も、或る証明の形式である。

　　　　論理学における命題は全て、記号で表現された肯定式である。（そして人は、肯定式を命題で表現する事は出来ない。）

6.1265　人は常に論理学を、その全命題がそれ自身の証明であるものとして、理解する事が出来る。

6.127　論理学の全命題は、同等の権利を有している。論理学においては、基本法則とそれから導かれた法則という区別は、本質的に存在しない。

　　　　いかなる同語反復命題も、自分が同語反復命題である事を、自ら示している。

6.1271　明らかに、「論理的基本法則」の数は恣意的である。何故なら人は、単に例えばフレーゲの基本法則（複数）からそれらの論理積を構成する事によって、論理を<u>一つの</u>基本法則からさえ導く事が出来るのであるから。（おそらくフレーゲは、この［一つにさせられた］基本法則は、今やもはや直接的には明白ではない、と言うであろう。しかし、フレーゲのような厳格な思想家が、或る命題が論理的命題である事の基準として、その命題の明白さの程度を拠り所にするという事は、奇妙である。）

6.13　論理学は学説ではなく、世界の鏡像である。

　　　　論理学は先験的［(ア・プリオリ)］である。

数学の本性・等式としての数学の命題 (6.2〜6.2323)

6.2　　数学は、論理的方法である。

　　　　数学の命題は、等式であり、したがって、疑似命題である。

6.21　　数学の命題は、いかなる思念をも表現しない。

6.211　生活において、我々は決して数学の命題［そのもの］を必要とする訳ではない。我々は数学の命題を、数学に属さない命題から、他の同

じく数学に属さない命題を推論するために<u>のみ</u>、用いる［だけな］のである。

（哲学においては、「我々は、あの語あの命題を、本来何のために使用するのか」と問う事は、しばしば有意義な洞察へと導く。）

6.22　論理学の命題が同語反復命題において示している世界の論理を、数学は等式において示している。

6.23　もしも二つの表現が等号（同一性の記号）によって結合されているならば、この事は、それらは相互に置き換え可能である、という事を意味している。しかし、この事が実際にそうであるか否かは、それら二つの表現それ自体において示されているのでなくてはならない。

それら二つの表現は相互に置き換え可能であるという事は、それら二つの表現の論理的形式を特徴づけている。

6.231　肯定を二重否定として把握し得るという事は、肯定の特性である。

「1＋1＋1＋1」を「(1＋1)＋(1＋1)」として把握し得るという事は、「1＋1＋1＋1」の特性である。

6.232　フレーゲが言うには、これら二つの表現［「1＋1＋1＋1」と「(1＋1)＋(1＋1)」］は、同じ意味（Bedeutung）を有するが、しかし異なった意義（Sinn）を有する。［この事を等式 1＋1＋1＋1＝(1＋1)＋(1＋1) が示している。］

この等式において本質的な事は、しかしながら、等号で結合されている二つの表現が同じ意味を有する事を示すのに、この等式は必要ないという事である。何故ならば、これら二つの表現が同じ意味（Bedeutung）を有するという事は、当の二つの表現自体から見て取れるから。

6.2321　そして、数学の命題は証明され得るという事が意味している事は、その正しさは洞察され得る、という事に他ならないのであって、その際、それが正しいかどうかに関し、それが表現する事自体が事実と比較されねばならない、という必要はないのである。

6.2322　二つの表現の意味（Bedeutung）が同一であるという事は、［こと新しく］<u>主張</u>される事は出来ない。何故ならば、それらの意味について何事かを主張し得るためには、私はそれらの意味について知らなく

てはならないが、それらの意味を知る事によって私は、それらが同じ意味を有するのか違う意味を有するのかをも［自動的に］知る事になるから。

6.2323　等式は、私がそこから［等号で結ばれている］二つの表現を考察するところの——そこからそれらの意味（Bedeutung）が等しい事を考察するところの——観点のみを明らかにしているにすぎない。

数学的方法（6.233〜6.241）

6.233　人は数学的問題を解決するのに直観を必要とするのかどうか、という問いの答えは、まさに言語がここでは必要な直観を提供してくれる、という事の中にあるに違いない。

6.2331　計算の過程が、まさに、この直観を成立させる。
　　　　計算は、実験ではない。

6.234　数学は、論理の一方法である。

6.2341　数学的方法の本質は、等式を使う事にある。いかなる数学の命題もそれ自体で理解されねばならなという事は、まさにこの方法に基づいている。

6.24　［目標とする］等式に至る数学の方法は、置き換えの方法である。
　　　何故ならば、等式は二つの表現の置き換え可能性を表現しており、そして我々は、等式に応じて或る表現を他の表現で置き換える事によって、若干の等式から新しい等式へと進むのであるから。

6.241　そのような訳で、命題 $2\times 2=4$ の証明はこうなる：
$$(\Omega^\nu)^{\mu\prime}x = \Omega^{\nu\times\mu\prime}x \text{ Def.},$$
$$\Omega^{2\times 2\prime}x = (\Omega^2)^{2\prime}x = (\Omega^2)^{1+1\prime}x$$
$$= \Omega^{2\prime}\Omega^{2\prime}x = \Omega^{1+1\prime}\Omega^{1+1\prime}x = (\Omega'\Omega)'(\Omega'\Omega)'x$$
$$= \Omega'\Omega'\Omega'\Omega'x = \Omega^{1+1+1+1\prime}x = \Omega^{4\prime}x$$

科学・帰納法・因果法則（6.3〜6.34）

6.3　［科学における］論理の探求は、全法則性［（全ての論理形式）］の探求を意味する。そして、論理の外部にあるものは全て偶然である。

6.31　いわゆる帰納法は、いずれにせよ、論理法則ではあり得ない。何故ならそれは、明らかに、有意味な命題であるのだから。——そして、それ故それは、ア・プリオリな法則ではあり得ないのだから。

6.32　因果法則は、法則ではなく、法則の形式である。

6.321　「因果法則」、それは普通名詞である。そして、力学においていわゆる最小の法則――例えば最小作用の法則――が在るように、物理学においては因果法則、因果形式の法則、が在るのである。

6.3211　確かに人はまた、それがいかなるものであるかを正確に知るに先立って、或る「最小作用の法則」が存在するに違いない、という予感をもっていた。(いつものように、ここにおいても、ア・プリオリに確実な事［(「最小作用の法則」という形式の可能性)］は純粋に論理的な事として現れる。)

6.33　我々は、保存の法則をア・プリオリに信じはしないが、或る論理形式［(例えば「保存の法則」という形式)］の可能性をア・プリオリに知っている。

6.34　充足理由の法則、自然の連続性の法則、自然の経済性の法則、等々、等々、のような、あらゆる法則、これらは全て、科学の諸命題を形造る様々な形式の可能性についてのア・プリオリな洞察である。

科学理論の本性（6.341〜6.35）

6.341　例えばニュートン力学は、世界記述を単一の形式に持ち来す。不規則な黒い模様のある白い面を想像しよう。さて、我々はこう言う：その不規則な黒い模様がたとえいかなる像を成そうと、私は、その面をそれ相当に小さい正方形の目の網で覆い、そしてそれぞれの正方形について、それらが白いか黒いかを言う事によって、常にその像を任意の近似で記述する事が出来る。私は、このような仕方で、面の記述を単一の形式に持ち来たすであろう。この形式は任意である。何故なら私は、三角形の或いは六角形の目の網を用いても、同じ結果を得たであろうから。もしかして、三角形の目の網を用いた記述の方が、正方形の目の網を用いた記述よりも、単純になるかもしれない；即ち、我々は、大きな三角形の目の網を用いた記述の方が、小さな正方形の目の網を用いた記述よりも、面をより正確に記述出来るかもしれない；（或いは、その逆かもしれない、）等々。様々な網には、世界記述の様々な体系が対応する。力学は、世界記述の全命題は或る幾つかの与えられた命題――力学の公理――から或る与えられた仕方で得ら

れるのでなくてはならない、と言う事によって、世界記述の一形式を決定する。このようにして力学は、科学という構築物の構成に素材を提供して、こう言う：たとえいかなる構築物を築き上げようとしようとも、いずれにせよ君はその構築物を、これらの素材、そして、ただこれらの素材のみでもって、築き上げるのでなくてはならない。

　（人は、いかなる任意の数をも、数の体系でもって書き留める事が出来るのでなくてはならないように、いかなる任意の物理学の命題をも、力学の体系でもって書き留める事が出来るのでなくてはならない。）

6.342　そして今や我々は、論理と力学の相互の位置関係を悟る。（人は網を種々様々な形の目で、例えば三角形と六角形の目で、作る事も出来よう。）先に述べたような像が与えられた形の網で記述されるという事は、その像について<u>何事も語らない</u>。（何故なら、そのような事は、この種のいかなる像についても当てはまるから。）しかし、その像は或る一定の網によって<u>一定の精度</u>で<u>完全</u>に記述されるという事、この事はその像について何事かを語っている。

　同様にしてまた、世界はニュートン力学によって記述<u>される</u>という事、この事は世界について何事も語らない；とは言えしかし、世界はニュートン力学によって、まさに<u>事実そうであるように</u>記述されるという事、この事は世界について何事かを語っているのである。そして、世界は或る力学によっての方が他の力学によってよりもより単純に<u>記述</u>されるという事、この事もまた世界について何事かを語っているのである。

　　［像が網で記述されるという事（世界はニュートン力学によって記述されるという事）は論理に属し、この像はこの網で完全に記述されるという事（世界はニュートン力学によって、まさに<u>事実そう</u>であるように記述されるという事）は力学に属する、というのである。］

6.343　力学は、我々が世界記述のために必要とする<u>真なる全命題</u>を<u>或る一つの計画</u>にしたがって作り上げる試みである。

6.3431　それでも物理法則は、全ての論理的道具立てを通じて、世界の対象

について語っている。

6.3432　我々は、力学による世界記述は常に完全に一般的な世界記述である、という事を忘れてはならない。力学による世界記述においては、例えば、<u>特定</u>の質点については決して語られてはならない。語られるべきは、常に、<u>任意</u>の質点についてのみなのである。

6.35　たとえ我々の像の姿が幾何学的図形であろうとも、幾何学はそれの現実の形と位置について何事も語る事が出来ない、という事は自明の理である。しかし、網は<u>純粋</u>に幾何学的である。網の全特性は、ア・プリオリに与えられ得るのである。

　充足理由の法則、等々、のような法則は、網を扱うのであって、網が記述するものを扱うのではない。

因果法則・「時間の経過」（6.36〜6.362）

6.36　もしも因果法則が存在するならば、それは「自然法則が存在する」という事である。

　しかし勿論、人はその事を言う事は出来ない。その事は自ずと示されるのである。

6.361　ヘルツの表現方法によれば、人はこう言う事が出来よう：<u>法則的関係</u>のみが思考可能である。

6.3611　我々は出来事を「時間の経過」――そのようなものは存在しない――と比較する事は出来ない。我々に出来る事は、出来事を他の出来事（例えばクロノメーターの動き）と比較する事のみである。

　それ故、時間の経過の記述は、或る他の出来事に依拠してのみ可能なのである。

　全く類似の事が、空間についても当てはまる。例えば人が、（同時には起こり得ない）二つの出来事のどちらも、その一方が他方よりも生ずべきいかなる<u>原因</u>も存在<u>しない</u>が故に、生じ得ないと言うとき、実際に問題なのは、何らかの非対称性が存在しないならば、それら二つの出来事の<u>一方</u>を記述する事は全く出来ない、という事なのである。そして、<u>もし</u>そのような非対称性が存在するならば、我々はその事を、一方の出来事が生じ他方の出来事の生じない事の<u>原因</u>として、見なす事が出来るのである。

［ビュリダンの驢馬を考えよ。］

6.36111 ［3次元空間における、］重ね合わせる事が出来ない右手と左手のカントの問題は、既に［2次元の］平面において、いやそれどころか1次元空間［(直線)］においてさえ、成立する。

……○―――×………×―――○………
　　　　a　　　　　　b

この場合、二つの合同の図形 a と b もまた、この空間から外に出される事なしには、重ね合わされる事が出来ない。右手と左手は、事実として完全に合同である。そしてそれ故、人はそれらを<u>重ね合わせる事が出来ない</u>という事は、どうでもよい事なのである。

もしも人が右手の手袋を4次元空間において裏返す事が出来るならば、それを左手にはめる事が出来るであろう。

6.362 記述され得る事は、事実として起こる事も可能である。そして、因果法則によって排除されるべき事は、記述される事も出来ない。

帰納・自然法則（6.363〜6.372）

6.363 帰納をするという手続きは、我々の経験と一致する<u>最も単純な</u>法則を受け入れる、という事に外ならない。

6.3631 この手続きは、しかしながら、論理的基礎づけを持ってはいない。それはただ、心理的基礎づけを持っているのみである。

最も単純なる事は現実にも生じるであろう、と信じるべきいかなる理由も存在しない、という事は明らかである。

6.36311 太陽は明朝も昇るであろう、という事は、一つの仮説である。かく言うとき、その意味している事はこうである：我々は太陽が明朝も昇るか否かを<u>知らない</u>。

6.37 或る事が、或る他の事が起きたが故に、起きねばならないとする強制は、存在しない。［強制としては、］<u>論理的</u>必然性のみが存在する。

6.371 現代の全世界観の根底には、いわゆる自然法則は自然現象の説明である、という錯覚が存在する。

6.372 現代人は、古代人が神と運命のところで立ち止まったように、自然法則のところで――それを何か犯すべからざるものとして――立ち止まっているのである。

そして確かに現代人も古代人も共に、或る意味では正しく、或る意味では正しくない。古代の体系は、現代の体系では全ては説明されるかの如くに思われているのに、［説明の］明確な終着点を認めている限り、勿論現代の体系よりも透徹している。

私の意志とは独立な世界（6.373〜6.374）

6.373　世界は、私の意志とは独立である。

6.374　たとえ我々が欲する事が全て起きたとしても、それはただ言わば運命の恵みであろう。何故ならば、意志と世界の間にはそれを保証する<u>論理的結合</u>は存在しないのであるから；そして我々は、想定される物理的結合自体を欲する事も出来ないのであるから。

論理的不可能性（6.375〜6.3751）

6.375　ただ<u>論理的必然性</u>のみが存在するように、ただ<u>論理的不可能性</u>のみが存在する。

6.3751　例えば、二つの色が同時に視野の一か所にある、という事は不可能である、しかも論理的に不可能である；何故ならば、そのような事は色の論理的構造によって排除されているから。

この種の［論理的］矛盾が物理学においていかに表現されるかについて、考えよう：それは、およそ、以下のようになろう；一つの粒子が同時に二つの速度を持つ事は出来ない；即ち、一つの粒子が同時に二つの場所にある事は出来ない；即ち、異なった場所の粒子が同時に同一である事は出来ない。

（明らかに、二つの要素命題の論理積は同語反復命題でも矛盾命題でもあり得ない。視野の中の点は同時に二つの色を持つ、という言明は矛盾命題である。）

価値を有しない世界（6.4〜6.41）

6.4　全ての命題は、［記述をするだけであるから、］等価値である。

6.41　世界の意味［（意義、価値）］は、世界の外になくてはならない。世界の内においては、全ては、現にあるようにあり、現に起こるように起こる；世界の中には価値は存在しない——そして、もしも［世界の中に］価値が存在するとすれば、その価値は価値を有しないであろう。

　　　　　もしも、価値を有する価値が存在するならば、その価値は、全ての出来事と事の有り様の外になくてはならない。何故ならば、全ての出来事と事の有り様は、偶然的であるから。
　　　　　それらを偶然的でなくするものは、世界の中には存在し得ない；何故ならば、さもないと、それもまた偶然的であろうから。
　　　　　全ての出来事と事の有り様を偶然的でなくするものは、世界の外になくてはならない。

倫理・賞罰・意志（6.42〜6.43）

6.42　　それ故、倫理の命題もまた［世界の中には］存在し得ない。
　　　　　命題はより高きものを表現し得ない。

6.421　倫理が言語的に表現され得ない事は明らかである。
　　　　　倫理は超越論的である。
　　　　　（倫理［的感覚］と美的感覚は一つである。）

6.422　「汝……を為すべし」という形の倫理法則の提示に際し、先ず最初に思い浮かぶ事は、「もしも私がそれを為さないとすれば一体どうなるのか」という問いである。しかしながら、倫理が通常の意味で賞罰に無関係である事は、明らかである。したがって、行為の結果についてのこの問いは、重要ではないに違いない。――少なくともその結果は、出来事であってはならない。とはいえ、先の問いには、幾らかの正しさがあるに違いない。確かに或る種の倫理的賞罰が存在しなければならないとはいえ、しかしそれは、行為自体にあるのでなくてはならないのである。
　　　　　（そして、賞は嬉しい何ものかであり、罰は嬉しくない何ものかである、に違いない、という事もまた明らかである。）

6.423　倫理的なるものの担い手としての意志については、語られ得ない。
　　　　　そして現象としての意志は、心理学にのみ興味あるものである。

6.43　　もしも善い意志あるいは悪い意志が世界を変えるとすれば、それらの意志は、ただ世界の限界を変える事が出来るのみであり、事実を変える事は出来ない。即ち、それらの意志は、言語によって表現され得る事を変える事は出来ないのである。
　　　　　要するに世界は、善い意志あるいは悪い意志によって、全く別の世

界になるのでなくてはならない。世界は、言うなれば、全体として膨らむ或いは縮むのでなくてはならないのである。

幸福な人の世界は、不幸な人の世界とは別の世界である。

死・不死（6.431〜6.4312）

6.431　同様に死に際してもまた、世界は［、それを構成する事実が］変わるのではなく、終わるのである。

6.4311　死は、人生における出来事ではない。死を、人は体験しない。

もしも人が、永遠という事を、限りない時間の持続という事ではなく、無時間性という事であると理解すれば、現在に生きる人は永遠に生きる。

我々の人生には終わりがない；それは丁度、我々の視野には限界がないのと同様に、である。

［我々の視野に限界が有るとすれば、我々はその限界を視野の中から打ち破って、その向こう側に出る事が出来ねばならない。しかし、それは論理的に不可能である。そこには再び新たな視野が開けるのであるから。したがって、我々の視野には限界がない。］

6.4312　人間の魂の時間的不死、即ち、死後もまた永遠に生き続けるという事、この想定は、いかなる仕方でも保証されないのみならず、なかんずく、人が常にそれでもって達成しようと欲している事を、全く与えはしない。一体全体、私が永遠に生き続ける事によって、謎は解かれるのであろうか。一体全体、その永遠の人生は、この現在の人生と同様に、謎に満ちているのではないのか。時間と空間の中にある人生の謎の解決は、時間と空間の外にあるのである。

（解かれるべきは、自然科学の問題ではない。）

神・神秘なるもの・永遠の相・人生の問題（6.432〜6.522）

6.432　世界がいかにあるかという事は、より高きものにとっては、全くどうでもよい。神は世界の中には現れない。

6.4321　事実は全て、問題を与える事にのみ寄与し、問題の解決には寄与しない。

6.44　世界がいかにあるかではなく、世界が在るという事が、神秘なので

ある。

6.45　世界を永遠の相の下に見る、という事は、世界を——限られた——全体として見る、という事である。
　　　限られた全体としての世界、に対する感情は、神秘的である。

6.5　人が言葉になし得ない答えに対しては、人はまた問いを言葉になす事も出来ない。
　　　謎は存在しない。
　　　そもそも問いが立てられるならば、その問いは答えられ得るのである。

6.51　懐疑論は、もしそれが問いが立てられ得ない所で問われんとするならば、論駁不可能なのではなく、明らかに無意味なのである。
　　　というのは、疑いは、問いが成り立つ所においてのみ、成り立ち得；問いは、答えが成り立つ所においてのみ、成り立ち得；答えは、何かが語られ得る所においてのみ、成り立ち得るのであるから。

6.52　我々は、たとえ有り得る全ての科学的問題が答えられたとしても、我々の人生の問題は依然として全く触れられてもいない、と感じる。勿論、その時はもはや［答えられ得る］いかなる問題も残っていない；そして、まさにこの事が［人生の問題に対する］答えなのである。

6.521　人は、人生の問題が消滅したとき、人生の問題は解決したと認める。
　　　（これが、人生の意味が長い懐疑の末にやっと明らかになった人が、何故その意味を語り得ないのかの理由ではないか。）

6.522　勿論、語り得ぬものが存在する。それは、自らを示す。それは、神秘なるものである。

哲学の正しい方法・梯子・沈黙（6.53〜7）

6.53　哲学の正しい方法は、本来こうであろう：語り得るもの以外、何も語らぬ事；したがって、自然科学の命題——それ故、哲学とは何の関係もない事——以外、何も語らぬ事；そして常に、他人が何か形而上学的な事を語ろうと欲するときは、彼に、彼は彼の命題の中の或る記号に何の意味も与えていない事を立証してやる事。この方法は、その

他人には、不満足なものであろう。——彼は、我々に哲学を教わったという感じを、持たないであろう。——しかし、この方法こそが、唯一厳格に正しい［哲学の］方法であろう。

6.54 　私の諸命題は、「私を理解する人は、私の諸命題を通り——それらの上に立ち——それらを乗り越えたとき、終にそれらを無意味と認める」という仕方で、解明を行うのである。（彼は、言わば、梯子を登り切ったら、その梯子を投げ捨てねばならないのである。）

　私を理解する人は、私の諸命題を乗り越えねばならない。そうすれば、彼は世界を正しく見るのである。

7 　人は、語り得ぬものについては、沈黙しなくてはならない。

索　引

（各項目の右側の数字は頁ではなく命題番号を示す。）

あ

青　4.123
赤　2.0131
明らかになる　5.4
悪循環　4.1273, 6.33, 6.34, 6.35
足場
　　論理的——　3.42, 4.023
値　3.313, 3.315, 3.316, 3.317, 4.127, 4.1271, 5.501, 5.51, 5.52
与えられる　2.0124, 3.42, 4.12721, 4.51, 5.442, 5.524, 6.002, 6.124
新しい意味　4.027, 4.03
合っていない　3.24
合っている　3.24
扱う　2.0121
集まり
　　名前の——　3.142
ア・プリオリ　2.225, 3.04, 3.05, 5.133, 5.4541, 5.4731, 5.55, 5.5541, 5.5571, 5.634, 6.31, 6.3211, 6.33, 6.34, 6.35
網　6.341, 6.342, 6.35
表していない　5.42
現れる　2.012, 2.0121, 2.0122, 2.0123, 2.0141, 3.24, 3.311, 4.0621, 4.1211, 4.23, 4.243, 5.25, 5.451, 5.54, 5.541, 6.1203
在る　6.44
アルファベット　4.011, 4.016
暗黙の取り決め　4.002

い

言う　3.031, 3.317, 4.1241, 4.242, 5.14, 5.542, 6.36
「以下同様」という概念　5.2523
いかに　3.221, 4.023, 5.552, 6.432, 6.44
生き続ける　6.4312
意義
　　異なった——　6.232
意志（の自由）　5.1362, 5.631, 6.373, 6.374, 6.423
意志
　　現象としての——　6.423
　　善い——　6.43
　　悪い——　6.43
ist　3.323
依存の形式　2.0122
位置関係
　　相互の——　5.45
一元論
　　哲学的——　4.128
一致　2.21, 2.222, 4.43, 4.462, 5.512
一致（と）不一致　2.222, 4.2, 4.4, 4.42, 4.431
一般化　4.52, 5.156
　　完全な——　5.526, 5.5261
一般形式　4.1273, 4.5, 6, 6.002, 6.01, 6.022
一般項　4.1273, 5.2522
一般性　5.1311, 5.521, 5.522, 5.523, 6.031
　　偶然的——　6.031

一般的 3.3441, 4.5, 5.242, 5.454, 6.1231, 6.3432
一般的記述 5.156
一般的規則 4.0141
一般的原始記号 5.46, 5.472
一般的構造 5.5262
一般的妥当性 6.1231
一般的（な）命題形式 4.5, 4.53, 5.47, 5.471, 5.472, 5.54
一般命題 4.1273, 4.411
衣服 4.002
意味 2.0211, 2.222, 3.13, 3.142, 3.144, 3.203, 3.3, 3.314, 3.315, 3.323, 3.328, 3.33, 3.333, 3.34, 3.341, 4.002, 4.011, 4.014, 4.021, 4.022, 4.031, 4.032, 4.061, 4.063, 4.064, 4.1211, 4.122, 4.1221, 4.126, 4.242, 4.243, 4.431, 4.465, 4.5, 4.52, 5.02, 5.2521, 5.31, 5.4, 5.42, 5.44, 5.451, 5.461, 5.4732, 5.47321, 5.4733, 5.514, 5.515, 5.535, 5.55, 5.631, 5.641, 6.124, 6.126, 6.2322, 6.2323, 6.422, 6.53
新しい—— 4.027, 4.03
記号の—— 3.331, 4.466, 5.02
原始記号の—— 3.263
肯定的—— 4.463
シンボルの—— 3.317
真理関数の—— 5.2341
人生の—— 6.521
正反対の—— 4.0621
世界の—— 6.41
像の—— 2.221
単純な記号の—— 4.026
同一の—— 4.241, 4.242, 4.243, 6.232
名前の—— 3.203, 4.5
否定的—— 4.463
命題記号の—— 4.02
命題結合の—— 5.46
命題の—— 3.11, 3.1431, 3.23, 3.31, 4.0621, 4.2, 5.2341, 4.063, 5.122, 5.25
意味がない 4.4661, 5.132
意味が等しい 6.2323
意味する 3.315, 4.062, 4.126, 5.6, 5.62
意味の形式 3.13
意味の内容 3.13
意味を欠く 4.461
意味を持つ 4.1241, 5.5542
色 2.0131, 2.0232, 2.0251, 6.3751
色の空間 2.0131
色のつき得る像 2.171
因果形式の法則 6.321
因果結合 5.136, 5.1361
因果性 5.1362
因果法則 6.32, 6.321, 6.36, 6.362
隠蔽 3.143, 3.262, 5.1311

う

疑い 6.51
内
  世界の—— 6.41
内側 3.333, 4.114, 5.143
映し出されている 5.514
映し出す 4.121, 5.511, 5.512
生み出す（される） 5.21, 5.233, 5.3, 6.12, 6.121, 6.1221
運命 6.372, 6.374

え

aRb 4.012
永遠 6.4311
永遠に生き続ける 6.4312
永遠の相の下に 6.45
描く 2.0212
$N(\bar{\xi})$ 5.502, 5.51, 5.52
演繹 5.132, 5.133

お

置き換え 3.344, 3.3441, 4.241, 6.23, 6.24

索　引

置き換えの方法　6.24
オッカムの格言　3.328, 5.47321
音　2.0131
驚き　6.1251, 6.1261
おのずと理解される　3.334
思い描く　2.0121, 4.01
音楽　3.141, 4.011
音楽家　4.0141
音波　4.014

か

懐疑　6.521
懐疑論　6.51
階型　5.252
解決　5.4541, 5.535, 6.4312, 6.4321, 6.521
開示する　3.3441
階層　5.556, 5.5561
解体　3.3442
解明　3.263, 4.112, 6.54
関わりあう
　　相互に——　2.031, 2.032
科学　6.34, 6.341
科学的問題　6.52
鏡　5.511
限られた全体としての世界　6.45
確実　4.464, 6.3211
確実性　5.152, 5.156, 5.525
確定　3.23, 3.24, 4.023, 5.501
確定する　4.113, 4.114
確率　5.15, 5.151, 5.152, 5.154, 5.155, 5.156
確率命題　5.1511, 5.155, 5.156
確率論　4.464, 5.1
重ね合わせ　6.36111
仮説　4.1122, 5.5351, 6.36311
語らない　4.461, 5.142, 5.43, 5.4733, 5.513, 5.5303, 6.11, 6.121, 6.342
語られ　3.33, 4.1211, 5.62, 6.3432, 6.423, 6.51
語られ得ない　4.1212
語り（られ）得るもの　4.115, 4.116

語り（られ）得ぬもの　4.115, 6.521, 6.522, 6.53, 7
語（ってい）る　3.1432, 3.221, 3.24, 3.332, 4.022, 4.03, 4.122, 4.126, 4.442, 4.461, 5.25, 5.43, 5.513, 5.61, 6.1264, 6.342, 6.3431, 6.35
価値　6.41
括弧　4.441, 5.452, 5.46, 5.461, 5.5, 5.501
活人画　4.0311
活動　4.112
過程　6.1261
　思考——　4.1121
可能（的）　4.464, 4.5, 5.46, 5.473, 5.4733, 5.525, 5.55
　思考——　3.001, 3.02, 4.114, 6.361
可能性　2.012, 2.0121, 2.0123, 2.014, 2.0141, 2.033, 2.15, 2.151, 2.201, 2.203, 3.02, 3.04, 3.13, 3.3421, 3.411, 4.015, 4.2, 4.27, 4.28, 4.3, 4.42, 5.252, 5.44, 5.525, 5.61, 6.33
　形式の——　6.34
　結合の——　2.0121
　相互定義の——　5.42
　命題の——　4.0312
可能性の空間　5.5262
可能的経験　6.1222
可能的事態　2.0124, 2.013
可能的状況　2.202, 3.11, 4.124, 4.125, 4.462
神　3.031, 5.123, 6.372, 6.432
感覚
　美的——　6.421
考えられない　4.123
考える　3.11, 5.4731, 5.541, 5.542
関係　3.1432, 4.061, 4.064, 4.123, 4.1251, 4.462, 4.4661, 5.131, 5.1311, 5.22, 5.42, 5.461, 5.4733, 5.5151, 5.5301, 5.541, 5.5423, 5.5541
　外的——　4.122, 4.1252

空間的諸—— 4.0412
形式的—— 4.122, 5.242
構造的—— 4.122
写像—— 2.1513, 2.1514
対応—— 2.1514, 2.1515
単純な—— 5.553
投影—— 3.12
内的—— 3.24, 4.122, 4.123, 4.125, 4.1252, 5.1311, 5.2, 5.21, 5.232
内的写像—— 4.014
表示—— 5.5261
法則的—— 6.361
論理的疑似—— 5.461
関係している
　相互に—— 2.14, 2.15, 2.151, 3.14, 5.5423
還元公理　6.1232, 6.1233
感情（感じ）　4.1213, 6.1232, 6.45, 6.52, 6.53
関数　3.318, 3.333, 4.126, 4.1272, 4.12721, 4.24, 5.02, 5.2341, 5.25, 5.251, 5.44, 5.47, 5.501, 5.52, 5.5301
関数という概念　4.12721
感性的に知覚可能　3.1, 3.11, 3.32
完全な一般化　5.526, 5.5261
完全な像　5.156
完全な分析　3.25
完全に記述　2.0201, 4.023, 4.26, 5.526, 6.342
完全に分析された命題　3.201
観念論的説明　4.0412

が

蓋然的　5.153
外的　4.1251
外的関係　4.122, 4.1252
外的（な）特性　2.01231, 2.0233, 4.023
概念　5.555
　「以下同様」という—— 5.2523
　関数という—— 4.12721
　基礎—— 4.12721, 5.451, 5.476

疑似—— 4.1272
　形式的—— 4.126, 4.127, 4.1271, 4.1272, 4.12721, 4.1273, 4.1274
　真という—— 4.063
　数という—— 4.12721, 6.022
　「全ての」という—— 5.521
概念記法　3.325, 4.1272, 4.1273, 4.431, 5.533, 5.534
外部　5.513, 6.3
学
　形式の—— 6.1224
　推論の—— 6.1224
学説　4.112, 6.13
楽想　4.014
楽譜　4.014

き

幾何学　3.032, 6.35
幾何学的場所　3.411
幾何学の法則　3.0321
機構
　人間の—— 4.002
記号　3.12, 3.1431, 3.1432, 3.203, 3.221, 3.261, 3.262, 3.32, 3.321, 3.322, 3.325, 3.326, 3.327, 3.328, 3.33, 3.333, 3.334, 3.3442, 4.012, 4.0312, 4.126, 4.1271, 4.1272, 4.241, 4.242, 4.441, 4.466, 4.4661, 5.473, 5.4732, 5.47321, 5.4733, 5.501, 5.515, 5.5151, 5.53, 5.5541, 6.1264, 6.53
　原始—— 3.26, 3.261, 3.263, 5.42, 5.45, 5.451
　数—— 4.126
　それ自体で意味をもっている—— 3.261
　単純（な）—— 3.201, 3.202, 3.21, 3.23
　不必要な—— 5.47321
　本当の原始—— 5.461
　見かけ上の原始—— 5.461
　有意味な—— 4.243

索 引

論理―― 5.46, 5.511
論理的原始―― 5.42, 5.45
論理的操作―― 5.4611
記号「＝」 4.241
記号形式 5.5542
記号言語 3.325, 3.343, 4.011, 4.1121, 4.1213, 4.5, 6.124
記号体系 5.475
記号の意味 3.331, 4.466, 5.02
記号（の）規則 3.331, 6.02, 6.126
記号（の）結合 4.466, 5.451
記号の導入 5.451
記号の本性 6.124
記号法 3.342, 3.3441, 4.461, 5.1311, 5.452, 5.474, 5.512, 5.513, 5.514, 6.1203, 6.122, 6.1223
記号を扱う規則 4.241
記述 2.02331, 3.144, 3.24, 3.317, 3.33, 4.016, 4.023, 4.063, 4.0641, 4.5, 5.02, 5.472, 5.501, 5.634, 6.124, 6.125, 6.341, 6.342, 6.35, 6.3611, 6.362
　一般的―― 5.156
　完全に―― 2.0201, 4.023, 4.26, 5.526, 6.342
　世界―― 6.341, 6.343, 6.3432
記述の本質 5.4711
奇数 5.02
基礎概念 4.12721, 5.451, 5.476
規則 3.334, 3.343, 3.344, 4.0141, 5.47321, 5.476, 5.512, 5.514
　一般的―― 4.0141
　記号（の）―― 3.331, 6.02, 6.126
　記号を扱う―― 4.241
　組み合わせの―― 4.442
　形式的―― 5.501
　恣意的な―― 5.47321
　翻訳の（する）―― 3.343, 4.0141
規則的な構成物 5.4541
基礎づけ
　心理的―― 6.3631
　論理的―― 6.3631

基礎命題 5.21, 5.22, 5.234, 5.24, 5.25, 5.251, 5.43, 5.442, 5.54, 5.541
帰納（法） 6.31, 6.363
基本原則 5.551
基本法則 5.452, 6.127, 6.1271
強制 6.37
鏡像 6.13
共通 3.311, 3.317, 3.322, 3.333, 3.3441
共有 2.022, 2.16, 2.17, 2.18, 2.2, 3.31, 3.311, 3.321, 3.341, 3.3411, 3.343, 3.344, 4.014, 4.12, 4.126, 5.11, 5.143, 5.152, 5.24, 5.47, 5.4733, 5.512, 5.513, 5.5261, 5.5302, 6.022
許容される空間 4.463

ぎ

偽 2.21, 3.24, 4.003, 4.023, 4.06, 4.061, 4.062, 4.0621, 4.063, 4.25, 4.26, 4.31, 4.41, 4.431, 4.46, 5.512, 5.5262, 6.111
疑似概念 4.1272
疑似命題 4.1272, 5.534, 5.535, 6.2
偽装する 4.002
偽なる命題 4.062
逆転 5.2341

く

空間 2.0121, 2.013, 2.0131, 2.0251, 6.3611, 6.36111, 6.4312
　色の―― 2.0131
　可能性の―― 5.5262
　許容される―― 4.463
　4次元の―― 6.36111
　論理―― 1.13, 2.11, 2.202, 3.4, 3.42, 4.463
空間的 3.0321
空間的諸関係 4.0412
空間的像 2.171, 2.182
空間的対象 2.0121, 2.0131

空間的な物　3.1431
空間的配置　3.1431
空間の法則　3.032
空間眼鏡　4.0412
鎖の輪　2.03
句読点　5.4611
区別　2.0233, 2.02331
組み合わせ　4.27, 4.28
　　真理値の——　6.1203
組み合わせの規則　4.442
比べ（比較）　2.223, 3.05, 4.05, 6.2321, 6.3611
クロノメーター　6.3611

ぐ

偶然（的）　2.012, 2.0121, 3.34, 6.1231, 6.3, 6.41
偶然的一般性　6.031
偶然的な一般的妥当性　6.1232
具現する　4.031
ξ（グザイ）　5.501, 5.502
具体的　5.5563

け

経過
　　時間の——　6.3611
経験　5.552, 5.553, 5.634, 6.1222, 6.363
　　可能的——　6.1222
経験的実在　5.5561
計算　6.126, 6.2331
形式　2.022, 2.0231, 2.025, 2.033, 3.31, 3.333, 4.1241, 4.1271, 5.241, 5.46, 5.542, 5.5422, 5.55, 5.554, 5.555
　　依存の——　2.0122
　　一般——　4.1273, 4.5, 6, 6.002, 6.01, 6.022
　　意味の——　3.13
　　記号——　5.5542
　　現実の——　2.18
　　現実の論理的——　4.0031

写像の——　2.15, 2.151, 2.17, 2.172, 2.18, 2.181, 2.22
証明の——　6.1264
自立性の——　2.0122
数の一般——　6.03
対象の——　2.0141, 2.0251
単一の——　6.341
非自立性の——　2.0122
表現の——　2.173, 2.174
不変の——　2.023, 2.026
法則の——　6.32
見かけ上の論理的——　4.0031
命題（の）——　3.311, 4.5, 5.131, 5.1311, 5.156, 5.24, 5.47, 5.541
命題の一般——　3.312, 6
要素命題の——　5.556
論理（的）——　2.0233, 2.18, 2.181, 2.2, 3.315, 3.327, 4.12, 4.121, 4.128, 5.555, 6.23, 6.33
形式的関係　4.122, 5.242
形式的概念　4.126, 4.127, 4.1271, 4.1272, 4.12721, 4.1273, 4.1274
形式的規則　5.501
形式的特性　4.122, 4.124, 4.126, 4.1271, 5.231, 6.12, 6.122
形式の可能性　6.34
形式の学　6.1224
形式列　4.1252, 4.1273, 5.252, 5.2522, 5.501
繋辞　3.323
形而上学的な事　6.53
形而上学的主体　5.633, 5.641
継続的適用　5.2521, 5.2522, 5.32
形容詞　3.323, 4.025, 5.4733
系列　5.1, 5.232
結果　6.1261, 6.422
結果命題　5.22, 5.24, 5.2521, 5.3, 5.32, 5.41, 5.442
決定　1.11, 1.12, 2.0231, 2.05, 3.327, 3.4, 3.42, 4.063, 4.0641, 4.463
結合　2.01, 4.03, 4.0311, 4.221, 5.131, 5.451, 5.515, 6.12, 6.1201,

索　引

6.121, 6.1221, 6.124, 6.23, 6.232
　因果—— 5.136, 5.1361
　記号（の）—— 4.466, 5.451
　名前の—— 4.221
　物理的—— 6.374
　論理的—— 4.466, 6.374
結合されている
　相互に—— 4.4661
結合の可能性 2.0121

げ

原因 6.3611
限界 4.112, 4.114, 4.463, 4.51, 5.143, 5.5262, 5.5561, 5.6, 5.61, 5.62, 5.632, 5.641, 6.43
言及される 5.631
原型
　論理的—— 5.522
言語 3.032, 3.343, 4.001, 4.002, 4.014, 4.0141, 4.025, 4.121, 5.4731, 5.535, 5.6, 5.62, 6.12, 6.233, 6.43
　記号—— 3.325, 3.343, 4.011, 4.1121, 4.1213, 4.5, 6.124
言語的に表現 4.125, 6.421
言語の論理 4.002, 4.003
言語批判 4.0031
現在 5.1361, 6.4311
原始記号 3.26, 3.261, 3.263, 5.42, 5.45, 5.451
　一般的—— 5.46, 5.472
原始記号の意味 3.263
現象としての意志 6.423
現実 2.06, 2.12, 2.1511, 2.1512, 2.1515, 2.17, 2.171, 2.18, 2.201, 2.21, 2.222, 2.223, 4.01, 4.023, 4.05, 4.0621, 4.12, 4.121, 4.463, 5.512
現実の形式 2.18
現実の世界 2.022
現実の総体 2.063
現実の像 4.011, 4.02, 4.021, 4.06, 4.462
現実の論理的形式 4.0031
原則
　基本—— 5.551
原像 3.24, 3.333, 5.5351
　論理的—— 3.315
現代人 6.372
現代人の体系 6.372
現代認識論 5.541
言明 2.0201, 6.3751
原理 4.0312

こ

項 5.232, 5.252, 5.2522, 5.501
　一般—— 4.1273, 5.2522
行為（自体） 5.1362, 6.422
交響曲 4.0141
構成 2.021, 2.0231, 2.14, 3.1431, 3.2, 3.33, 4.031, 4.122, 4.2211, 4.5, 4.51, 5.503, 5.555, 5.556, 6.002, 6.341
構成単位 5.155
構成物 4.0141
　規則的な—— 5.4541
構成要素 2.011, 2.0201, 3.14, 3.24, 3.315, 3.4, 4.024, 4.025, 4.442, 5.4733, 5.533, 5.5423, 6.12
構造 2.032, 2.033, 2.034, 2.15, 4.1211, 4.122, 5.13, 5.2, 5.22
　一般的—— 5.5262
　論理的—— 4.014, 6.3751
構造上の特性 6.12
構造的関係 4.122
後続者 4.1252, 4.1273
構築 3.3441, 4.002, 4.023
　論理的—— 5.233
肯定 4.064, 5.124, 5.1241, 5.44, 5.513, 5.514, 6.231
肯定式 6.1264
肯定的意味 4.463
肯定的事実 2.06, 4.063
肯定の特性 6.231

肯定命題　5.5151
幸福な人の世界　6.43
構文法
　論理的——　3.325, 3.33, 3.334, 3.344, 6.124
公理
　力学の——　6.341
心　5.5421, 5.641
答え　4.003, 4.1274, 5.4541, 5.55, 5.551, 6.5, 6.51, 6.52
古代人　6.372
古代の体系　6.372
事
　形而上学的な——　6.53
事柄　3.3421, 4.024, 5.155
　　成立していない——　1.12
　　成立している——　1, 1.12, 1.21, 2, 2.024
　　哲学的な——　4.003
異なった意義　6.232
言葉　6.5
言葉にする（なす）　3.221, 6.5
個物　2.01, 4.1272
根本思想　4.0312

ご

語　2.0122, 3.14, 3.141, 3.143, 3.323, 4.002, 4.026, 4.243, 6.211
　同一の——　3.323
合成　3.143, 3.3411, 5.5261, 5.5421, 5.55
合同　6.36111

さ

差異　5.241
最小（作用）の法則　6.321
錯覚　6.371
算術　4.4611
『算術の基本法則』　5.451

ざ

座標　3.032

論理的——　3.41

し

死　6.431, 6.4311
恣意的　3.322, 3.342, 3.3442, 6.124, 6.1271
恣意的な規則　5.47321
恣意的な取り決め　5.02
シカジカである　4.022, 4.5, 5.552
仕方
　投影の——　3.11
　表示の——　3.322
思考　3.02, 3.03, 3.5, 4.116, 5.61, 5.631
思考過程　4.1121
思考可能　3.001, 3.02, 4.114, 6.361
思考不可能　4.114
死後　6.4312
指示する　2.02331, 3.322, 4.063
自然科学　4.11, 4.111, 4.1121, 4.1122, 4.113, 6.111, 6.4312
自然科学の命題　6.53
自然科学の問題　6.4312
自然現象　6.371
自然の経済性の法則　6.34
自然の連続性の法則　6.34
自然法則　5.154, 6.36, 6.371, 6.372
思想
　根本——　4.0312
質点　6.3432
　任意の——　6.3432
思念　3, 3.01, 3.02, 3.05, 3.1, 3.12, 3.2, 3.5, 4, 4.002, 4.112, 6.21
　正しい——　3.04
指標　4.0411, 5.02
染み　2.0131
示され得る　4.1212
示され（てい）る　3.331, 4.126, 4.122, 5.24, 5.513, 5.515, 5.5261, 5.5561, 6.23, 6.36
示す（している）　2.172, 3.262, 4.0031, 4.022, 4.0621, 4.0641, 4.121, 4.

索　引

1211, 4.122, 4.126, 4.461, 5.1311, 5.42, 5.5421, 5.5422, 5.551, 5.62, 5.631, 6.12, 6.1201, 6.121, 6.1221, 6.124, 6.126, 6.1264, 6.127, 6.22, 6.232, 6.522
視野　2.0131, 5.633, 5.6331, 6.3751, 6.4311
シャープやフラットの使用　4.013
写像　2.16, 2.161, 2.17, 2.171, 2.172, 2.18, 2.19, 2.2, 2.201, 4.016, 4.041
写像関係　2.1513, 2.1514
写像の形式　2.15, 2.151, 2.17, 2.172, 2.18, 2.181, 2.22
写像の論理　4.015
集合　4.1272
　命題（の）——　3.311, 3.315
集合論　6.031
終着点　6.372
主観　5.5421
主語-述語命題　4.1274
主体　5.631, 5.632
　形而上学的——　5.633, 5.641
主張　4.21, 6.2322
賞　6.422
小宇宙　5.63
象形文字　4.016
証言する　6.124
賞罰　6.422
　倫理的——　6.422
証明　6.126, 6.1262, 6.1263, 6.1264, 6.1265, 6.2321, 6.241
　論理的——　6.1263
証明の形式　6.1264
触手　2.1515
触覚　2.0131
使用　3.262, 3.328, 4.1272, 4.241, 6.211
　シャープやフラットの——　4.013
　不安定な——　4.123
　有意味な——　3.326
　論理的-構文法的——　3.327

知る（らない）　2.0123, 2.01231, 3.05, 3.24, 3.263, 4.021, 4.024, 4.243, 4.461, 5.1362, 5.156, 5.5562, 6.2322, 6.3211, 6.33, 6.36311
真　2.0211, 2.21, 2.225, 3.01, 3.05, 4.022, 4.023, 4.024, 4.06, 4.061, 4.062, 4.0621, 4.063, 4.25, 4.26, 4.31, 4.41, 4.431, 4.442, 4.46, 4.461, 4.464, 4.466, 5.101, 5.11, 5.12, 5.123, 5.13, 5.131, 5.1363, 5.512, 5.5262, 5.5352, 6.111, 6.113, 6.1232, 6.125, 6.343
真偽　2.22, 2.222, 2.223, 2.224, 4.023, 4.28, 4.442, 6.113, 6.1203
真という概念　4.063
真なる世界　5.123
真なる命題　4.062, 4.11
真なる要素命題　4.26
信じる　5.541, 5.542, 6.33, 6.363
信念　5.1361, 5.1363
身体　5.631, 5.641
神秘　6.44, 6.522
シンボル　3.24, 3.31, 3.317, 3.32, 3.321, 3.323, 3.325, 3.326, 3.341, 3.3411, 3.344, 4.126, 4.4661, 4.5, 5.1311, 5.473, 5.4733, 5.513, 5.514, 5.515, 5.525, 5.555, 6.113, 6.124, 6.126
　単純な——　4.24
シンボルの意味　3.317
シンボルの本質　4.465
真理　5.5563, 5.62
　論理的——　6.1223
真理可能性　4.3, 4.31, 4.4, 4.41, 4.42, 4.43, 4.431, 4.44, 4.442, 4.45, 4.46, 5, 5.01, 5.1, 5.101, 5.234, 5.2341, 5.3, 5.31, 5.32
真理関数　5.41, 5.44, 5.5, 5.521, 6
真理関数の意味　5.2341
真理根拠　5.101, 5.11, 5.12, 5.121, 5.15
真理条件　4.431, 4.442, 4.461, 4.463

真理条件群　4.45, 4.46
真理性　3.4, 5.1363
真理操作　5.234, 5.3, 5.32, 5.41, 5.442, 5.54, 5.541
真理操作の本質　5.3
真理値　4.063
真理値の組み合わせ　6.1203
真理変項　5.101, 6.1203, 5.152
心理学（的）　4.1121, 5.541, 5.5421, 5.641, 6.423
心理的基礎づけ　6.3631

じ

時間　2.0121, 2.0251, 6.4311, 6.4312
時間的対象　2.0121
時間的不死　6.4312
時間の経過　6.3611
自我　5.64, 5.641
　哲学的——　5.641
辞書　4.025
事実　1.1, 1.11, 1.12, 1.13, 1.2, 2, 2.0121, 2.034, 2.141, 2.16, 3, 3.14, 3.142, 3.143, 4.016, 4.061, 4.122, 4.1221, 4.1272, 4.2211, 4.463, 5.156, 5.43, 5.542, 5.5423, 5.61, 6.2321, 6.362, 6.43, 6.4321
　肯定的——　2.06, 4.063
　数学的——　5.154
　否定的——　2.06, 4.063, 5.5151
　論理学の——　2.0121
事実の像　2.1
事実の論理　4.0312
持続　6.4311
事態　2, 2.01, 2.011, 2.012, 2.0121, 2.0122, 2.0123, 2.0141, 2.0272, 2.03, 2.031, 2.032, 2.034, 2.04, 2.05, 2.06, 2.061, 2.062, 2.11, 2.201, 3.001, 3.0321, 4.022, 4.023, 4.0311, 4.062, 4.1, 4.122, 4.2, 4.21, 4.2211, 4.25, 4.27, 4.3
　可能的——　2.0124, 2.013
実験　6.2331

実在（論）　5.5561, 5.64
　経験的——　5.5561
実質的特性　2.0231
実体　2.021, 2.0211, 2.0212, 2.0231, 2.024, 2.025
自明　5.1363, 5.5301, 6.111
自明性　5.4731
充足理由の法則　6.34, 6.35
ジュリアス・シーザー　5.02
順序　4.1252
状況　2.0121, 2.0122, 2.014, 2.11, 2.202, 2.203, 3.02, 3.144, 3.21, 4.021, 4.03, 4.031, 4.04, 4.041, 4.466, 5.135, 5.156, 5.525
　可能的——　2.202, 3.11, 4.124, 4.125, 4.462
状況の像　4.032
条件　4.41, 4.462
自立性の形式　2.0122
自立的　2.0122
人生　6.4311, 6.4312, 6.52
人生の意味　6.521
人生の問題　6.52, 6.521

す

推定　5.1361
推論　2.062, 4.002, 4.023, 5.1311, 5.132, 5.135, 5.136, 5.633, 6.211
　論理的——　5.1362, 5.152
推論の学　6.1224
推論の法則　5.132
推論の方法　5.132
数　4.126, 4.1272, 4.12721, 4.128, 5.453, 5.474, 5.475, 5.55, 5.553, 6.02, 6.021, 6.022, 6.1271, 6.341
　特別な——　4.128, 5.453, 5.553
数学　5.43, 6.031, 6.2, 6.22, 6.234
『数学原理』　5.452
数学的事実　5.154
数学的多様性　4.041, 4.0411, 5.475
数学的方法の本質　6.2341
数学的問題　6.233

『数学の原理』 5.5351
数学の方法 6.24
数学の命題 6.2, 6.21, 6.211, 6.2321, 6.2341
数が等しい 6.022
数記号 4.126
数という概念 4.12721, 6.022
数の一般形式 6.03
数の体系 6.341
数列 4.1252
「全ての」という概念 5.521

ず

図式 4.31, 4.43, 4.441, 4.442, 5.101, 5.151, 5.31

せ

生活 5.621, 6.211
正当化 5.132, 5.136, 5.1363, 5.45, 5.452, 5.453, 5.47321
正反対の意味 4.0621
成立 1.21, 2.0121, 2.04, 2.05, 2.06, 2.062, 3.342, 4.024, 4.124, 4.125, 4.21, 4.25, 5.135, 5.5542
成立していない事柄 1.12
成立している事柄 1, 1.12, 1.21, 2, 2.024
成立と不成立 2.06, 2.11, 2.201, 4.1, 4.2, 4.27, 4.3
世界 1, 1.1, 1.11, 1.13, 1.2, 2.021, 2.0211, 2.0231, 2.026, 2.04, 2.063, 2.19, 3.031, 3.12, 3.3421, 4.014, 4.023, 4.12, 4.2211, 4.26, 4.462, 5.123, 5.511, 5.526, 5.5261, 5.5262, 5.551, 5.5521, 5.6, 5.61, 5.62, 5.621, 5.63, 5.632, 5.633, 5.641, 6.12, 6.1233, 6.124, 6.13, 6.22, 6.342, 6.3431, 6.373, 6.374, 6.43, 6.431, 6.432, 6.44, 6.45, 6.54
　限られた全体としての── 6.45
　現実の── 2.022
　幸福な人の── 6.43
　真なる── 5.123
　想像された── 2.022
　不幸な人の── 6.43
世界観 6.371
世界記述 6.341, 6.343, 6.3432
『世界──それを私はいかに見たか──』 5.631
世界像 3.01
世界の意味 6.41
世界の内 6.41
世界の外 6.41
世界の像 2.0212
世界の中 6.41, 6.432
世界の骨組み 6.124
世界の本質 5.4711
接続詞 4.025
説明 4.02, 4.026, 4.431, 5.5422, 6.371, 6.372
　観念論的── 4.0412
先験的 6.13

ぜ

0 4.4611
善 4.003
全称命題 $(x).fx$ 5.521
前提 3.33, 4.1241, 5.515, 5.5151, 5.61, 6.124
全哲学
　論理学の── 6.113

そ

相 4.1221, 4.126
相互定義の可能性 5.42
相互に関わりあう 2.031, 2.032
相互に関係している 2.14, 2.15, 2.151, 3.14, 5.5423
相互に結合されている 4.4661
相互に独立 2.061, 5.152, 5.451
相互に連結している 2.03
相互の位置関係 5.45
操作 4.1273, 5.21, 5.22, 5.23, 5.232,

5.233, 5.234, 5.2341, 5.24, 5.241, 5.242, 5.25, 5.251, 5.2521, 5.2523, 5.253, 5.254, 5.5, 5.503, 5.512, 6.002, 6.021, 6.126
　論理的―― 5.47
操作 $N'(\bar{\xi})$　6.001
操作 $\Omega'(\bar{\eta})$　6.01
相似性
　内的―― 4.0141
想像された世界　2.022
創造する　3.031, 5.123
総体　1.1, 1.12, 1.13, 2.04, 2.05, 3.01, 4.001, 4.11, 4.12, 4.52, 5.5262, 5.5561
　現実の―― 2.063
総譜　4.0141
ソクラテス　5.473, 5.4733
外（側）　2.0121, 2.173, 2.174, 3.333, 4.041, 4.0641, 4.12, 5.143, 5.61, 6.41, 6.4312
　世界の―― 6.41
それ自体で意味をもっている記号　3.261
それ自体で理解される　6.2341
存在（する）　3.032, 3.24, 3.323, 3.4, 3.411, 4.1274, 5.5151, 5.552, 5.5542, 5.61, 5.631
存在命題（∃x）.fx　5.521, 5.525
存立　2.024, 2.027, 2.0271

　　　　　ぞ

像　2.11, 2.12, 2.141, 2.1511, 2.1512, 2.1513, 2.16, 2.161, 2.17, 2.171, 2.172, 2.173, 2.174, 2.18, 2.182, 2.2, 2.201, 2.202, 2.203, 2.21, 2.22, 2.221, 2.222, 2.223, 2.224, 2.225, 3.001, 3.42, 4.01, 4.012, 4.03, 4.463, 6.341, 6.342, 6.35
　色のつき得る―― 2.171
　完全な―― 5.156
　空間的―― 2.171, 2.182
　現実の―― 4.011, 4.02, 4.021, 4.06, 4.462
　事実の―― 2.1
　状況の―― 4.032
　世界―― 2.0212, 3.01
　不完全な―― 5.156
　論理的―― 2.181, 2.182, 2.19, 3
像の意味　2.221
像の要素　2.13, 2.131, 2.14, 2.15, 2.151, 2.1514, 2.1515
造形性　4.013, 4.015

　　　　　た

対応　2.13, 3.2, 3.21, 3.315, 4.0621, 4.063, 4.43, 4.44, 4.441, 4.466, 5.526, 5.542, 5.5542, 6.1203
対応関係　2.1514, 2.1515
体系
　記号―― 5.475
　現代の―― 6.372
　古代の―― 6.372
　数の―― 6.341
体験　6.4311
対象　2.01, 2.0121, 2.0123, 2.01231, 2.0124, 2.014, 2.0141, 2.02, 2.021, 2.023, 2.0231, 2.0232, 2.0233, 2.026, 2.027, 2.0271, 2.0272, 2.03, 2.031, 2.032, 2.13, 2.131, 2.15, 2.151, 2.15121, 2.1514, 3.2, 3.203, 3.21, 3.22, 3.221, 3.322, 3.3411, 4.023, 4.0312, 4.0312, 4.1211, 4.122, 4.123, 4.126, 4.127, 4.1272, 4.12721, 4.2211, 4.431, 4.441, 5.123, 5.1511, 5.44, 5.524, 5.526, 5.53, 5.5301, 5.5301, 5.541, 5.542, 5.5561, 6.3431
　空間的―― 2.0121, 2.0131
　時間的―― 2.0121
　論理的―― 4.441, 5.4
対象の形式　2.0141, 2.0251
対象の本性　2.0123
タイプ（階型）　5.252, 6.123
タイプの理論　3.331, 3.332
太陽　6.36311

索　引

対立　5.1241, 5.513
確からしさ　5.154
正しい　2.17, 2.173, 2.18, 2.21, 5.62, 6.2321
正しい思念　3.04
正しくない　2.21
正しく又は間違えて　2.0212
正しく見る　6.54
魂　6.4312
多様性　4.0412
　数学的——　4.041, 4.0411, 5.475
　論理的（数学的）——　4.04
単位　5.47321
　構成——　5.155
単一の形式　6.341
単純（な）　2.02, 3.24, 5.4541, 6.341, 6.342, 6.363, 6.3631
単純な関係　5.553
単純（な）記号　3.201, 3.202, 3.21, 3.23
単純な記号の意味　4.026
単純なシンボル　4.24
単純な法則　6.363
単純な命題　4.21
単純なもの　5.5563
単純は真理の徴し　5.4541

だ

ダーウィンの理論　4.1122
代表している　5.501
代理　2.131, 3.22, 3.221, 4.0311, 4.0312, 5.515
妥当する（しない）　4.126, 4.127, 4.12721, 6.1233
妥当性
　一般的——　6.1231
　偶然的な一般的——　6.1232
　論理的な一般的——　6.1232
談話　4.011

ち

知覚　5.5423

知覚可能
　感性的に——　3.1, 3.11, 3.32
逐次（的）適用　5.5, 6.001, 6.126
知識　4.002
縮む　6.43
秩序　5.5563, 5.634
抽象的　5.5563
超越論的　6.421
直接的列挙　5.501
直観　6.233, 6.2331
直観的方法　6.1203
沈黙　7

つ

作り出す（し）　5.23, 5.231, 5.232, 5.242, 5.2521, 6.002

て

T　4.43
定義　3.24, 3.26, 3.261, 3.343, 4.241, 5.42, 5.451, 5.452, 5.5302, 6.02
定項　3.312, 3.313, 5.501, 5.522
　論理——　4.0312, 5.4, 5.441, 5.47
提示する　2.11, 2.15, 4.0311, 4.121, 4.5, 5.5571
適用　5.2521, 5.5521, 6.123, 5.557
　継続的——　5.2521, 5.2522, 5.32
　逐次（的）——　5.5, 6.001, 6.126
哲学　3.324, 3.3421, 4.0031, 4.111, 4.112, 4.1121, 4.1122, 4.113, 4.114, 4.115, 5.641, 6.211, 6.53
　論理学の——　4.1121
哲学者　4.003, 4.122
哲学的一元論　4.128
哲学的自我　5.641
哲学的な事柄　4.003
哲学的二元論　4.128
哲学的命題　4.112
哲学の正しい方法　6.53
手袋　6.36111
天気　4.461

て

出来事　6.3611
出てくる
　論理的に——　4.52

と

問い　4.003, 4.1274, 5.4541, 5.55, 5.551, 5.5542, 5.62, 6.5, 6.51
投影　3.11, 3.13
投影関係　3.12
投影の仕方　3.11
投影の法則　4.0141
等価値　6.4
等号（＝）　3.323, 5.4733, 5.5302, 6.23, 6.232
等式：6.2, 6.22, 6.232, 6.2323, 6.2341, 6.24
（等式）「$a=b$」　4.241, 4.242, 4.243
特殊的　5.454
特性　2.02331, 4.063, 4.123, 4.1241, 5.473, 5.5302, 6.111, 6.12, 6.124, 6.35
　外的（な）——　2.01231, 2.0233, 4.023
　形式的——　4.122, 4.124, 4.126, 4.1271, 5.231, 6.12, 6.122
　構造上の——　6.12
　肯定の——　6.231
　実質的——　2.0231
　内的（な）——　2.01231, 4.023, 4.122, 4.1221, 4.124
　論理的——　6.12, 6.121, 6.126
特定　6.3432
特別な数　4.128, 5.453, 5.553
取り扱う　6.124
取り決め　3.316, 3.317
　暗黙の——　4.002
　恣意的な——　5.02
取り出す　4.0141

ど

同一性　4.0411, 5.5301, 5.533
同一（の）　2.027, 2.161, 3.323, 4.003, 5.141, 5.473, 5.4733, 5.53, 5.5303, 5.5352, 6.2322, 6.3751
同一の意味　4.241, 4.242, 4.243, 6.232
同一の語　3.323
道具立て
　論理的——　6.3431
同語反復的（トートロジカル）　4.46
同語反復命題：4.46, 4.461, 4.462, 4.463, 4.464, 4.465, 4.466, 4.4661, 5.101, 5.1362, 5.142, 5.143, 5.152, 5.525, 6.1, 6.12, 6.1201, 6.1202, 6.1203, 6.1221, 6.1231, 6.124, 6.126, 6.1262, 6.127, 6.22, 6.3751
洞察
　有意義な——　6.211
動詞　4.025, 4.063
同値　5.232, 5.2523, 5.514, 6.1261
　論理的に——　5.47321
童話　4.014
独我論　5.62, 5.64
独立　2.024, 4.061, 5.154, 5.5261, 5.5561, 6.373
　相互に——　2.061, 5.152, 5.451
独立変項　2.0131, 3.333, 4.0411, 4.431, 5.02, 5.47, 5.5351

な

内的　4.123, 4.1251, 5.131
内的関係　3.24, 4.122, 4.123, 4.125, 4.1252, 5.1311, 5.2, 5.21, 5.232
内的写像関係　4.014
内的相似性　4.0141
内的（な）特性　2.01231, 4.023, 4.122, 4.1221, 4.124
内的必然性　5.1362
内的類似性　5.231
内容　2.025, 3.13, 3.31, 5.44, 6.111

索 引

意味の―― 3.13
中 2.013, 2.0131, 2.0141
　世界の―― 6.41, 6.432
名指す 3.144
謎 6.4312, 6.5
何 3.221, 5.552
名前 3.143, 3.144, 3.202, 3.203, 3.22, 3.26, 3.261, 3.3, 3.323, 3.3411, 4.0311, 4.126, 4.22, 4.221, 4.23, 4.24, 4.243, 5.02, 5.526, 5.535, 5.55, 6.124
　変項である―― 3.314
　変項の―― 4.1272
名前の集まり 3.142
名前の意味 3.203, 4.5
名前の結合 4.221
名前をつける 3.221
波 5.512
成り立つ 2.025, 2.034, 2.1514, 4.014, 5.1362, 6.51
「汝……を為すべし」 6.422
ナンセンス 5.5421

に

二元論
　哲学的―― 4.128
二重否定 5.44, 6.231
似姿 4.012, 4.015, 5.5563
日常言語 3.323, 4.002, 5.5563
担い手 6.423
ニュートン力学 6.341, 6.342
任意 5.152, 5.554
任意の質点 6.3432
人間 4.002, 5.641
人間の機構 4.002
認識論 4.1121
　現代―― 5.541

の

乗り越えた 6.54

は

配置 2.0231, 2.0271, 2.0272, 3.21
　空間的―― 3.1431
梯子 6.54
発音記号 4.011
範囲
　表示の―― 4.0411
反する
　論理に―― 3.032
判断 5.5422
判断記号「├」 4.442

ば

場所 3.4, 3.42, 5.452, 6.3751
　幾何学的―― 3.411
　論理的―― 3.4, 3.41, 3.411, 4.0641
罰 6.422

ぱ

パラドックス
　ラッセルの―― 3.333

ひ

非自立性の形式 2.0122
非対称性 6.3611
左 5.42
必然性
　内的―― 5.1362
　論理的―― 5.1362, 6.37, 6.375
必然的に(な) 5.452, 6.124
必要な基礎操作 5.474
否定 3.42, 4.0621, 4.064, 4.0641, 5.1241, 5.2341, 5.44, 5.451, 5.5, 5.502, 5.512, 5.514
否定記号(～) 4.0621, 5.42, 5.44
否定的意味 4.463
否定的事実 2.06, 4.063, 5.5151
否定命題 4.0641, 5.513, 5.5151
等しい
　数が―― 6.022
批判

言語—— 4.0031
非本質的 6.126
表現 3.1, 3.12, 3.142, 3.1431, 3.2, 3.24, 3.251, 3.262, 3.31, 3.311, 3.312, 3.313, 3.314, 3.318, 3.323, 3.33, 3.341, 3.344, 4.002, 4.013, 4.03, 4.0411, 4.121, 4.125, 4.126, 4.241, 4.4, 4.43, 4.431, 4.441, 4.442, 4.5, 5.131, 5.22, 5.24, 5.242, 5.31, 5.476, 5.503, 5.5151, 5.525, 5.53, 5.5301, 5.535, 5.5352, 6.1264, 6.21, 6.23, 6.232, 6.2321, 6.2322, 6.2323, 6.24, 6.42, 6.421
　言語的に—— 4.125, 6.421
表現する（される） 2.0231, 2.173, 2.201, 2.202, 2.203, 2.22, 2.221, 3.032, 3.0321, 3.312, 3.313, 4.021, 4.04, 4.1, 4.115, 4.12, 4.121, 4.122, 4.124, 4.125, 4.126, 4.1271, 4.1272, 4.1273, 4.3, 4.462, 6.1203, 6.124, 6.1264
表現するもの 4.011
表現の形式 2.173, 2.174
表現方法 4.015, 5.21, 5.526
　ヘルツの—— 6.361
表象 5.631
表示 3.261, 3.321, 3.322, 3.323, 3.325, 3.334, 3.3411, 3.344, 4.012, 4.061, 4.126, 4.127, 4.1272, 4.243, 5.473, 5.4733, 5.476, 5.5541
表示関係 5.5261
表示の仕方 3.322
表示の範囲 4.0411
表示（方）法 3.3421, 4.0411
非論理的 3.03, 3.031, 5.4731

ぴ

美 4.003
美的感覚 6.421

ぴ

$p.q$ 5.513
$p \vee q$ 5.513
$[\bar{p}, \bar{\xi}, N(\bar{\xi})]$ 6

ふ

不安定 2.0271
不安定な使用 4.123
不確定性 3.24
不可能 4.464, 5.5422, 6.3751
　思考—— 4.114
　論理的に—— 6.3751
不可能性 5.525
　論理的—— 6.375
不完全な像 5.156
複合記号「aRb」 3.1432
複合体 2.0201, 3.24, 3.3442, 4.1272, 5.5423
含まれている 5.122
膨らむ 6.43
不幸な人の世界 6.43
不死
　時間的—— 6.4312
不成立 2.06, 2.062
不必要な記号 5.47321
不変 2.027, 2.0271
不変の形式 2.023, 2.026
普通名詞 6.321
普遍 2.01, 4.1272
普遍化 4.0411
普遍性 3.24, 4.0411
譜面 4.011, 4.013
フレーゲ 3.143, 3.318, 3.325, 4.063, 4.1272, 4.1273, 4.431, 4.442, 5.02, 5.132, 5.4, 5.42, 5.451, 5.4733, 5.521, 6.1271, 6.232
物理学 6.321, 6.341, 6.3751
物理学（の）法則 3.0321, 6.3431
物理的結合 6.374
分解 1.2, 2.0201, 2.021, 3.26, 3.261
分析 3.3442, 4.221, 5.5562

索　引　　　151

完全な―― 3.25
分析命題　6.11
分節　3.141, 3.251, 4.032, 4.04
文法
　論理的―― 3.325
文脈　3.3, 4.23
分類　5.454

ぷ

+_c　5.02

へ

ヘルツの表現方法　6.361
ヘルツの『力学』　4.04
変化　2.0271
変項　3.312, 3.313, 3.314, 3.315, 4.
　126, 4.127, 4.1271, 4.1272, 4.
　1273, 4.53, 5.24, 5.242, 5.251, 5.
　2522, 5.501, 5.523
　独立―― 2.0131, 3.333, 4.0411, 4.
　431, 5.02, 5.47, 5.5351
　命題―― 3.313, 3.314, 3.316, 3.
　317, 5.502
変項である名前　3.314
変項の名前　4.1272

べ

冪　6.021

ほ

法
　表示（方）―― 3.3421, 4.0411
法則　6.127, 6.34
　因果―― 6.32, 6.321, 6.36, 6.362
　因果形式の―― 6.321
　幾何学の―― 3.0321
　基本―― 5.452, 6.127, 6.1271
　空間の―― 3.032
　最小（作用）の―― 6.321
　自然の経済性の―― 6.34
　自然の連続性の―― 6.34
　充足理由の―― 6.34, 6.35

　推論の―― 5.132
　単純な―― 6.363
　投影の―― 4.0141
　物理学（の）―― 3.0321, 6.3431
　保存の―― 6.33
　倫理―― 6.422
　論理―― 3.031, 6.123, 6.31
　論理的基本―― 6.1271
法則性　6.3
法則的関係　6.361
法則の形式　6.32
方法
　置き換えの―― 6.24
　推論の―― 5.132
　数学の―― 6.24
　直観的―― 6.1203
　哲学の正しい―― 6.53
　表現―― 4.015, 5.21, 5.526
　論理的―― 6.2
　論理の―― 6.234
　私の―― 4.1121
補助手段　4.242, 5.452, 6.1262
保存の法則　6.33
欲する事　6.374
骨組み
　世界の―― 6.124
ホワイトヘッド　5.252, 5.452
本質　3.1431, 3.342, 3.3421, 4.013, 5.
　471, 5.4711
　記述の―― 5.4711
　シンボルの―― 4.465
　真理操作の―― 5.3
　数学的方法の―― 6.2341
　世界の―― 5.4711
　命題の―― 4.016, 4.027, 5.471, 5.
　4711
　命題（というもの）の―― 3.315, 5.
　47
本質的：2.011, 3.143, 3.31, 3.317, 3.
　34, 3.341, 3.3411, 4.03, 4.112, 4.
　1121, 4.4661, 4.5, 5.501, 5.533,
　6.1232, 6.124, 6.127, 6.232

本性
　記号の—— 6.124
　対象の—— 2.0123
本当の原始記号 5.461
翻訳 3.343, 4.025, 4.243
翻訳の（する）規則 3.343, 4.0141

ぽ

棒 5.501

ま

マウトナー 4.0031
間違え 2.17, 2.173, 2.18
マテリアル・インプリケイション（⊃）
　5.42, 5.461

み

見かけ上の原始記号 5.461
見かけ上の論理的形式 4.0031
右 5.42
右手と左手のカントの問題 6.36111
導かれ（く） 4.1211, 5.11, 5.12, 5.
　121, 5.122, 5.123, 5.124, 5.13, 5.
　131, 5.132, 5.134, 5.1363, 5.14,
　5.141, 5.142, 5.152, 5.43, 6.1201,
　6.1221, 6.126, 6.127, 6.1271
認める 4.124
緑は緑である 3.323
見本 4.031
未来 5.1361, 5.1362
見る
　正しく—— 6.54

む

無意味 3.24, 3.328, 4.003, 4.124, 4.
　1272, 4.1274, 4.4611, 5.1362, 5.
　473, 5.5303, 5.5422, 5.5571, 6.51,
　6.54
　論理的に（は）—— 4.442, 5.47321
無意味な命題 5.5351
ムーア 5.541
向きが正反対の二本の矢 4.461

無限 2.0131, 4.2211, 5.43, 5.535
無限公理 5.535
無時間性 6.4311
矛盾 4.1211, 4.211, 5.1241, 6.1201,
　6.3751
矛盾的（コントラディクトリー） 4.46
矛盾命題 4.46, 4.461, 4.462, 4.463,
　4.464, 4.466, 4.4661, 5.101, 5.
　143, 5.152, 5.525, 6.1202, 6.3751
矛盾律 6.1203, 6.123

め

眼 5.633
明確 3.251, 4.112, 4.115, 4.116, 5.
　452
明確化
　論理的—— 4.112
名詞 4.025
迷信 5.1361
命題 2.0122, 2.0211, 2.0231, 3.1, 3.
　11, 3.12, 3.13, 3.141, 3.143, 3.
　144, 3.2, 3.201, 3.202, 3.22, 3.
　221, 3.24, 3.25, 3.251, 3.3, 3.31,
　3.313, 3.314, 3.315, 3.317, 3.318,
　3.332, 3.34, 3.341, 3.4, 3.42, 4.
　001, 4.003, 4.0031, 4.01, 4.011,
　4.013, 4.02, 4.021, 4.022, 4.023,
　4.024, 4.025, 4.026, 4.03, 4.031,
　4.032, 4.04, 4.041, 4.05, 4.06, 4.
　061, 4.062, 4.0621, 4.063, 4.064,
　4.0641, 4.1, 4.12, 4.121, 4.1211,
　4.122, 4.124, 4.125, 4.1252, 4.
　126, 4.211, 4.221, 4.23, 4.243, 4.
　4, 4.41, 4.411, 4.42, 4.431, 4.
　442, 4.461, 4.463, 4.5, 4.51, 4.
　52, 5, 5.01, 5.02, 5.11, 5.12, 5.
　121, 5.122, 5.123, 5.124, 5.1241,
　5.13, 5.131, 5.1363, 5.14, 5.141,
　5.142, 5.143, 5.15, 5.151, 5.152,
　5.153, 5.2, 5.21, 5.23, 5.231, 5.
　233, 5.2341, 5.25, 5.2522, 5.3, 5.
　43, 5.442, 5.47, 5.4733, 5.501, 5.

索　引　　　153

503, 5.526, 5.5261, 5.5262, 5.5351, 5.54, 5.541, 5.5422, 6, 6.001, 6.002, 6.01, 6.1201, 6.1203, 6.122, 6.1221, 6.1262, 6.1264, 6.1265, 6.211, 6.241, 6.343, 6.4, 6.42, 6.54

一般——　4.1273, 4.411

確率——　5.1511, 5.155, 5.156

完全に分析された——　3.201

基礎——　5.21, 5.22, 5.234, 5.24, 5.25, 5.251, 5.43, 5.442, 5.54, 5.541

疑似——　4.1272, 5.534, 5.535, 6.2

偽なる——　4.062

結果——　5.22, 5.24, 5.2521, 5.3, 5.32, 5.41, 5.442

肯定——　5.5151

自然科学の——　6.53

主語-述語——　4.1274

真なる——　4.062, 4.11

数学の——　6.2, 6.21, 6.211, 6.2321, 6.2341

単純な——　4.21

哲学的——　4.112

否定——　4.0641, 5.513, 5.5151

分析——　6.11

無意味な——　5.5351

有意味な——　3.13, 3.4, 4, 5.1241, 5.525, 6.1263, 6.1264, 6.31

論理学の——　5.02, 6.1, 6.11, 6.111, 6.112, 6.113, 6.12, 6.121, 6.122, 6.1222, 6.1231, 6.1232, 6.124, 6.125, 6.126, 6.1263, 6.22

論理的——　6.1271

命題結合の意味　5.46

命題記号　3.12, 3.14, 3.143, 3.1431, 3.2, 3.201, 3.21, 3.332, 3.34, 3.41, 3.5, 4.061, 4.0621, 4.44, 4.442, 5.31

命題記号の意味　4.02

命題記号の要素　3.2, 3.201

命題（の）形式　3.311, 4.5, 5.131, 5.1311, 5.156, 5.24, 5.47, 5.541

命題形式

　一般的（な）——　4.5, 4.53, 5.47, 5.471, 5.472, 5.54

命題（の）集合　3.311, 3.315

命題の一般形式　3.312, 6

命題の意味　3.11, 3.1431, 3.23, 3.31, 4.0621, 4.2, 5.2341, 4.063, 5.122, 5.25

命題の可能性　4.0312

命題の本質　4.016, 4.027, 5.471, 5.4711

命題（というもの）の本質　3.315, 5.47

命題の要素　3.24

命題変項　3.313, 3.314, 3.316, 3.317, 5.502

明白（さ）　5.42, 6.1271

恵み　6.374

目印　3.31, 3.311, 3.317, 4.126

面　3.34

も

網状組織　5.511

目的　3.341, 4.002, 4.112, 5.47321

模型　2.12, 4.01, 4.463

用いられ　3.202, 3.323, 3.5, 5.452

用いる　3.325, 6.1202

最も深遠な問題　4.003

モデル

　力学——　4.04

もの

　単純な——　5.5563

〈もの〉　1.1, 2.011, 2.012, 2.0121, 2.0122, 2.013, 2.02331, 3.221, 4.0311, 4.243, 5.5301, 5.5303, 5.5351, 5.5352, 5.553, 6.1231

物

　空間的な——　3.1431

物差し　2.1512

問題　5.535, 5.5563, 6.4321, 6.52

　科学的——　6.52

　自然科学の——　6.4312

人生の── 6.52, 6.521
数学的── 6.233
右手と左手のカントの── 6.36111
最も深遠な── 4.003
論理的── 5.4541

や

矢 3.144, 4.461

ゆ

有意義な洞察 6.211
有意味 5.5362
　論理的に── 5.233
有意味な記号 4.243
有意味な使用 3.326
有意味な命題 3.13, 3.4, 4, 5.1241, 5.525, 6.1263, 6.1264, 6.31
有限回 5.32

よ

善い意志 6.43
要求 3.23
要請 6.1223
要素 3.42
　構成── 2.011, 2.0201, 3.14, 3.24, 3.315, 3.4, 4.024, 4.025, 4.442, 5.4733, 5.533, 5.5423, 6.12
　像の── 2.13, 2.131, 2.14, 2.15, 2.151, 2.1514, 2.1515
　命題記号の── 3.2, 3.201
　命題の── 3.24
要素命題 4.21, 4.211, 4.22, 4.221, 4.23, 4.24, 4.243, 4.25, 4.26, 4.28, 4.3, 4.31, 4.4, 4.41, 4.411, 4.42, 4.431, 4.45, 4.46, 4.51, 4.52, 5, 5.01, 5.101, 5.134, 5.152, 5.234, 5.3, 5.31, 5.32, 5.41, 5.47, 5.5, 5.524, 5.5262, 5.55, 5.555, 5.5561, 5.5562, 5.557, 5.5571, 6.001, 6.124, 6.3751
　真なる── 4.26
要素命題の形式 5.556

予見 4.5, 5.556
4次元空間 6.36111
寄せ集め 3.141
より高きもの 6.42, 6.432

ら

ラッセル 3.318, 3.325, 3.331, 4.0031, 4.1272, 4.12721, 4.1273, 4.241, 4.442, 5.02, 5.132, 5.252, 5.4, 5.42, 5.452, 5.4731, 5.513, 5.521, 5.525, 5.5262, 5.5302, 5.535, 5.5351, 5.541, 5.5422, 5.553, 6.123, 6.1232
ラッセルのパラドックス 3.333
ラテン語 4.032

り

理解 3.263, 4.002, 4.003, 4.02, 4.021, 4.024, 4.026, 4.1213, 4.243, 4.411, 5.02, 5.451, 5.521, 5.552, 5.5562, 5.62
理解される
　おのずと── 3.334
　それ自体で── 6.2341
力学 6.321, 6.341, 6.342, 6.343, 6.3432
力学の公理 6.341
力学モデル 4.04
立方体 5.5423
粒子 6.3751
量記号 6.1203
理論
　タイプの── 3.331, 3.332
　ダーウィンの── 4.1122
倫理的賞罰 6.422
倫理的なるもの 6.423
倫理（の命題） 6.42, 6.421, 6.422
倫理法則 6.422

る

類似性
　内的── 5.231

索　引

れ

零点法　6.121
レコード　4.014, 4.0141
列
　形式——　4.1252, 4.1273, 5.252, 5.2522, 5.501
列挙
　直接的——　5.501
連結している
　相互に——　2.03
連鎖　4.22

ろ

論理　2.012, 4.128, 5.43, 5.511, 5.551, 5.552, 5.555, 5.557, 5.61, 6.1233, 6.124, 6.1251, 6.126, 6.1261, 6.1271, 6.22, 6.3, 6.342
　言語の——　4.002, 4.003
　写像の——　4.015
　事実の——　4.0312
論理学　4.126, 5.43, 5.45, 5.451, 5.452, 5.453, 5.454, 5.472, 5.473, 5.4731, 6.1224, 6.1262, 6.1264, 6.127, 6.13
論理学の事実　2.0121
論理学の全哲学　6.113
論理学の哲学　4.1121
論理学の命題　5.02, 6.1, 6.11, 6.111, 6.112, 6.113, 6.12, 6.121, 6.122, 6.1222, 6.1231, 6.1232, 6.124, 6.125, 6.126, 6.1263, 6.22
論理記号　5.46, 5.511
論理空間　1.13, 2.11, 2.202, 3.4, 3.42, 4.463
論理積 (.)　3.42, 4.465, 5.2341, 5.515, 5.521, 6.1271, 6.3751
論理定項　4.0312, 5.4, 5.441, 5.47
論理的　2.0121, 4.032, 4.1213, 5.5562, 5.5563, 6.3211
論理的足場　3.42, 4.023
論理的基礎づけ　6.3631

論理的基本法則　6.1271
論理的疑似関係　5.461
論理 (的) 形式　2.0233, 2.18, 2.181, 2.2, 3.315, 3.327, 4.12, 4.121, 4.128, 5.555, 6.23, 6.33
論理的結合　4.466, 6.374
論理的原型　5.522
論理的原始記号　5.42, 5.45
論理的原像　3.315
論理的構造　4.014, 6.3751
論理的構築　5.233
論理的構文法　3.325, 3.33, 3.334, 3.344, 6.124
論理的-構文法的使用　3.327
論理的座標　3.41
論理的証明　6.1263
論理的真理　6.1223
論理的推論　5.1362, 5.152
論理的操作　5.47
論理的操作記号　5.4611
論理的像　2.181, 2.182, 2.19, 3
論理的対象　4.441, 5.4
論理的 (数学的) 多様性　4.04
論理的特性　6.12, 6.121, 6.126
論理的道具立て　6.3431
論理的な一般的妥当性　6.1232
論理的に出てくる　4.52
論理的に同値　5.47321
論理的に不可能　6.3751
論理的に (は) 無意味　4.442, 5.47321
論理的に有意味　5.233
論理的場所　3.4, 3.41, 3.411, 4.0641
論理的必然性　5.1362, 6.37, 6.375
論理的不可能性　6.375
論理的文法　3.325
論理的方法　6.2
論理的明確化　4.112
論理的命題　6.1271
論理的問題　5.4541
論理に反する　3.032
論理の一方法　6.234
論理法則　3.031, 6.123, 6.31

論理和（∨）　3.42, 5.2341, 5.42, 5.461, 5.515, 5.521

わ

私（の）　5.6, 5.62, 5.63, 5.641, 6.373

私の方法　4.1121
（私は）散歩する　4.032
悪い意志　6.43

補遺　『論考』をどう読むか――「像の理論」について――

　『論考』が非常に難解である事は、周知の事実である。大筋の把握は別に困難ではないが、細部を明確に理解しようとすると、たちまち困難に陥ってしまう。以下で私は、そのような『論考』を読む一つの視点を提示してみようと思う。(但し、アンダーラインは引用者による。)
　世界の構造については、こう言われている。
　　「<u>世界</u>(Welt)は、分解されると、諸<u>事実</u>(Tatsache)になる。」(1.2)
　　「成立している事柄――事実――は、諸<u>事態</u>(Sachverhalt)の成立である。」(2)
　　「事態とは諸<u>対象</u>の結合である。」(2.01)
これを逆にたどると、ほぼこうなる。
　　<u>対象</u>の結合が<u>事態</u>である。(2.01)
　　<u>事態</u>の成立が<u>事実</u>である。(2)
　　<u>事実</u>の総体が<u>世界</u>である。(1，1.1)
要するに、<u>対象</u>、<u>事態</u>、<u>事実</u>、<u>世界</u>という存在の階層があるのである。
　ところが『論考』には、その他に「<u>状況</u>(Sachlage)」と「<u>現実</u>(Wirklichkeit)」というものがある。では、これらは一体何か。
　〈現実〉については、こう言われている。
　　「<u>諸事態の成立と不成立が現実である。</u>」(2.06)
これに対し、〈状況〉については、こう言われるのである。
　　「像は、論理空間において、状況を提示する。即ち像は、論理空間において、<u>諸事態の成立と不成立</u>を提示するのである。」(2.11)
ここにおける「論理空間」は、「可能的状況の集合」であると考えておけば

よいと思う。

　それでは、ともに「諸事態の成立と不成立」と言われる現実と状況は、一体どう違うのか。一口で言って、状況は可能的現実であり、現実は状況の実現である、と言えると思う。(この点については、2.1512、4.031 などを参照。)

　そうであるとすれば、次の命題

　　「命題の意味（Sinn）は、その命題と諸事態の成立と不成立の可能性との一致と不一致である。」(4.2)

は、例えば命題 $p \vee q$ については、次のように図解される事になる。

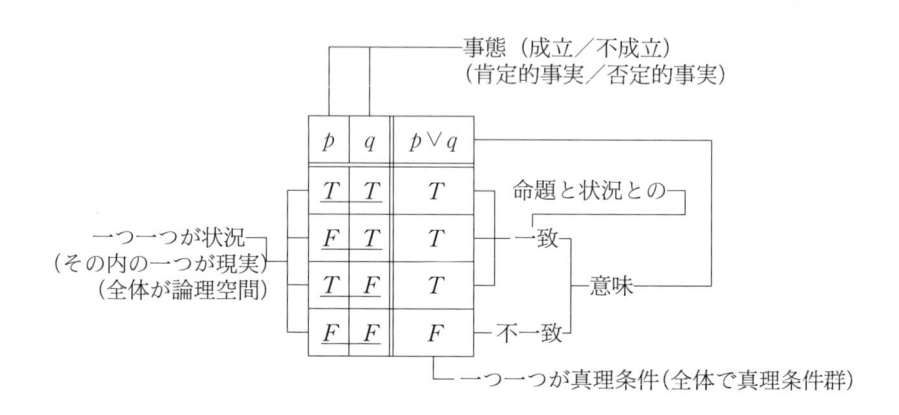

```
                     ┌── 事態（成立／不成立）
                     │    （肯定的事実／否定的事実）
              ┌─┬─┬─────┐
              │p│q│p∨q │
              ├─┼─┼─────┤
              │T│T│ T  │──┐
一つ一つが状況 ├─┼─┼─────┤  │ 命題と状況との
(その内の一つが現実)│F│T│ T  │──┤
(全体が論理空間) ├─┼─┼─────┤  ├── 一致    ┐
              │T│F│ T  │──┘           ├── 意味
              ├─┼─┼─────┤              │
              │F│F│ F  │──── 不一致   ┘
              └─┴─┴─────┘
                     └── 一つ一つが真理条件(全体で真理条件群)
```

これは、意味の「真理条件説」であり、一種の「検証説」である。

　しかしそこには、命題 p, q それぞれの真／偽の判定方法が前提されている。それでは、それらはどう判定されるのか。

　　「事実の論理的像が思念である。」(3)

　　「思念は、有意味な命題である。」(4)

したがって、有意味な命題（思念）は事実の論理的像なのである。この論点は、

　　「命題は、現実の像である。」(4.01)

と表現されている。要するに、使われ、生きている命題は、事実の像なのである。他方、

「像が表現するもの、それがその像の意味（Sinn）である。」(2.221)
したがって像である命題の意味は、命題が表現するものなのである。それは、命題が真として描く事実の像である、と考えてよいであろう。さて、
「いかなる命題も、既に或る意味（Sinn）を持っているのでなくてはならない；或る命題を肯定する事が、その命題に意味を与える事が出来るのではない、何故ならば、或る命題を肯定するという事は、まさにその命題の意味を肯定する事であるから。そして同じ事が、或る命題を否定するという事などにも当てはまる。」(4.064)
そして、
「像の真偽は、その像の意味と現実との一致不一致で成り立つ。」(2.222)
「像の真偽を知るためには、我々はその像を現実と比べねばならない。」(2.223)
したがって命題 p の真偽を判定するためには、命題 p が表現する意味（像）を事実と比べればよいのである。そして、両者が一致すれば命題 p は真であり、一致しなければ命題 p は偽なのである。図解すれば、次のようになる。

　　　　　命題 ──表現する──→意味（像）＝＝一致／不一致＝＝＝事実
命題 p は真：「p」──表現する──→ (p)＝＝＝＝＝＝一致＝＝＝＝＝〈p〉
命題 p は偽：「p」──表現する──→ (p)＝＝＝＝＝不一致＝＝＝＝＝〈q〉
　　　　　　　　　　　　　　　　　　　　　　　　　　（但し、$q \neq p$）

　ここで大切な事は、命題 p が偽であるとき、それは、命題 $\sim p$ は真である事を意味するが、しかし「命題 $\sim p$ は真である」という事は、命題 $\sim p$ が表現する意味（像）を事実と比べれば両者は一致する、という事ではない、という事である。そもそも「命題 $\sim p$ が表現する意味（像）」なるものは存在しない。「命題 $\sim p$ が真である」という事は、命題 p が表現する意味（像）は事実と一致しないという事のみを意味しているのである。
　『論考』には、二つの原理がある。一つは「像の理論」であり、もう一つは「真理関数の理論」である。前者は「要素命題」についての理論であり、

後者は「複合命題」についての理論である、と思われる。しかし、実は、ここには問題があるのである。先にも引いたように、

「像は、論理空間において、状況を提示する。即ち像は、論理空間において、諸事態の成立と不成立を提示するのである。」(2.11)

したがって像には、事態の不成立も含まれているのである。これは、事態の不成立の像もあり得る、即ち、〜p の像もあり得る、という事を意味してる。そしてこれは、先に言った事——そもそも「命題〜p が表現する意味（像）」なるものは存在しない——と矛盾する。ではこの困難は、どう処理されるのか。

例えば、こういう場合を考えてみよう：或る交通事故の状況を表している像（説明図あるいは説明のためのミニチュアの動く配置）が、多くの可能な状況の中で、不幸にも「トラックがこう来たのに、スポーツカーがここで止まらなかった」という事を提示している、としよう。これは、「トラックがこう来た」という事態の成立と「スポーツカーがここで止まった」という事態の不成立を表している。即ち、そのような状況を提示しているのである。そして、ここには何の問題もない。それは、「止まらなかった」という「止まった」という事態の不成立には、幸いにして、「走っていった」という事態の成立が存在したからである。即ちこの場合には、否定的事実に対して、幸いにもそれと同じ意味を有する肯定的事実が存在したからである。

しかしもし、さきの像が「信号が青でなかったのに、止まらなかった」であるすれば、どうであろう。この場合、「青でなかった」という否定的事実に対応する肯定的事実なるものは、存在しないのである。信号の「青でなかった」に対しては、「赤であった」と「黄色であった」があるのであり、「赤であった」を言語的に「青でなかった」と言う事は出来ても、「青でなかった」で「赤であった」を表現する事は出来ないのである。したがって、2.11 で言われている事は、完全には正しくない事になる。それは、否定的事実に対して、それと同じ意味を有する肯定的事実があるときにのみ、正しいに過ぎないのである。

それでは、何故ウィトゲンシュタインはそのような間違いを犯したのか。それは、一つの個物に対して複数の両立不能な普遍があり得るという事に十分な配慮が行き届いていなかったからであろう。この点についての反省は、

後に、ウィトゲンシュタイン自身によって行われている。彼の「論理的形式についての若干の考察」(1929) がそれである。そこにおいて彼は、こう言っている。「私は主張する。質に程度を与える命題はもうそれ以上は分析され得ない［要素命題な］のであり、そしてその上、相異なる程度の間の関係は内的関係なのであって、それゆえその関係は、相異なる程度を与える［要素］命題の間の内的関係によって表現されるのである、と。」(拙著『ウィトゲンシュタインの生涯と哲学』勁草書房、178頁) ここにおいては、質に程度を与える命題は、それぞれが要素命題であると同時に、相互に内的関係にあるのであり、したがって相互に独立ではない、という事が自覚されている。そしてこの事は、一つの個物に対して複数の両立不能な普遍があり得るという事の、十分な自覚でもあるのである。

一体、「像の理論」の狙いは、命題という極めて特異な存在が、いかにして、それと全く存在形態が異なると思われる事実を描き得るのか、という問題への解決策であったのである。そしてこの点に関しては「像の理論」は、要素命題についてのみ妥当するとしておいて、十分なのである。複合命題については、この問題の解決は「真理関数の理論」が与えてくれるからである。

その「真理関数の理論」は 5 からスタートする。

「命題は、要素命題の真理関数である。」(5)

しかしその準備は、既に 4.4 から行われている。

「命題は、諸要素命題の真理可能性との一致と不一致の表現である。」(4.4)

そして更に遡れば、先に引いた

「命題の意味 (Sinn) は、その命題と諸事態の成立と不成立の可能性との一致と不一致である。」(4.2)

に至るのである。

おそらく、「複合命題」が主題として登場するのはこの 4.2 からではないのか。もしこの仮説が正しいとするならば、4.2 までの議論は、基本的には、すべて事態と要素命題についての議論である事になる。勿論、そこには現実と状況についての議論が入っている。したがって、否定と連言は入っている。しかしそこには、選言や含意は含まれてはいない事になる。

この仮説と、否定的事実なるものは存在するとはいえ、それはただ言語的に存在するに過ぎないのであって、否定的事実の〈像〉なるものは存在しないのだ、という事を念頭において読めば、『論考』は、ウィトゲンシュタインが本来意図した狙いを完全に維持したまま、比較的クリヤーに読めると思う。即ち、ウィトゲンシュタインが本来はこう書くべきであったという、あるべき『論考』の姿が浮かび上がって来ると思う。もっとも、6.373以下の、意志、価値、倫理、死、魂、神、神秘、永遠、人生、などを経て、ついには沈黙へと至るプロセスの理解には、また全く別種の困難があるのであるが。しかしこの点については、今は立ち入らない。この点については、拙著『ウィトゲンシュタインが見た世界——哲学講義——』（新曜社、2000）のⅡ「前期ウィトゲンシュタインにおける人生論・宗教論」を参照の事。
　『論考』には、だれの眼にも明らかな大きな分水嶺がある。それは、6である。
　　「真理関数の一般形式は、こうである：$[\bar{p}, \bar{\xi}, N(\bar{\xi})]$
　　これが、命題の一般形式である。」(6)
大局的に見て、これ以前の議論はこの6のためであり、これ以後の議論は6が含み持つ含意の展開である、と言えよう。私が先に述べた事は、6以前の議論にはもう一つ、言うなれば、4.2という小さな分水嶺があるのではないか、という事でもある。

『青色本』読解

訳・解説者まえがき

　原本は、1958 年にバージル・ブラックウエル社から出版された Preliminary Studies for the "Philosophical Investigations"—Generally known as THE BLUE AND BROWN BOOKS という本の、BLUE BOOK の部分である。したがって原本は、『『青色本』・『茶色本』として一般に知られているところの──『哲学的探求』のための予備的研究』という本の、『青色本』の部分なのである。『茶色本』の方の内容は、実質的には、引き続いて書かれた彼の後期の主著『哲学的探求』の中で論じられているので、専門的な研究を目指すのでないならば、『哲学的探求』に譲ってよいであろう。

　『青色本』は、ウィトゲンシュタインの後期の哲学への彼自身による入門書、という性格のものである。しかしそれは、そうは言っても、必ずしも分かりやすくはない。そこで私は、理解を助けるために、出来るだけの挿入と解説を行った。鉤括弧 [　] による挿入と＊、＊＊、……等々による解説が、それである。なお、「1」という注はリースによるものである。

　『青色本』が具体的にはいかなるものかについては、リースの解題と私の補遺を読んで頂きたい。但しリースの解題は、『青色本』と『茶色本』をセットにしたものへの解題であり、かなり専門的であるから、読んでいって分からなくなれば、その先は無視してもよいであろう。

　補遺は、2000 年 11 月 4 日、哲学会（於、東京大学）で発表したものに大幅な書き足しをしたものである。

2001 年 7 月 7 日

黒崎　宏

目　次

訳・解説者まえがき　　*3*
解題　ラッシュ・リース　　*7*
青色本　1
索引　127
補遺　『青色本』をどう読むか——言語の先行性と独我論批判——　139

［『青色本』・『茶色本』への］解題

　ウィトゲンシュタインは、ケンブリッジでの1933年から1934年にかけての学期において、彼のクラスで『青色本』（彼がそう呼んでいた訳ではないが）を［英語で］口述した。そして、謄写版でコピーを作らせた。彼はまた、1934年から1935年にかけて、彼の二人の学生（フランシス・スキナーとアリス・アンブローズ）に『茶色本』を［英語で］口述した。［そして今度の場合は］三部だけそのタイプ・コピーを作らせ、それを非常に親しい友人や学生にのみ見せた。しかしそれを借りた人々は、自分でそれのコピーを作り、かくして、そのコピーの取引が行われた。もしもウィトゲンシュタインがそれらの口述に名前をつけたとすれば、彼はそれらをそれぞれ「哲学的所見」とか「哲学的探求」とかと呼んだかもしれない。しかし、第一の束は青い表紙で綴じられており、第二の束は茶色の表紙で綴じられていたので、前者は『青色本』、後者は『茶色本』と、呼び慣わされていたのである。後に彼は『青色本』を一部ラッセル卿に送ったが、それには次のような添え状が付いていた。

　　拝啓　ラッセル殿
　　　二年ほど前になりましょうか、私は貴殿に私の原稿をお送りする事を約束しました。今日私が貴殿にお送りしようとしているものは、その原稿*ではありません。その原稿については、私は未だ無為に過ごしています。それを、或いは、それの一部分を、私がいつの日にか出版するようになるか否かは、神のみぞ知るです。しかし二年前私は、ケンブリッジで講義をした時、学生たちに口述してノートをとらせました。それは、彼らが何らかのものを、頭の中にではないとしても、手には持って帰れるようにするためでした。そして私は、そのノートを複製させまし

た。丁度今私は、それにあるミスプリントやその他の間違いを直していましたが、もしかして貴殿もそれを一部所望しないであろうか、と思い至りました。という訳で私は、ここに複製したノート一部をお送りする次第です。私は、貴殿はそれを読むべきである、と示唆しようとしているのではありません。しかし、もしも貴殿にもっと外に為すべき事がないならば、どうぞお読みください。そして、もしもそこから幾らかの楽しみを得て戴けたならば、私にとってこれに過ぎる喜びはありません。（私は、この講義ノートは非常に分かりにくい、と思います。何故ならば、この講義ノートでは、非常に多くの点で、ただヒントが与えられているだけであるからです。この講義ノートは、講義を聴いた人々にのみ意味があるのです。）申すまでもなく、もしお読みにならないとしても、全くかまいません。　敬具

　　　　　　　　　　　ルートヴィヒ・ウィトゲンシュタイン

　＊「その原稿」とは『哲学的文法』の原稿であろうか。

　『青色本』は、所見の集まりであり、全くそれだけのものであった。これに対し、『茶色本』は違っていた。彼は一時それを、出版するかもしれないものの下書きだと、思っていた。彼は、それのドイツ語版を作り、一度ならずその改訂にとりかかった。最後の試みは、1936年の8月であった。彼は、小さな書き換えと挿入をしながらの改訂を──我々のこの本［(原本)］のほぼ154頁にある──意志的行為についての議論の初めの所までして来たとき、強い筆致でこう書いた。『初めからここまでの、この「書き換えの試み」は、全部無価値である。』これが、彼が（些細な訂正はあるものの）『哲学的探求』の第Ⅰ部として今日我々が有している著作を書き始めた時点であった。

　私は、何が起ころうと、彼が『茶色本』を英語で出版したであろうとは思わない。彼のドイツ語を読む事が出来る人ならば、誰でもその理由が分かるであろう。彼の英語のスタイルは、しばしばぎこちなく、ドイツ語的な言い回しが一杯ある。しかし我々は、意味が曖昧であったり、いかに訂正すべきかが明白であった、非常に僅かな場合を除いて、彼の英文をそのままにしておいた。我々がここに印刷するものは、彼が彼の学生たちにとらせたノートであり、彼自身のために使う草稿であって、それ以上でも以下でもない。

哲学とは、ウィトゲンシュタインにとっては、探求の方法であった。しかし、方法についての彼の考え方は変化していった。我々はこの事を、例えば、「言語ゲーム」という概念の彼の使用法に見る事が出来る。彼は「言語ゲーム」を、言語の必然的形式という考えを払い落とすために導入するのを常としていた。少なくともそれが、彼の「言語ゲーム」の用い方であった。そして、最も初期の用い方であった。異なった言語ゲームを想像する事は、しばしば有効である。初期には彼は、時に「異なった言語の形式」と書いた──それはあたかも「異なった言語ゲーム」と同じ事であるかのように──。もっとも彼は、後には時々それを訂正しているが。彼は、『青色本』においては、時には異なった言語ゲームを想像する事について語り、そして時には異なった記号系を想像する事について──あたかも両者は同じものであるかのように──語っている。彼は、語る事が出来るという事と記号系を理解しているという事の間を、明確には区別しなかったかの如くに見えるのである。

　彼は、或る語の意味を、例えば、誰かにその語の意味を説明してもらって理解するようになる、という事について語っている。あたかも、「理解する」という事と「説明してもらう」という事が何らかの仕方で相関的であるかの如くに、である。しかし『茶色本』においては彼は、言語ゲームの習得が説明に先立つものである、という事を強調している。そして必要な事は、説明ではなく──動物にする訓練と比べられるような──訓練なのである、と言う。この事は、彼が『探求』において強調していた次のような点と符合する。即ち、語る事が出来るという事と、その語られた事を理解出来るという事──その意味を知っているという事──は、その意味を述べる事が出来るという事を意味してはいないし、また我々は、その意味を述べる事を習いもしない。彼はそこ（『探求』32節）において、こうも言っている。「アウグスチヌスは、子供が人間の言語を習う状況を、あたかも、子供が未知の国へ来て、その国の言語が分からないかの如くに、記述したのである。即ち、子供は既に言語を知っているのだが、ただその国の言語は知らないかの如くに、記述したのである。」我々は、子供がフランス語を知っているか否かを、彼にフランス語の種々の表現を示してその意味を尋ねる事によって、見る事ができよう。［その意味を──例えば英語で──述べる事が出来れば、彼は

フランス語を知っている、という訳である。］しかし、子供にフランス語の表現の意味を尋ねる事は、彼がフランス語を話す事が出来るか否かを判定する仕方ではない。意味を述べるという事は、話す事を学ぶ時に学ぶ事ではないのである。

『茶色本』で異なった——人間に特有の意志疎通のシステム（Systeme menschlicher Verstandigung）としての——言語ゲームについて語るとき、それらは単に異なった記号系ではない。そしてこの事が、理解するという概念や理解する事と言語［ゲーム］の関係という概念を導入する。これは、『青色本』においては決して前面には出て来なかった事である。彼は『茶色本』において、例えば、「理解する」という事は単一の事ではない、という事を強調している。それは、言語ゲーム自体がそうであるように、多種多様なのである。［言語ゲームが異なれば、それに応じて「理解する」という事も異なるのである。］これが、我々が異なった言語ゲームを想像するとき、それは、何らかの一般的言語体系の部分ないしは可能的部分を想像する事ではない、と言う一つの理由であろう。

この点に関し『青色本』は、『茶色本』ほど明確ではない。『青色本』の［原本］p.17［本書27頁］において、彼はこう言っている。「言語ゲームの研究は、言語の原初的形式の、或いは、原初的言語の、研究である。」しかし彼は、それに続けて、こうも言うのである。「もしも我々が、真偽の問題、［即ち、］命題と現実の一致・不一致の問題、［さらには、］主張、想定、疑問などの本性に関する問題［など］を、研究しようと欲するならば、我々は、原初的形式の言語を見る事によって、大きな利点が得られるであろう。何故ならば、そこにおいては、それらの思考形式が、高度に複雑な思考過程の混乱した背景を持たないで、現れるであろうから。我々がそのような単純な形式の言語を見るとき、我々の言語の日常的使用を覆っているかに見える心の霧が、晴れる。そして我々は［そこに］、くっきりとして明確な［言語の］活動や反応を見るのである。しかし他面において我々は、そのような単純な過程の中にも、我々のもっと複雑な言語形式とは断絶していない言語形式を、認めるのである。我々は、原初的形式から出発して、そこに新しい形式を順次付け加える事によって、複雑な言語形式を構築する事が出来る、という事を見るのである。」

これでは殆ど、あたかも我々は我々の日常言語の分析のような何かをしようとしているかの如くに、見えてしまう。あたかも我々は、我々が日常言語を話すとき、その日常言語の中で何が生じているかを発見しようと欲しているのだが、それを覆っている霧を突き抜ける方法を手に入れるまでは、それを見る事が出来ないかの如くなのである。そして、あたかも「主張、想定、疑問などの本性」は、［原初的言語においても］日常言語においてと同じであるかの如くなのである。そして今や我々は、その霧を晴らす方法を発見した［かの如くなのである］。ところが、『茶色本』はそれを否定している。と言うのは彼は、『茶色本』（［原本］p.81）において、こう強調しているのであるから。「我々は、我々が記述する言語ゲームを、或る言語の不完全な部分としてではなく、それ自体で完全な言語として、人間における意志疎通の完全なシステムとして、認めているのである。」そうであるから、例えば、或る言語に或る文法機能が存在しても、他の言語にはそれに対応するものが全くないかもしれないのである。そして「命題と現実の一致・不一致」は、言語が違えば違う何かであろう——そうであるからして、かの言語における「命題と現実の一致・不一致」の研究は、この言語におけるその研究には、たいして参考にならないかもしれないのである。だからこそ彼は、『茶色本』において、「レンガ」という語が原初的言語において、我々の言語においてと同じ事を意味しているか否かを、問題にするのである。この事は、単純な言語はもっと複雑な言語の不完全な形ではない、という彼の主張と符合する。ここにおいて省略文が関係するか否か、という議論は、異なった言語ゲームとは何か、という事についての彼の説明の重要な部分である。しかし『青色本』には、この事についての予感すら存在しない。

　ウィトゲンシュタインのノートの一つに、言語ゲームについての或る所見が書いてある。それは、1934年の初頭に書かれたものに相違ない。私の推測では、それは、私が［原本］p.17［本書27頁］から引用した所見よりも後のものである。いずれにせよそれは、私が［原本］p.17［本書27頁］から引用した所見とは異なっている。それは、こうである。「私が或る特定の単純な言語ゲームを記述するとき、それは、そこを出発点にして徐々に成熟した言語の——或いは思考の——事象を構成するため、ではない。そのような事は、（ニコーやラッセルが犯した）過ちに至るだけである。——私は単

に、言語ゲームをそのありのままの姿で提示し、そしてそれによって、それが有する解明作用で特定の問題を解明するのである。」

この所見は、私には、『茶色本』の第Ⅰ部での方法をよく表してるように思われる。しかしそれはまた、『茶色本』と『探求』の大きな違いをも表している。

『茶色本』においては、異なった様々な言語ゲームについての説明は──特定の哲学的諸問題について光を投げかける事を意図してはいても──直接的には、それらについての議論ではない。それは、言語の様々な側面──哲学の諸問題にその最も先鋭な表現を見いだすところの性癖によって、我々がしばしば見失っている諸側面──に光を投げかけるものである。そしてこのような仕方で、『茶色本』における議論は、哲学の諸問題を引き起こす問題点がどこにあるかを示唆するのである。

例えば、「出来る」について彼が言っている事の中で、そしてまた、この事と「共有されているものを見る」という事の関連について彼が言っている事の中で、彼は、人が言語を習うとき一体何を習うのか、或いはまた、人は、或るものの意味を知るとき、一体何を知るのか、という問題を提起している。しかし、彼はまた、言語はいかにすれば拡張され<u>得る</u>のか、と問う事は何を意味するのか、という問題をも提起している。──「拡張された言語は、依然として意味を持っている何かなのか。〔拡張された言語においても、〕人は依然として何かを語っているのか。それは無意味なペチャクチャではないのか。」そしてこの事は、「何が語られ得るのか」、或いはまた「それが命題である事を我々はいかにして知るべきなのか」、或いは、命題とは何か、言語とは何か、といった問いに通じるであろう。ここにおいて彼が言語ゲームを記述する仕方は、実際には、人はこれらの問いを問うように導かれる<u>必要</u>はないし、そして、もしも人がこれらの問いを問うように導かれるならば、それは誤解であろう、という事を示しているのである。しかし問題は、何故人々は常にこれらの問いを問うように<u>導かれる</u>のかが、我々には不思議で分からない事である。そして、この点において『探求』は違う。

そこ（『探求』）においては、言語ゲームは、『茶色本』がそうであったように、否それ以上に、もっと複雑な言語を提示するための段階ではない。『探求』における言語ゲームは、言語とは何か、という「大問題」（65節）

へと至る議論の中の段階なのである。

　彼が——『探求』において、そしてまた『茶色本』においても——言語ゲームを持ち出すのは、語とそれが表すものの関係についての問題に、照明を与えるためである。しかし『探求』においては、彼の関心事は、[なかんずく]アウグスチヌスに見られる「意味についての哲学的考え」である。彼は、アウグスチヌスに見られるこの「意味についての哲学的考え」は、<u>真の名前は指示詞「これ」と「あれ」のみである</u>、という論理的固有名の理論に最も端的に現れているところの、[我々の]性癖の表現である、という事を示している。彼はこれを、「我々の言語の論理を昇華しようとする (die Logik unserer Sprache zu sublimieren)(『探求』38 節)性癖」と呼ぶ。——その理由の一部は、論理的固有名と比較すれば、「我々が名前と呼ぶその他のものは、何であれ、不正確で近似的な意味でのみ、名前である」のだからである。この性癖が、人をして言語の「究極的本性」とか「論理的に正しい文法」とかについて語らせるのである。それでは、人は何故そのような性癖を持つに至るのか。ここには、簡単な答えは存在しない。しかしウィトゲンシュタインは、「単純」という概念、「複合」という概念、および論理的分析という考えを論じてゆく事によって、答えようとする。(彼はそのような事を、『茶色本』においては、全く行っていない。もしも、彼が欲していた事が専ら言語の機能に照明を与える事であるならば、そのような事は必要ないであろう。)

　言語の論理的分析とか命題の論理的分析とかいう観念全体が、奇妙であり、混乱している。彼の言語ゲームを説明するに際し、ウィトゲンシュタインはいかなる分析をも全く与えようとはしなかった。もし我々が彼の言う言語ゲームを「より原初的な」或いは「より単純な」言語と呼ぶならば、この事は、彼の言う言語ゲームは、より複雑な言語が持つべき要素のような何かである事を示している、という事を意味してはいない。(『探求』64 節を参照。)言語ゲームは[それ自体で完結した]別の言語であり——[一般に]「言語」[というもの]の要素とか側面ではない。しかしそうは言っても、我々に、言語ゲームは全て言語<u>である</u>、と言わしめるものとして、言語ゲームには何があるのか、と問いたいかもしれない。いずれにせよ、何が或るものを言語にするのか。これが、言語の本性についての、或いは、命題の本性

についての——そしてまた、ここまでの議論全体の背後に横たわっていた——「大問題」(『探求』65 節) なのである。

　我々は、『探求』におけるここまでの議論は、哲学的問題を取り扱う事の意味を、専ら言語ゲームに言及する事によって明らかにする試みであった、とさえ言えよう。或いは、こう言えばもっとよいであろう。我々は、『探求』におけるここまでの議論は、言語ゲームの使用は、哲学的問題とは何かという事を、いかに明らかにする事が出来るのかを示す試みであった、とさえ言えよう。

　これに対し彼は、『茶色本』においては、様々な種類の命名の事例から、様々な仕方での「現実との比較」の議論へと移ってゆく。疑いもなくこれは、依然として、語とそれが表すものの関係の議論である。しかし彼は、ここにおいては、語を見るそのような仕方の背後にあるところの、哲学において問題を起こす例の性癖を、暴露しようとはしていない。

　次に彼は、『探求』においては、論理と言語の関係の議論へと進むが、『茶色本』においては、そうではない——もっとも、[『探求』における] 論理と言語の関係の議論は、彼が『茶色本』において述べている事と、密接に関係しているが。私の念頭にあるのは、彼が『茶色本』において、特に、「出来る」について述べている事と、それと「語られ得るもの」(「語られる事が出来るもの」) という観念の関連である。(「いつ我々は、これは依然として言語である、と言う事が出来るのか。いつ我々は、これは命題である、と言う事が出来るのか。」) 何故なら、我々には、[言語を考えるときは] 計算体系について考え、[命題を考えるときは] 計算体系において語られ得るものを考える、という誘惑があるから。しかしウィトゲンシュタインは、それは、言語の規則とは何か、そして、言語を使用するとはどういう事か、という事についての誤解から来ている、と言うであろう。我々が普通に話すとき、我々は、はっきりと定義可能な概念も、きちんとした規則も、用いはしない。そして、[我々が普通に話すときの] 理解可能性は、計算体系における理解可能性とは、違うものなのである。

　誤解は、人々が「語られ得るもの」を「計算体系の中で許容されるもの」と考える事に由来していた。(『外にどんな意味が [計算体系の中で]「許容される」にあると言うのか』)——誤解は、論理が言語の<u>単一性</u>を支配して

いる、と思われていたからであったのだ。［ここに「単一性」とは、多様性の反対で、］言語に属するものと言語に属しないもの、理解可能なものと理解可能でないもの、命題であるものと命題でないもの［、これらが一意にはっきりと分かれている、という事である］。『茶色本』においてウィトゲンシュタインは、言語はこの種の単一性もこの種の理解可能性も有していない、と強調している。しかし彼は、何故に人は言語はそれらを有していると思いたいのか、という事について、実際には議論していない。

　人は、彼はそのような議論をもっと以前に『青色本』でしていた、と考えるかもしれない。しかし私は、彼がしていた、とは考えない。私は、確かに『茶色本』が——たとえそれがどんな種類の困難であるかを完全に明らかにした訳ではないとしても——明らかにした論理と言語の問題を、彼が『青色本』で見ていたとは考えない。『青色本』の［原本］p.25［本書40-41頁］において、彼はこう言っている。「一般に我々は言語を厳格な規則に従って用いはしない。——我々は言語を、厳格な規則に従って教えられた訳でもないのである。他方、我々の［哲学的］議論においては、我々は言語を常に厳格な規則に従う計算手続きのようなものだと［錯覚］するのである。」彼が（［原本の］その頁の一番下で）、我々は何故そうするのか、と問うとき、彼の答えは単純にこうである。「答えは、こうである。［それは、］我々が取り除こうとしている［哲学的］問題は、常に、まさに言語に対するこの態度に由来するのである［から、である］。」［（本書41頁）］人は、これが答えであるのだろうか、と訝るかもしれない。彼の論点は、［原本］p.27［本書43頁］で言われている所によると、例えばこうである。「哲学的な問題に困惑している人は、語が使われる仕方の中に一つの法則を見、そして、その法則を［全ての場合に］首尾一貫して適用しようとして、矛盾した結果に……ぶつかるのである。」これは、一見するところ、我々の言語の論理を昇華しようとする我々の性癖について、彼が後に『探求』で言う事に、何か似ている。しかしこの『青色本』では、彼は、言語の使用とか理解にはどんな事があって、それが人々をして、我々の言語の論理を昇華しようと考えさせるのかを、明らかにはしていない。それは、哲学者が言語を形而上学的に眺めるからである、と言うとしよう。よろしい。しかし我々が、何が哲学者に、言語を形而上学的に眺めさせるのか、と問うとき、『青色本』でのウィトゲン

シュタインの答えは、こうである。それは、一般性への渇望であり、且つ、「哲学者は常に、科学の方法を己が眼の前に見ているのであり、そして、科学が行うやり方で問を立てて答えるという誘惑に、抗し難いのである」（［原本］p.18［本書29頁］）からである。言い換えれば、彼は［言語を］形而上学［的に眺める事］の源泉を、言語と何か特別に結合したものに見出してはいないのである。この事は、ここでは、非常に重要な点である。［と言うのは、］それは、彼は、哲学的困惑の性格について、彼が『探求』を書いた時期に明確に自覚していたようには、未だ明確には自覚していなかった、という事を意味している［から］。しかしいずれにせよ、哲学者が言語やその理解について困惑するとき、哲学者を理想言語や論理的に正しい文法について考えるように導くものは、少なくとも第一次的には、──科学がするように問を立てて答えるという──この傾向ではない。哲学者が理想言語や論理的に正しい文法について考えるのは、別のルートから来るのである。

　ウィトゲンシュタインは、『青色本』においては、我々は、言語を厳格な規則に従って用いはしないし、また、語を科学が述べる法則に似た法則に従って用いはしない、という事を、全く明確に自覚していた。しかし彼は、「意味を知る」或いは「意味を理解する」という概念については、明確な自覚を有していなかった。そしてこの事は、彼は未だ、「規則に従う」という概念に関わる非常に多くの事についても明確な自覚を有してはいなかった、という事を意味している。そしてそれがために彼は、人々が、言語を知る事は何が語られ得るか知る事である、と言うときに存在するであろう混乱を、全く認識していないのである。

　「我々の語の意味の可能性は、何に依存しているのか。」この問いは、我々が論理的固有名や論理的分析の理論の中に見出すところの意味という観念の、背後にあるものである。そしてそれは、人が言語を習うとき何を習うのか、とか、言語の習得とはどういう事か、という問と一緒になる。ウィトゲンシュタインは『青色本』において、語は我々がそれに与える意味を持つのであり、語の真の意味を探し求めようという考えは混乱した思考である、という事を明らかにしている。しかし彼は、言語ゲームの習得と［人工言語であり理想言語である］記号系の習得の区別を、未だ明確には見ていない。だからこそ彼は、彼が反対している混乱の性格を、十分明確には出来ないので

ある。

　言い換えれば、『青色本』においてはウィトゲンシュタインは、言語の［成立］条件あるいは言語の理解可能性についての問いとは何かについて、明確には見ていなかったのである。だからこそ彼は、［原本］p.28［本書45頁］において、「日常言語は［、その有りのままにおいて、］完全であ［り、改善の余地などないのであ］る」と言う事が出来たのである。それでは「日常言語は［完全な］言語である、よろしい」と言うようなものである。そしてこれは、日常言語は［言語の成立］条件を満足している、という事を意味しているようにみえる。しかし彼がそのように言うとき、彼自身が、後に彼が明らかにする類いの混乱に陥っているのである。もしも人が、『青色本』においてウィトゲンシュタインがしたように、あたかも、「理想言語を作る」という事を、ウィトゲンシュタインが言語ゲームを作るときにするような事である、と言うならば、それでは、私には、理想言語の問題点——理想言語を話す人は何をしようとしているのか、という事——を曖昧にしてしまうように思われる。ウィトゲンシュタインは、後には、そのようには語らなかったであろう。

　ウィトゲンシュタインをして、一度ならずも『青色本』（の、例えば、［原本］p.42の上の方［本書70頁の中段］、或いは、もっと適切には、［原本］p.65の下の方と最後の行［本書111頁の下の方と112頁の上の方］）において、「言語の記号系」という語を使わせたのは、これと同じ曖昧さ、或いは、それと似た何か、であろう。——もっとも彼は、我々が言語を記号系として用いるのは非常に稀な場合である、とも言っていたが。もしも言語と記号系を区別しなかったならば、人は、言語に従う事と記号系に従う事に、殆どいかなる違いをも見出し得ないであろう。しかし、この場合には、言語と論理の関係にまつわる諸困難を明確に見て取る事は出来ないであろう。

　これらの困難は、『茶色本』において、あからさまに言及されてはいないが、ずっと明確になる。そして、それは『探求』の主要テーマである、と言えよう。

　何故ならば、それは、［『探求』における］「何かを何かとして見る」についての議論、並びに、それよりも前の部分の底にあるテーマであるから。そして一度ならず我々は、ウィトゲンシュタインは『探求』において、『茶色

本』ではしなかったやり方で、その議論を用いて哲学的困難の解明するのを見るのである。

　一時ウィトゲンシュタインは、「それを命題として認識する」（たとえそれが全く見慣れていないものだとしても）、或いは、或るものを言語として認識する——例えば、それが何を言っているのかの認識とは独立に、［とにかく］それはそこに書かれた何かである、として認識する——とはどういう事か、という問題に興味を持った。『茶色本』の第II部が、この問題に関わっている。そしてそこにおいては、そのような「認識」は、正しく理解されさえすれば、哲学者が問うてきたような問題を引き起こしはしない、という事が示されている。彼が、例えば、文の理解と音楽の主題の理解の間に引いた類比、或いは、この文は或る事を意味している、と言いたいという事と、この色模様は或る事を語っている、と言いたいという事の間に引いた類比、——これらは明らかに、あたかも人は何らかの（多分、理解可能性の）<u>一般的性格</u>を認識しているかの如くではない、という事を示しているし、また、［この色模様は或る事を語っている、とだけ言いたい人に、］その色模様は何を語っているのかと問う事は意味を為さないように、その<u>一般的性格</u>は何であるかを述べる事が出来ねばならない事はない、という事を示している。

　しかし人々は何故、例えばこの関連で、「メタ論理」［や「メタ言語」］について<u>語ろうと欲してきた</u>のか。『茶色本』は、この事を説明しようとして幾らかの事をしているが、多くの場合、ヒントを与えるに止まっている。しかし、我々が言語を使用する仕方には、そしてまた、言語と思考の結合にも、何か——［言うなれば、］論理の力とか表現が一般に有する力とか——があり、そしてその何かが、あたかも、或るものを言語として認識する事を、或るものを［言語］ゲームの中における動きとして認識する事でさえも、非常に異なったものの如くに、思わせるのである。（あたかも、理解するという事は、記号の外にある何かであり、そして、あたかも、或るものが言語であるためには、その或るものは、記号のシステムそのものの中には現れない何かを必要としているかの如くに、思わせるのである。）そして彼は、『探求』［第I部］の最後の節で、この事に注意を喚起しようとしている。

　彼は「記号の操作」について語っていた。そこで、或る人はこう言うかもしれない。『君は「記号の操作」をまさに——そこらにある機械装置のよう

な――機械装置の操作のように見ている。そして、もしもそれが「記号の操作」の全てであるならば――即ち、「記号の操作」はまさに機械装置の操作であるならば――、「記号の操作」は言語ではない［のではないか］。』さよう、これには簡単な答えは存在しない。しかし、これは重要な問題である。［そしてまた、］例えば、「記号で考える」によって我々は何を意味するのか、という問いも重要である。「記号で考える」とは何か。そして、紙の上に鉛筆で［記号をなす］線を引く事への言及は、助けになるであろうか。

　これら全ての問の多くは、話す事と書く事は他の人々との交渉に属する、という事を強調する事によって、答えられ得る。記号は、その生命を他人との交渉において獲得する。これが、言語が単なる機械装置ではない理由である。

　しかし［これに対しては］、或る人は、たとえ「意味盲」であろうとも、他人との「［言語］ゲーム」において、正しく言語を操り、全てをうまくやって行くかもしれない、という反論がある。「意味盲」という表現は、ウィトゲンシュタインが「色盲」とか「音痴」とかとの類比で用いたものである。もし私が、例えば「ボード（board）」のような多義的な語を君に言い、そして君に、その語を聞いたとき君はどんな意味を考えたか、と問うとしよう。このとき君は、「石炭委員会（Coal Board）」のような委員会を考えた、と言うかもしれないが、多分、厚板（board）のことしか考えなかったであろう。ここで我々は、そのような問いの意味を理解出来ない人を、想像出来ないであろうか。君が彼にそのような語を［前後関係抜きで］ただ言うならば、彼にはその語の意味が分からないのである。しかし、それにも関わらず彼は、彼が遭遇する文や発語に対し、そしてまた、状況に対しても、「言葉で反応」出来、しかも正しく反応出来るのである。我々は、このような事例を想像出来ないであろうか。この点に関し、ウィトゲンシュタインは確信がなかった、と私は思う。もしも或る人が「意味盲」であるならば、この事は彼の言語使用を何らかの点で［我々とは］違うものにするであろうか。或いは、意味の知覚というものは、言語使用の外部に属するのであろうか。

　この最後の問いには、この最後の問いを問う事には、何か見当違いなところがある。しかしこの事は、「言語の使用」という我々の概念には未だ何か不明確なところがある、という事を示しているように見える。

或いはまた、もし我々が単純に、記号［の使用］は他の人々との交渉に属する、という事を強調するだけならば、例えば我々は、数学における「洞察」の役割とか証明の発見について、どう言えばよいのか。

これらの困難がある限り、依然として人々は、解釈のようなものがあるに違いない、と考えるであろう。彼らは、もしそれが言語であるならば、それは私に何かを意味するのでなくてはならない、と考えるであろう。等々。そしてそれ故に、──それらの困難がどんな種類の困難であるかを理解しようとして──ウィトゲンシュタインは、「或るものを或るものとして見る」という事に関わる錯綜した事柄の全てに、彼がしたやり方で、入って行く必要があったのである。

そして［彼がした］その方法は、そこにおいては、［言語ゲームとは］幾らか違っていた。人は、言語ゲームで、そんなに多くの事が出来る訳ではない。

1958年3月

R. R.（ラッシュ・リース）

青 色 本

語の意味とは何か。

我々はこの問に、先ず、語の意味の説明とは何か、語の説明はどのようものか、と問う事によって、取り掛かろう。

この問が我々を助ける仕方は、「我々はいかに長さを測定するか」という問が「長さとは何か」という問題の理解を助ける仕方に、似ている。

「長さとは何か」、「意味とは何か」、「数1とは何か」等々、といった問いは、我々に精神的痙攣を引き起こす。我々は、それらの問いに答えて何らかのものを指示する、という事は出来ないにもかかわらず、しかしそれでも、何らかのものを指示しなくてはならない、と感じるのである。（我々は、哲学的困惑の大いなる源泉の一つに、直面しているのである。我々は名詞に対し［それに対応する］ものを見出そうと試みるのである。［しかし、そのようなものは存在しない、という訳である。］）

先ず、「意味の説明とは何か」と問う事には、二つの利点がある。［その1。］君は、或る意味で、「意味とは何か」という問を地上に降ろす。何故ならば、［「意味とは何か」と問う事は、「意味」の意味を問う事であり、そして］確かに、［それに答えて］「意味」の意味を理解するためには、［「意味」の説明を理解しなくてはならず、したがって、］「意味の説明」の意味をも理解しなくてはならないから。要するに、「意味の説明とは何か、と問おう。何故ならば、何であれ、意味の説明が説明するものが、意味であろうから。」［『哲学的探求』560節参照。］［その2。］「意味の説明」という表現の文法の研究は、「意味」という語の文法について、君に何事かを教え、そして、君が「これこそがまさに意味（the meaning）である」と言うであろう或るもの（対象）を君の回りに探すという誘惑から、君を解放するであろう。

人が一般に「語の意味の説明」と呼ぶものは、非常に大まかに言って、「言葉による定義」と「直示による定義」に分けられ得る。どんな意味で、この分け方は単に大まかであり且つ暫定的であるに過ぎない（これは重要な点である）かは、後に分かるであろう*。言葉による定義は、我々を一つの言語表現から他の言語表現へと行かせるだけであるから、或る意味では、我々を［実質的には］先へ進ませはしない。しかし、直示による定義（直示定義）においては、我々は、意味の学習に向かってずっと大きな実質的一歩を踏むように見える。

＊4〜5頁を参照。

すぐに、一つの困難が思い浮かぶ。それは、我々の言語における多くの語——例えば、「1」、「数」、「ではない」等々、のような語——には、直示定義があるとは思えない、という事である。

ここで問題。直示定義自体も［説明され］理解される事が必要［ではないの］か。——［そもそも］直示定義は誤解され得ないのか。

もしも直示定義が語の意味の説明をするのならば、人がその語を以前に聞いたことがあるという事は、確かに本質的ではあり得ない。その語に意味を<u>与える</u>事が、直示定義の仕事なのである。そこで「タブ」という語を、鉛筆を指示しながら、「これがタブである」と言う事によって、説明してみよう。（ここで私は、「これがタブである」と言う代わりに、『これが「タブ」と呼ばれる』と言う事も出来たであろう。私がこの事を指摘するのは、直示定義の言葉は定義される或るものに何らかの属性を帰属させるのだ、という考えを、きれいさっぱりと払拭するためである。［一例を挙げて言えば、］或るものに赤という色（属性）を帰属させる「これは赤い」という文と、『これが「赤」と呼ばれる』という直示定義との混同を、きれいさっぱりと払拭するためである。）さて、直示定義「これがタブである」は、種々様々な仕方で解釈され得る。私は、それらのうちの幾つかを挙げ、そして、十分にその用法が確立された日本語（英語）を用いて、表現してみよう。そうすると、件の直示定義は、以下のような事を意味すると解釈され得るのである。

「これが鉛筆である」（「This is a pencil.」）

「これが円形である」（「This is round.」）

「これが木である」（「This is wood.」）

「これが1である」（「This is one.」）

「これが堅い（という属性）である」（「This is hard.」）

等々

このように言うと、これらの解釈は全て別の語-言語を前提にしている、と言って、反論されるかもしれない。しかしこの反論は、「解釈」という事で「語-言語への翻訳」を意味する限りにおいてのみ、有意味なのである。［しかし、別の語-言語を前提にしない解釈もある。］——この事をより一層明らかにするであろう若干のヒントを、与えよう。或る人が直示定義を或

特定の仕方で解釈した、と言うときの規準は何か、と問うてみよう。［その１。］私がイギリス人に［一冊の本を指さしながら、］『これがドイツ人が「Buch」と呼ぶものである』という直示定義を与えた、と想定しよう。そのときは、いずれにせよ殆どの場合に、そのイギリス人の心には、英語の「book」という語が浮かぶであろう。［そしてその場合には、］我々は、彼は「Buch」は「book」を意味すると解釈した、と言ってよい。［これは、別の語-言語を前提にした解釈である。］［その２。］もしも例えば我々が、彼がかつて全く見たことのない或るものを指さして、「これがバンジョーである」と言うならば、この場合は、先の場合と異なっていよう。この場合、もしかして彼の心には、「ギター」という語が浮かぶかもしれないが、語は全く浮かばず、代わりに、それと似た楽器の像が浮かぶかもしれない。そしてまた、何も浮かばないかもしれない。そこで私が彼に、「さて、そこにあるものの中からバンジョーを取り出しなさい」と命令したとしよう。もしも彼が、我々が「バンジョー」と呼ぶものを取り出したならば、我々は『彼は「バンジョー」という語に正しい解釈を与えた』と言うであろう。また、もし彼が何か別の弦楽器を取り出したとすれば、――我々は『彼は「バンジョー」は「弦楽器」を意味すると解釈した』と言うであろう。［この場合は、別の語-言語を前提にしてはいない。］

　我々は、『彼は「バンジョー」という語にかくかくの解釈を与えた』と言う。［これはよろしい。］しかしこの場合我々は、その選んで取り出すという行為の外に、解釈という一定の［心的］行為を想定しがちである。［これはおかしい。］

　我々の問題は、以下に述べる事と類比的である。

　もし私が或る人に、「あの草地から赤い花を採って来て」と命令したとき、私はただ［「赤い花」という］一語を与えただけなのに、どうして彼には、どの種類の花を持って来るべきなのかが、分かるのか。

　さよう、人が先ず最初に示唆するであろう答えは、こうである。彼は、心に赤の像を持って、赤い花を探しに行き、その像を［いろいろな］花と比較して、どの花がその像の色を持っているかを見るのである。さて、そのような探し方は存在するが、しかし、我々が使う像は心的なものでなければならない、という事は全くない。事実、この過程は、こうでもあり得る。私は、

名前と色のついた正方形が対応して並んでいる表を持っていて、「あの草地から赤い花を採って来て」という命令を聞くと、私は、指を表の上で「赤」という語からそれに対応している正方形へとたどり、そして草地に行って、その正方形の色（像）と同じ色の花を探すのである。しかし、［心的にしろ物的にしろ、像（見本）と同じ色の花を探す、という］この方法は、赤い花を探す唯一の仕方ではないし、通常の仕方でもない。［通常は］我々は、草地に行き、辺りを見渡し、花に近付き、何とも比較せずにそれを採るのである。命令に従う過程が、このようで有り得るという事を見るために、「赤い染みを想像せよ」という命令を考えてみよう。この場合には人は、この命令に従うに先立って、想像せよと命令されている赤の染みの見本（像）として役立つ［もう一つの］赤い染みを想像しなくてはならない、と考えるよう、誘惑されはしない。［この場合、行為はまさに行われるのである*。］

　　＊ウィトゲンシュタインは、『探求』において、こう言っている。
　　　根拠は、たとえ在ったとしても、その根拠の根拠は、と尋ねていけば、いずれ間もなく尽きるであろう。そしてその暁には、私は、根拠無しに、行為するであろう。（211節）
　　　もし私が正当化をし尽くしてしまえば、そのとき私は、硬い岩盤に到達したのである。そしてそのとき、私の鋤は反り返っている。そのとき私は、こう言いたい。「私はまさにそのように行為するのである。」（217節）
　　　私は規則に盲目的に従うのである。（219節）

　ここで、人はこう問うかもしれない。我々は、命令に従うに先立って、［命令の］言葉を解釈するのではないか。［これに対する答えは、こうである。］或る場合には、命令に従うに先立って、解釈と呼ばれるかもしれない或る事をする、という事を見出すであろうが、或る場合には、そういう事を見出さない。

　言語の働きと結合した或る決まった心的過程があり、それを通してのみ言語は機能するように見える。かく言うときに私の念頭にあるのは、［言語を］理解する心的過程や［言語で何かを］意味する心的過程［など］である。我々の言語の記号は、それらの心的過程が無くては、死んでいるように見える。そして、記号の唯一の機能は、それらの心的過程を引き起こす事であり、それらの心的過程こそが、我々が真に興味を持つべきものであるように

見える。そういう訳であるから、もし君が、名前とそれが名指すものの間の関係はどうなっているのか、と問われたならば、君は、その関係は心理的なものである、と答える傾向にあろう。そしておそらく君がそう言う時、君は特に連想のメカニズムを考えるのである。――我々は、こう考えたくなるものである。言語の働きは、二つの部分から成り立っている。即ち、記号を操作する無機的部分と、記号を理解し、［記号に］意味［を付与］し、記号を解釈し、［記号で］思考する、［等］と言い得る有機的部分である。後者の一連の活動は、奇妙な種類の媒体――心――の中で起きると思われる。そしてその心のメカニズムは、その本性は全く分からない、と思われるのだが、いかなる物のメカニズムにも不可能な事を成し遂げ得るのである。例えば、（そのような心的過程である）思考は、現実と一致したり不一致であったりし得る。また私は、存在しない人について、考える事が出来る。そして、たとえ彼が数千マイルも遠くにいようと、或いは、既に死んでいようと、私は、彼を想像する事が出来、彼についての記述の中で、「彼を意味する」事が可能なのである。人は、こう言うのではないか。「決して起きないであろう事を願望し得るとは、願望のメカニズムの何と奇妙な事よ。」

　思考過程のこのような神秘的外見を、少なくとも部分的には避ける一つの道がある。それは、そのような過程において、想像のいかなる働きをも現実の物を見る行為によって置き換える、という事である。例えば、少なくとも或る場合においては、私が「赤い」という語を聞いて理解するとき、私の心には赤［い染み］の像（イメージ）がなければならないという事は、本質的であると思われる。しかし何故私は、［その］赤い染み［の像（イメージ）］を［心で］想像するという事を、赤い紙片を［肉眼で］見るという事で、置き換えてはならないのか。［置き換えても、問題はない。］［違いは、肉眼で見る］視覚像のほうがもっと鮮明である、というだけであろう。

　色の名前が色の見本と対応づけられている紙を、いつもポケットに入れて持ち歩いている人を想像しよう。人は言うかもしれない。そのような見本表を身につけて持ち歩くという事は、厄介ではないか。そして我々は常に、見本表の代わりに、［色の名前から色への］連想のメカニズムを使用しているのではないか。しかし、その言い分は、見当違いである。そして多くの場合に、それは、真ではない。例えば、もしも君が「プロシャン・ブルー」と呼

ばれる特殊な色合いの青を塗るように命令されたとすれば、君は、「プロシャン・ブルー」という語から、君が使う色見本としての役割を果たす色見本へと君を導く見本表を、用いざるを得ないであろう。

　我々の目的にとって、想像のいかなる［心的］過程でも、それらを、或る［物的］対象を見る過程によって、或いは、或る［物的］対象を絵に描く、作図する、更には、或る［物的］対象の模型を作る、といった事で置き換える事に、全く何の問題もない。そしてまた、［心の中で］自らに語る［内語の］いかなる過程でも、それらを声に出して語るとか［誰の眼にもふれるように］書くという事によって置き換えても、全く何の問題もないのである。

　フレーゲは、数学についての形式主義の考え方を、形式主義者は記号という重要でないものを意味という重要なものと混同した、と言って嘲笑した。確かに人は、数学は紙の上に書かれたものを扱うのではない、と言いたい。フレーゲの考えは、こう表現される事が出来よう：数学の命題は、もしそれが単に複雑に書かれたものに過ぎないのであるならば、死んでおり、全く興味がわかないが、しかしそれは、明らかに一種の生命を持っている。そして勿論それと同じことが、［一般の］いかなる命題にも言われ得るであろう。［即ち、］意味無しでは、或いは、思想無しでは、命題は全く死んでおり、つまらぬものであろう。そして更に、無機的な記号を幾ら付け加えても、命題を生かす事が出来ないのは、明らかであると思われる。人がこの事から引き出す結論は、こうである。死んだ記号を生きた記号にするために、その死んだ記号に付け加えられるべきものは、あらゆる単なる記号とは違った性質を持った非物質的な何かである。

　しかし、もし我々が、記号の命であるその或るものを言わねばならないとすれば、我々は、その或るものとは記号の<u>使用</u>（use）である、と言わねばならないであろう。

　もしも記号の意味（meaning）（雑に言えば、記号にとって重要なもの）は、我々が記号を見たり聞いたりした時に、我々の心に立ち上がる像であると考えたくなる時には、我々は先ず、この心的像を何らかの［肉眼で］見られる外的対象——例えば、［２次元的に］描かれた像、或いは、［３次元的に］作られた像——によって置き換えるという、我々が先に描いた方法を採用すればよい。そうすれば、何故、書かれた記号だけでは死んでいるという

のに、書かれた記号プラス［例えば］描かれた像は生きている、という事になるのか。［勿論、そんな事はない。したがって、意味とは心的像である、という考えは成り立たない。］——事実、君が心的像を、例えば、描かれた像によって置き換えると考えるやいなや、そしてそれによって、心的像というものがその神秘的性格を失うやいなや、心的像というものがそもそも文に生命を与えるなどとは、思われなくなるのである。（君の目的のために君が必要としたものは、実は、心的過程の神秘的性格だけだったのだ。）

　我々がしがちな過ちは、こう表現され得るであろう。我々は記号の使用を探し求めるのであるが、しかし我々はそれを、あたかも記号と共に存在している対象であるかの如くに［考えて］、探すのである。（我々がこの過ちを犯す一つの理由は、またしても我々は「［「使用」という］名詞に対応するもの」を探している、という事である。）

　記号（文）はその意義（significance）を、記号のシステムから——それが属する言語から——得るのである。一言で言えば、記号（文）を理解するという事は、［それが属する］言語を理解するという事を意味しているのである。

　人は、こう言う事が出来よう。文は、［それが属する］言語体系の一部として、生命を持つ。しかし人は、文に生命を与えるものとして、その文に随伴している［心という］神秘的領域の中の何か或るものを想像しがちなのである。しかし、文に随伴しているものは、何であれ、我々にとっては［もう一つ］別の記号に過ぎないであろう。

　一見したところ、思考にその特異な性格を与えるものは、思考は一連の［——物的ではなく——］心的状態である、という事にあるように思われる。そして思考に関し、奇妙であり且つ理解が困難である点は、それが［我々の］心という媒体の中で起きる過程——おそらく、この媒体の中でのみ起きる過程——である、という事であるように思われる。ここで自然に思い浮かぶ比較は、心という媒体と、例えば、アメーバの細胞の原形質との比較である。我々は、アメーバの或る行動を観察する。それは、腕を伸ばして餌を捕るとか、似た細胞に分裂し、それぞれが成長して、もとの細胞と同じように振る舞う、といったものである。我々は、こう言う。「そのように行動するとは、原形質には何と奇妙な性質があることよ。」そして、おそらく我々は

更にこう言う。いかなる物理的機構も、そのように振る舞う事は出来ないであろうし、且つ、アメーバの機構は［物理的機構とは］全面的に異なった種類のものであるに違いない。同様に我々は、「心の機構は、心がする事をする事が出来るためには、最も特殊な種類のものでなくてはならない」と言いたくなる。しかし、ここにおいて我々は、二つの間違い*を犯している。何故ならば、思想や思考に関し、我々が奇妙であると思うのは、思想や思考は、［それが原因となった、］我々が未だ（因果的に）説明出来ない奇妙な結果をもたらすから、では全くないのであるから。換言すれば、我々の問題は、科学的なものではない。それは、問題として感じられる混乱、なのである。

　　＊「二つの間違い」とは、「思考は一連の心的状態である」という事と、「それ（思考）が心という媒体の中で起きる過程である」という事の、二つを指しているのだと思われる。

　我々は、言うならば、心の働きを説明するであろうモデル、即ち「心-モデル」を、心理学的研究の成果として構成しようとしたのだ、と想定しよう。このモデルは、エーテルの力学モデルが電気理論の一部で有り得るのと同じ仕方で、心理学理論の一部で有り得るであろう。（ちなみに、そのようなモデルは、常に、理論を表現する方法の一部である。その［ようなモデルを用いる］利点は、［そうすると、］理論が一目見て了解され、記憶しやすい、という事であろう。モデルは、或る意味で、純粋理論に着物を着せるのだ、と言われて来たが、［ここに言う「純粋理論」、即ち］裸の理論とは、文とか方程式の事である。この点については、後に、もっと詳しく検討されねばならない*。）

　　＊この事は行なわれなかったのではないか。

　観察される心の活動を説明するためには、そのような心-モデルは、非常に複雑に込み入っていなくてはならないであろう事が、分かるかもしれない。そして、そのために我々は、心を、奇妙な種類の媒体と呼ぶかも知れない。しかし、心のこの側面には、我々は関心がない。心のこの側面が提起するかもしれない諸問題は、心理学の問題であって、それらを解決する方法は、自然科学の方法なのである。

　さて、もし我々の関心事が、［心の活動とそれがもたらす結果の］因果結

合ではないとすれば、心の活動は、我々の前に隠される事なく存在する事になる。そして我々が思考の本性について困惑するとき、――［心という］媒体の本性についての困惑であると、我々が誤って解釈した――その困惑は、［実は、］我々が言語を神秘化して［（名詞に神秘的機能を付与して）］使用する事によって、引き起こされているのである。この種の誤りは、哲学においては、繰り返し繰り返し起きている。例えば、我々が時間の本性について困惑するとき、そして、時間が我々に奇妙なものと思われるときが、そうである。我々は、ここ［（時間）］には――外からは見る事が出来ても中を覗く事は出来ない――或るものが隠されている、と考えるように、最も強烈に誘惑される。にもかかわらず、［時間に］そのようなものが隠されている、などという事は、全く事実ではない。我々が知りたいと思う事は、時間についての［隠された］新しい事実ではない。我々の関心事は、全て我々の前にあって、何も隠されてはいない。［『哲学的探求』559 節参照。］しかし、「時間」という名詞の使用が我々を惑わすのである。もしも我々が「時間」という名詞の文法を洞察するならば、我々は、こう感じるに違いない。人が時間の神秘性を心に描いたという事は、否定とか選言の神秘性＊を［もしも］心に描く事が［あるとすれば、それは］驚くべき事であると同様に、［あってはならない］驚くべき事なのである。

　＊「否定」とか「選言」という名詞に惑わされて、否定とか選言を対象化し、
　　それに対応する事を世界の中に探すならば、大変奇妙な事になる。

　したがって、思考は「心の活動」である、と言う事は誤解を招く［であろう］。我々は、思考は本質的に記号を操作する活動である、と言う事が出来よう。この活動は、我々が書く事によって考えるときには、手によって行われ、話す事によって考えるときには、口と喉（声帯）によって行われる。しかし、もしも我々が、記号や絵を想像する事によって考えるときには、我々は、［本質的に記号を操作する活動である］思考の主体を与える事は出来ない。もし君が、そのような場合には心が考えるのだ、と言うとすれば、私は君の注意を、君は比喩を用いているのだ、という事実に向けさせるだけであろう。君がそう言う場合には、心は、手が書く場合の主体であると言い得る意味とは違った意味で、主体であるのだ。［手が現実にあるように、心も現実にある訳ではない。］

またもし、我々が思考が生起する場所について云々するときには、我々は、その場所は、その上に我々が［記号を］書く紙である、或いは、話す口である、と言う権利を有する。そして、もしも我々が、思考の場所として、頭あるいは脳について語るとすれば、この場合には、「思考の場所」という表現が違った意味で用いられているのである。では、頭を思考の場所と呼ぶ理由は何か、という事について検討しよう。［思考の場所は頭である、という］この表現形式を批判するのが、或いは、［思考の場所は頭である、という］この表現形式は不適切である、という事を示すのが、我々の意図ではない。我々が為すべき事、それは、その表現形式の働きを──［即ち、］その表現形式の文法を──理解する事、例えば、その表現形式の文法は、「我々は口で考える」とか「我々は紙の上の鉛筆で考える」といった表現［形式］の文法と、どんな関係を有するのかを見る事、これである。

　我々に「思考［や思想］の場所は頭にある」と言う、こんなに強い傾向がある主な理由は、おそらくこうである。［例えば、書きながら思考する、思想を話す、等々、のように、］「思考」とか「思想」とかいう語は、「書く」「話す」等々といった、（身体的）活動を指示する語と一緒に存在するので、この事が我々に、「思考」［とか「思想」］という語に対応する活動、しかも、「書く」とか「話す」とかいった（身体的）活動とは違うが類似している活動、を探させるのである。日常言語においては、我々は、［複数の］語が一見したところ類似した文法を持っているときには、それらの語を類似して解釈しようとしがちなのである。即ち我々は、そのようなときには、隅々まで類似しているとしがちなのである。──我々は、こう言う。「思想は、文と同じではない。何故ならば、全く違った英語の文とフランス語の文が、同じ思想を表し得るのであるから。」さて、文は或る所にあるのであるから、我々は［その文が表す］思想のある場所を探す。（これは丁度、チェスの駒のセットに入っているキングの木片には場所があるのであるから、チェスの規則が扱うキングにも場所があるはずだ、と考えて、その場所を探すようなものである。）──我々は、こう言う。「確かに思想は、或るものである。それは、ないものではない。」これに対して、人が言い得る事は、こういう事のみである。「思想」という語は、「文」という語の使用とは全く異なった種類の使用を有している。

では、この事は、思想が生ずる場所について語る事は無意味である、という事を意味するのか。勿論、そうではない。「思想が生ずる場所」という句は、もし我々がそれに意味を与えるならば、意味を持つのである。もし我々が「思想は我々の頭の中に生じる」と言うとき、［冗談ではなく、］真面目に理解されたこの文の意味は、何であろうか。それは、私が思うに、こういう事である。我々の思想に対応して、或る生理的過程が［我々の頭の中に］存在し、そして、もし我々がその対応関係を知るならば、我々は、その生理的過程を観察する事によって、［それに対応する］思想を知る事が出来る。しかし、いかなる意味で、生理的過程が思想に対応すると言われ得るのか。そして、いかなる意味で、我々は脳の観察から思想に達すると言われ得るのか。

　我々は、［思想と生理過程の］対応関係が実験的に検証されている、と想像してみよう。そこで、そのような実験を大ざっぱに想像してみよう。それは、被験者が考えている時に彼の脳を観察する、というものである。ここで、君は考えるであろう。私の説明はうまく行きそうにない。何故なら、勿論、被験者が自分の思想を何らかの仕方で表現して伝えてくれる事によってのみ、実験者は被験者の思想をただ間接的に知るのであるから。しかしこの困難は、被験者が同時に実験者であると想定する事によって、取り除かれるであろう。実験者が彼自身の脳を、例えば、鏡で観察するのである。（この記述が粗略であるという事は、議論の有効性を些かも損ないはしない。）

　では、君に質問しよう。この被験者-実験者は、一つのものを観察しているのか、それとも、二つのものを観察しているのか。（彼は、一つのものを、内側と外側の両面から観察しているのだ、などと言ってはならない。何故なら、そう言っても、困難は取り除かれはしないから。我々は、後に[1]、内側と外側について語るであろう。）被験者-実験者は、二つの現象の相関関係を観察しているのである。その一つを、彼は恐らく、思想と呼ぶ。これは、イメージや器官を通しての諸感覚の一つながり、或いはまた、彼が文を書いたり言葉を発したりするときの、様々な視覚的、触覚的、筋肉的感覚の一つながりで、成り立っているであろう。――もう一つは、彼の脳の働きである。これら二つの現象は、「思想の表現」と呼ばれてもよいであろう。そして、「思想それ自体はどこにあるのか」という問いは、混乱を予防するために、

無意味であるとして退けられた方がよいであろう。しかし、［これに対し、］もしも我々が「思想は我々の頭の中にある」という表現を［文字通りの意味で］あえて使うとすれば、我々はこの表現に、「思想は我々の頭の中にある」という仮説を正当化するであろう経験――即ち、我々が「思想を我々の脳の中に観察する」と呼びたい経験――を記述する事によって、意味を与えたであろう。

 1. 25頁と73頁以下を見よ。

 我々は、「場所」という語は多くの異なった意味で用いられる、という事を忘れやすい。更にまた我々は、或るものには、多くの異なった種類の言明――それは、特殊な場合には、［語の］一般的使用法に違反する事なく、そのものの場所を指定すると言われ得る言明であるが――が存在する、という事をも忘れやすい。例えば、視野について、その場所は我々の頭の中である、と言われた事がある。そして私は、人がそう言うように誘惑されるのは、一つには、文法的誤解によるのだ、と考える。

 私は、こう言う事が出来る。「私には、私の視野の中で、塔の姿の右に木の姿が見える。」或いは「私は、視野の中央に、木の姿を見ている。」そうすると、我々はこう問いたくなる。「それでは、君はどこに視野［そのもの］を見ているのか。」さて［この場合］、もしも「どこに」という語で、木の姿の場所を問うときの意味で、［視野そのものの］場所を問う事が意味されているならば、私は君に、君はまだこの問に意味を与えていない、という事実について、注意させるであろう。即ち君は、文法的類比によって［、木の姿の場所から視野そのものの場所へと］進んで来たのであるが、その類比は［未だ］詳細な吟味が行われていないのである*。

  *似た事例に、こういう事がある。或る座標系の中での点の位置は、座標(a,b)で示され得るが、その座標系そのものの位置は、その座標系では示され得ない。

 私は、「我々の視野は我々の頭の中にある」という考えは、文法的誤解から生じたのだ、とは言うけれども、私は、我々はそのような場所の指定に意味を与える事は出来ない、と言うつもりはない。我々は、例えば、そのように言う事によって記述すべき経験を、容易に想像する事が出来る。こういう場面を想像しよう。我々は、この部屋の中で一群の物に注目している。そし

て、我々がそれらに注目している間に、探り針が我々の脳に差し込まれる。そして、もしもその探り針の先端が我々の脳の或る特定の部位に達すると、我々の視野の或る特定の小部分が、それによって消える、という事が発見されたのである。こうして我々は、我々の脳の様々な点を視野の様々な点に対応づける事［が出来るよう］になる。そしてこの事は我々に、視野は我々の脳の中でしかじかの場所に位置付けられた、と言わせるであろう。そうすれば、今もし我々が「君はこの本の姿をどこに見るか」と問われるならば、答えは（先の例のように）「あの鉛筆の右に」とか「私の視野の左手の方に」であろうが、しかし、「私の左目の３インチ後ろに」という事もあり得るのである。［この意味で、「我々の視野は我々の頭の中にある」と言えない事はないのである。］

　しかし、もし或る人が「確かに私は、視覚像が私の鼻の付け根の２インチ後ろにある、と感じる」と言ったとすれば、どうであろう。──我々は、何と彼に答えるべきなのか。我々は、彼は真実を語っていない、或いは、そのような感じなど存在し得ない、と言うべきなのか。もしも彼が我々に「君は、存在する全ての感じを知っているのか。君は、そのような感じなど存在し得ない、という事を、どうして知っているのか」と問うたとすれば、どうであろう。

　もしも水脈占い師が我々に、［ここで］占い棒を持つと、［私は手に、］水脈が地下３フィートにあると感じる、と言うとすれば、どうであろう。或いは、銅と金が混ざった鉱脈が地下３フィートにあると感じる、と言ったら、どうであろう。［そんな事ある訳ないではないか、という］我々の疑いに対し、彼はこう答えたとしよう。「君は、長さを見れば、それを見積もる事が出来る。［それなのに、］何故私は、長さを見積もる違った方法を持っていてはいけないのか。」

　もしも我々が、そのような［我々とは違った］見積もり方法を理解するとすれば、水脈占い師の言う事に関する我々の疑いの本性が、明らかになるに違いない。そしてまた同様に、「確かに私は、視覚像が私の鼻の付け根の２インチ後ろにある、と感じる」と言った人の言う事に関する我々の疑いの本性も、明らかになるに違いない。

　「この鉛筆は５インチの長さである」という言明と、「私は、この鉛筆は５

インチの長さである、と感じる」という言明がある。ここで我々は、第一の言明の文法と第二の言明の文法の関係を、明らかにしなくてはならない。我々は、水脈占い師の「私は手に、水脈が地下３フィートにあると感じる」という言明に、こう答えるであろう。「私には、それが何を意味しているのか、分からない。」しかし、彼はこう言うのではないか。『勿論君は、それが何を意味しているのか、知っているに違いない。君は「地下３フィート」が何を意味しているかを知っている。そして、君は「私は……と感じる」が何を意味しているかをも知っているのではないか。』しかし私は、彼にこう答えなくてはならない。私が、或る語が何を意味しているかを知るのは、或る文脈においてなのである。私が「地下３フィート」という句を理解するのは、例えば、「測定してみたら、水が地下３フィートを流れている事が分かった」、「もしも我々が地下３フィートまで掘れば、水脈に突き当たるであろう」、「水脈の［存在する］深さは、見たところ、地下３フィートである」といった文脈において、なのである。しかし私には、「手に、水脈が地下３フィートにあると感じる」という表現の使用は、説明されなくては理解出来ない。

　我々は、水脈占い師に、こう問う事が出来よう。『君は、「３フィート」という語の意味を、どう習ったのか。我々の想定では、３フィートの長さが示される事によって、３フィートの長さを測る事によって、等々、であろう。君はまた、水脈が地下３フィートにあるときの、例えば、手の感じを、［水脈が地下３フィートにあるという事とは独立に、］述べる事をも教わったのではないか。何故ならば、もしそうでないならば、どうして君は手の感じを、「地下３フィート」という語に結び付ける事が出来ようか。』我々はこれまでは長さを、目測で測り、決して指を伸ばして［、親指の先と小指の先の距離を単位にして］は測らなかった、としよう。［その場合、］どうして我々は、そのような「指伸ばし」によって、長さをインチ単位で見積もる事が出来ようか。即ち、どうして我々は、そのような「指伸ばし」の経験を、インチ単位で解釈する事が出来ようか。問題は、こうである。例えば、そのような「指伸ばし」の感覚と、ヤード尺を当てて測る経験の間に、どんな結び付きがあるのか。この結び付きが、「或る物の長さが６インチであると感じる」という事が何を意味するのかを、我々に示すであろう。水脈占い師が、こう

言ったと想定しよう。『私は、手の感じを水脈がある地下の深さに関係づける事を、一度も習わなかったが、しかし私は、手に或る緊張感を感じると、「3フィート」という語が私の心に浮かぶのだ。』これに対する私の答えは、こうでなくてはならない。『これは、「手に、水脈が地下3フィートにあると感じる」という表現によって君が意味している事についての、完全に良い説明である。そして、君はそう感じる、という言明の意味は、君が与えた説明以上でも以下でもないのである。そして、もしも実際に、水脈が存在する現実の深さが、常に、君の心に浮かぶ「nフィート」という語と一致するならば、君の心に「nフィート」という語が浮かぶという経験は、水脈が存在する深さの決定にとって、非常に有用であろう。』——しかし、「私は、水脈が地下nフィートに存在すると感じる」という言葉の意味は、説明されねばならない。それは、「nフィート」という語の意味が、通常の意味では（通常の文脈では）知られているときでも、知られていなかったのであるから。——我々は、「私は、視覚像が私の鼻の付け根の2インチ後ろにある、と感じる」と言う人は、嘘をついている、或いは、無意味な事を述べている、とは言わない。しかし我々は、そのような文の意味は理解する事が出来ない、と言う。そのような文は、良く知られている言葉の結合である。しかし、我々には理解出来ない仕方での結合、なのである。そのような文の文法は、やはり、我々に説明されねばならないのである。

　水脈占い師の答え*を調べる事の重要性は、我々はしばしば、もしも我々が「私は、Pである、と感じる（又は、信じる）」と［有意味に］確言するならば、それだけで我々は、言明Pに意味を与えていると考える、という事実にある。（我々は、後に、「ゴールドバッハの定理は［有意味な］命題である、何故ならば、私は、それが真である、と信じる事が出来るから」というハーディー教授の言について、述べるであろう[1]。）我々が既に述べたように、「3フィート」という語の意味が、単に通常の仕方でのみ説明されているのならば、「水脈が地下3フィートにあると感じる」という句の意味は、未だ説明されてはいないのである。さて［しかし］、もしも水脈占い師が、例えば、彼が或る特殊な感じを持った時はいつでも水脈を目指して掘って行き、そしてそうやって、彼はその特殊な感じと水脈が存在する深さの測定値を相関づけ、そうする事によって彼は、その或る感じから水脈の深さを見積

もる事を学んだのだ、と言ったとすれば、我々はそのような困惑［──「水脈が地下3フィートにあると感じる」という句の意味は理解出来ない、という困惑──］を感じなかったに違いない。さて我々は、見積もる事を学ぶ過程と見積もりの行為の関係を検討しなくてはならない。この検討が重要なのは、それが、語の意味の学習とその語の使用の関係に適用されるからである。或いはもっと一般的に、その検討は、与えられた規則と規則の適用の間の様々な可能な関係を示すからである。

 ＊「水脈占い師の答え」とは、先の「君は、長さを見れば、それを見積もる事が出来る。［それなのに、］何故私は、長さを見積もる違った方法を持っていてはいけないのか。」であろう。
 1．この約束は、果たされていない。

 さあ、目測で長さを見積もる過程について、考えよう。我々が「目測による見積もり」と呼ぶ過程には、非常に多くの種類がある。この事をしっかりと自覚しておく事は、非常に大切である。
 こう言う場合を考えよう。──
(1) 或る人がこう問う。「どうやって君は、このビルの高さを見積もったのか。」私は答える。「それは4階建である。私の推定では、各階は約15フィートの高さがある。したがって、このビルの高さは約60フィートであるに違いない。」
(2) 他の場合。「私は、あの距離での1ヤードはどの位に見えるかを、だいたい知っている。したがって、それは約4ヤードであるに違いない。」
(3) また、他の場合。「私は、ほぼこの点にまで達する背の高い人を想像出来る。それ故その点は、地上約6フィートであるに違いない。」
(4) 或いは、また他の場合。「私は［何故か］知らないが、それは丁度1ヤードに見える。」

 この最後の場合は、我々を惑わすかもしれない。もしも君が「その人が長さを見積もったとき、その場合は何が起こったのか」と問うならば、正しい答えはこうであろう。『彼は物を注視し、そして言った「それは1ヤードの長さに見える」。』これが、この場合に生じた事の全てであろう。

 先に我々は、次のように言った。もしも水脈占い師が我々に、彼は水脈の

深さを見積もる仕方を学んだのだ、という事を告げてくれるならば、我々は彼の答え＊に困惑する事はなかったに違いない。さて我々は、見積もり［の仕方］を学ぶという事を、大ざっぱに言って、［現実の］見積もり行為に対し、二つの異なった関係で見る事が出来る。即ち、［現実の］見積もり［行為］という現象の原因として、或いは、我々に、見積もり［行為］をするときに使用する規則（表、図表、等々）を与えるものとして。

＊前出の＊と同じ。

　私が或る人に「黄色」という語の使用を、繰り返し黄色い染みを指してはその語を発音する、という事によって教えるとしよう。［そしてその後、］或る機会に私は、彼に、「この袋の中から黄色い玉を選び出せ」という命令を与える事によって、彼が習った事を適用させるとする。彼が私の命令に従ったとき、何が起こったのか。私は、こう言う。多分それは、まさに、こういう事である。即ち、「彼は私の言葉を聞いた。そして、袋の中から黄色い玉を選び出した。」さて君は、多分それが事の全てではあり得ない、と考えたくなるのではないか。君が示唆するであろう事は、こういう種類の事である。即ち、「彼は、命令を理解したとき、何らかの黄色いものを想像した。そして彼は、彼が想像したそのイメージに従って、玉を選んだのだ。」そういう種類の事は必要ではない、という事を見るために、私は彼に「黄色い染みを想像せよ」という命令を与える事も出来た＊、という事を思い出してほしい。それでも君は依然として、こう想定したいのであろうか。「彼は、私の命令をまさに理解して、先ず黄色い染みを想像し、そしてその次に、その想像された黄色い染みに合う［第二の］黄色い染みを想像する。」（さて私は、このような事は不可能である、と言っているのではない。ただ、上記のように考えれば、このような事は起きる必要がない、という事がすぐにわかる。ちなみに、この議論は哲学の方法を実例で示している。）

＊6頁を参照。但し、そのときは「赤い染み」であったが。

　もし我々が「黄色」という語の意味を、ある種の直示定義（その語の使用法の規則）＊が与えられる事によって教えられるとすれば、この教育は、二つの異なった仕方で見られる事が出来る。

＊「定義」は「使用法の規則」即ち「使用規則」である。念のため。

　A．この教育は訓練である。この訓練が原因となって、その結果、我々に

おいて、黄色のイメージや黄色い物が［それ自体は黄色くない］「黄色」という語と結合するのである。という訳で、私が彼に「この袋の中から黄色い玉を選び出せ」と命令すると、「黄色」という語が、黄色のイメージ、或いは、黄色い玉に彼の眼が留まったときの認識の感じを、彼に呼び起こすであろう。この場合、教育の訓練は心的メカニズムを作り上げた、と言われてよいであろう。しかし、そのように言う事は、単に、仮説かさもなくば比喩に過ぎないであろう。我々は教育を、スイッチと電球を電気的に結合する事と、比較する事も出来よう。そして、この結合が具合いが悪くなるとか、破壊される事に並行しては、語の説明あるいは意味を忘れた、と我々が言うところのものが存在するのである。（我々は、「語の意味を忘れる」という事の意味について、更に語らなくてはならない[1]。）

1. しかし、この事は実行されなかった。

この教育が、［語とイメージや物との］結合を作り出し、［更にその結合を通して、語が］認識の感じ、等々、を呼び起こす限りにおいて、この教育は、［命令を］理解し、［命令に］従う、等々、といった現象の原因である。しかし、［この教育が］これらの結果をもたらすためには、［語とイメージや物との結合を作り出す］この教育過程が必要でなくてはならない、という事は、一つの仮説である。この意味で*、［命令を］理解し、［命令に］従う、等々、といった過程の全てが、かつて言語が教えられる事無しに**生じた、という事は、考えられ得る事なのである。（これは、今のところ、極めてパラドックス的であると思われようが。）

　＊「〜は、一つの仮説である」という事は、〜が成立するかしないかは、経験によって決められるのであって、〜が成立しない事も論理的には有り得る、という事を意味している。そして「この意味で」という事。

　＊＊「言語が教えられる事無しに」という事は「言語無しに」という事ではない。念のため。

B．この教育は我々に、［命令を］理解し、［命令に］従う、等々、といった過程の中に含まれる規則を、与えるかも知れない。但し、ここで言う「含まれる」という事は、その規則の表現が、［命令を］理解し、［命令に］従う、等々、といった過程の一部を構成する、という意味である。

我々は、「規則に合致した過程」とでも呼べるものと、（今述べた意味で）

「規則を含んだ過程」とでも呼べるものとを、区別しなくてはならないのである。

　一例を挙げよう。或る人が私に、基数［（ここでは、自然数と考えてよい）］を平方する（2乗する）事を教える。彼は［その後で］数列

1　　2　　3　　4

を書き、私にこれらの数を2乗する事を求める。（この場合にも私はまた、「心の中で」起きるいかなる過程をも、紙の上での計算の過程で置き換える事にする。）そこで私は、それぞれの数の下に、次のように書くとしよう。

1　　4　　9　　16

私が書いたこれらの数は、2乗の一般的規則と合致している。しかしそれらは、明らかに、それ以外の沢山の規則とも合致している。しかもそれらは、それらが合致している多くの規則の中で、あの規則よりもこの規則により良く合致している、などという事はない。先に我々は、［命令を理解し、命令に従う、等々、といった］過程の中に含まれる規則について語ったが、その意味では、［今問題の］どの規則も、2乗するという過程の中には含まれて<u>いない</u>。私は、結果を得るために、1×1，2×2，3×3，4×4，という計算をしたとしよう。（この場合は、計算を紙に書いて。）その計算は、再び、多くの規則と合致するであろう。他方、私は、結果を得るために「2乗の規則」と言われ得るものを、例えば代数的に、書いたとしよう*。この場合には、この規則は、［2乗するというこの計算過程の中に］含まれているが、他の規則は含まれていない。

　　＊例えば、$(a+b)\times(a+b)=a\times a+a\times b+b\times a+b\times b$ が考えられる。但し、この他に自然数の定義とか一般的な分配の法則なども必要であろう。各自で考えてみて欲しい。

　もし私が、或る規則の記号が或る計算［過程］の一部分を構成している、と表現したいようなときには、我々は、その規則は［計算せよという命令を］理解し、［その命令に］従う、等々、［というその計算過程］の中に<u>含まれている</u>、と言うのである。（我々は、その理解し計算するという過程がどこで起きるのか、という事については、興味がない。したがって我々としては、計算は全て紙の上で行われるのだ、と想像する事が可能なのである。我々は、内と外の違いには、関心がない。）

Bの場合の典型的な例は、[命令や規則を]理解し[それに]従う、等々、[といった過程]の中で実際に使用される表が、教育によって我々に与えられる、という事例である。もし我々がチェスをする事を教えられるならば、我々は、チェスの諸規則を教えられるであろう。[しかし、]その上で我々がチェスをするとき、それらの規則は、チェスをするという行為[自体]の中に含まれる必要はない。しかし、含まれるかもしれない。例えば[駒の動きに関する]規則が表の形で、こう表現された、と想像しよう。駒の形が縦に並べて描かれ、それに[対応して]平行に、それぞれの駒の「自由度」（許される動き）を示した図が、並べて描かれている。さて、チェスをする仕方には、その表の上で、駒の形からその駒の「自由度」の図へと指で辿り、それからその駒を動かす、という事が含まれている、としよう。

　我々の（[命令や規則を]理解したり、[それらに]従ったり、[また、]長さを見積もったり、等々、といった）その後の行為に対する、[因果的な]仮説的前史としての教育については、我々は考察しない。教えられ、そして、以後用いられる規則は、それが[現実に]適用される限りにおいてのみ、我々に興味がある。規則は、我々に興味がある限り、遠隔作用を行わない。

　私は、或る紙片を指さし、或る人に『この色を私は「赤」と呼ぶ』と言ったとしよう。その後で、私は彼に「では、ここに赤を塗ってくれ」と命令する。それから私は彼に、「何故君は、私の命令を実行して、まさにこの色を塗ったのか」と質問する。これに対する彼の答えは、こうであるかもしれない。（私が彼に与えた見本を指さしながら）「この[見本の]色が赤と呼ばれた。そして私が塗った色は、ご覧のように、この見本の色である。」彼はここで私に、彼が何故そのような仕方で命令を実行したのかの、理由を与えたのである。人が或る事をした或いは言った理由を与えるという事は、彼がその行為に至る道を示す、という事を意味している。人が或る事をした理由を与えるという事は、(1)或る場合には、そこに至るまでに彼自身が歩んだ道[（規則を含んだ道）]を語る事を意味し、(2)他の場合には、そこに至るまでの道、しかも、或る受け入れられて規則に合致している道、を記述する事を意味している。そのような訳で、「何故君は、私の命令を実行して、まさにこの色を塗ったのか」と質問されたとき、人は、この特殊の色合いの色[を

塗る］に至るまでに［彼自身が］実際に取った道を記述するであろう。もしも彼が、「赤」という語を聞いて、私が彼に与えた「赤」というラベルが付いた見本を取り上げ、そして、その見本と同じ色を塗ったならば、彼は、この特殊の色合いの色を塗るに至るまでに［彼自身が］実際に取った道［(規則を含んだ道)］を、記述するのである。これに対し、彼は、「自動的に」或いは記憶像に基づいて、その色を塗ったかもしれない。［この場合は、彼がした事は規則に合致している。］しかし、何故その色を塗ったのか、という理由を問われるならば、彼は、やはり見本を指さし、そして、彼が塗った色はその見本の色と合っている、と言うであろう。［即ち、規則を含んだ記述をするであろう。］この後者の場合には、与えられた理由は、第二の種類*のものであろう。即ちそれは、事後的な理由付けなのである。

　＊「第二の種類」とは、事後的な理由付け、という事であろう。

　さて、もし人が、それに先立っての教育がないならば、命令を理解し、それに従う、という事はあり得ない、と考えるならば、彼は教育を、人が歩く道を与えるように、人がした事をする理由を与えるものだ、と考えているのである。ところで、もし命令が理解されそして従われるならば、それが従われる理由がなければならないし、そして実際、理由の連鎖は無限に溯る、という考えがある。この考えは、あたかも、人がこう言うようなものである。「君がどこにいようと、君は、どこか別な所からそこに来たに違いない。そして君は、その別な所へは、またどこか別な所から来たに違いない。等々と、この過程は無限に続く。」（他方、もしも君がこう言ったとしよう。「君がどこにいようと、君は、10ヤード離れた別な所からそこに来る事も出来た。そして君は、その別な所へは、またどこか別な第二の10ヤード離れた所から来る事も出来た。等々と、この過程は無限に続く。」こう言った場合には、君は、ステップを踏んで行く無限の可能性を強調したのであろう。ところで、［「無限の可能性」という観点から見ると、］理由の連鎖は無限に溯る、という考えは、以下のような考えに含まれている混同*と似た混同に、起因するのである。「或る長さの線分は、無限に多くの部分によって構成されている、何故ならば、それは、どこまでも分割可能であるから、即ち、分割の可能性には終わりがないから。」）

　＊この混同とは、「可能性と現実性の混同」であろう。

これに対し、もしも君が、現実の理由の連鎖には始まりがある、という事を自覚すれば、君は、命令に従う道には理由がない場合がある、という考えに、もはや反発しなくなるであろう。しかしながら、この［、理由がない場合がある、という］所で、他の混同が始まる。それは、理由と原因の混同である。人はこの混同に、「何故」という語の曖昧な使用によって、引きずり込まれるのである。即ち、理由の連鎖が終わりに来たとき、そして、それにも拘らず依然として「何故」という問いが問われるとき、人は理由に代わって原因を与えがちなのである。例えば、私の「私が君に赤を塗るように言ったとき、何故君はまさにこの色を塗ったのか」という質問に対し、君がこう答えたとしよう。「かつて私は、この色の見本を示され、そして同時に、私に「赤」という語が発せられた。それ故、［それ以降］私は、「赤」という語を聞くと、常にこの色が心に浮かぶのである。」この場合は君は、君の行為に対し、原因を与えているのであって、理由を与えているのではない。

　君の行為はしかじかの原因を有する、という命題は、仮説である。大ざっぱに言って、もしも君が、君の行為が［しかじかと言われる］或る一定の条件に対して恒常的に続いて起こる事を一致して示す、或る数の経験を持ったならば、君の行為はしかじかの原因を有する、という仮説は、十分によく基礎づけられている。［これに対し、］君が、或る言明をする、或る特定の仕方で行為をする、等々、の理由を知るためには、［しかじかの理由によって、これこれの事をする、という事を］一致して示すいかなる数の経験も、必要ではない。君の理由を述べる言明は、仮説ではないのである。「理由」の文法と「原因」の文法の違いは、「動機」の文法と「原因」の文法の違いに、全くよく似ている。我々は、こう言う事が出来る。「人は、原因については、知る事が出来ない。人は、それをただ推測出来るだけである。」これに対し、動機について語るときは、しばしばこう言われる。「私は、勿論、何故私はそれをしたのかを、知っていなくてはならない。」私が「我々は、原因は推測出来るのみであるが、動機は知っている」と言うとき、後に*、この言明は文法的な言明である、という事が分かるであろう。「出来る」は論理的可能性を意味しているのである。

　　＊ 49〜50頁。

「何故」という語の二重の使用――原因を求める「何故」の使用と動機を

求める「何故」の使用——は、「我々は我々の動機を、単に推測出来るというのではなく、知る事が出来るのだ」という考えと一緒になって、動機は、我々が直接気づく原因である、「内側から見られた」原因である、或いは、経験された原因である、という混同［——動機と原因の混同——］を引き起こす。——［正しくは、こうである。］理由を与えるという事は、君を或る結果に導いた計算を与えるようなもの、なのである。

　思考は本質的に記号の操作で成り立っている、という言明に立ち戻ろう*。私の言いたい点は、もしも我々が「思考は心の活動である」と言うならば、その事は我々に誤解を与えるであろう、という事であった。［「思考は心の活動である」という答えを引き出したであろう問い、即ち、］「思考はどんな種類の活動であるか」という問いは、「思考はどこで起きているか」という問に似ている。この問いに対しては、我々は、［その状況状況に応じて、］「思考は紙の上で起きている」、「思考は頭の中で起きている」、「思考は心の中で起きている」などと答える事が出来る。しかし、これらの答えのどれも、ここそがまさに思考の起きる場所である、といった或る一つの<u>決まった</u>場所を与えはしない。それらの答えは、［それぞれの状況においては、］どれも正しい。しかし我々は、それらの言語形式が似ているという事に惑わされて、それらの文法も似ている、などという間違った考えを持つようになってはならない。そして例えば、「確かに、思考の<u>真の</u>場所は我々の頭の中にある」などと言ってはならない**。同じ事が、思考は活動である、という考えにも当てはまる。［その状況状況に応じて、］「思考は我々の書く手の活動である」、「思考は喉の活動である」、「思考は頭の活動である」、「思考は心の活動である」などと言う事は、我々がそれぞれの文法を理解している限り、正しい。ここで極めて<u>重要</u>な事は、我々が、我々の表現の文法を誤解する事によって、何故、それらの内の特定の一つが思考活動の<u>真の座</u>を与える、などと考えてしまうのかを、しっかりと理解する事である。

　＊　11頁。
　＊＊　「それらの文法も似ている」と考えるからこそ、何らかの根拠から、それらの内の一つを、「<u>真の場所</u>」を与えるものと考えるのである。それらの文法が違っていれば、それぞれをそれぞれとして、そのまま認める外ないであろう。

［或る場合には、］思考は［我々の書く］手の活動である、などと言うと、反論があるであろう。人は、思考は我々の「私的な経験」の一部である、と言いたいのである。思考は、物質的なものではなく、私的な意識の中での出来事だ、というのである。この反論は、「機械が考える事は可能であろうか」という問いの中に、［インプリシットに］表現されている。私は、この論点については後に語る事にし¹、ここでは、ただ君の注意を、それと類似の問い「機械が歯痛を持つ事は可能であろうか」に向けさせる事にする。きっと君は「機械が歯痛を持つ事は不可能である」と言いたいであろう。私が今しようとする事は、君の注意を、君が「出来る（可能）」という語を使用するときの、その使用に向けさせ、そして君に、「君は、［「機械が歯痛を持つ事は不可能である」と言う事で、］我々の過去の全経験は、機械は決して歯痛を持たなかった、という事を示している、と言う事を意味していたのか」と問うだけである。［実は、］君の言う不可能性は、論理的不可能性なのである。問題は、思考（歯痛）と、考え、歯痛を持ち、等々、をする主体との関係はどうなのか、という事である。私は、今はこの点について、これ以上は言わない。

　1. この論点についての、幾らかの一層の所見については、79頁を見よ。

　もしも我々が、思考は本質的に記号を操作する事である、と言うと、［これに対する］君の最初の問いは、「［では、］記号とは何か」であろう。──この問いに対しては、私は、［「記号とは何々である」といった、］いかなる種類の一般的回答を与える事はせず、代わりに、我々が「記号を操作する」と呼び得る具体的事例をよく観察するよう、君に提案する。では、［記号として「言葉」をとり、］言葉を操作する単純な一例をよく見てみよう。私は、或る人に「リンゴ六つ八百屋から買って来てくれ」と命じ［、「リンゴ六つ」と書いてある紙片を渡すとす］る。彼がこの命令を果たす仕方を記述すると、以下のようであろう。彼は、「リンゴ六つ」と書いてあるその紙片を、店の人に渡す。店の人は、その紙片に書いてある「リンゴ」という語を、様々な棚のラベルと比較し、それが、その内の一つと一致する事を見出す。そこで店の人は、1から6まで数を数えながら、一つ数える毎に、その棚から果物を一つずつ取って袋に入れる。──これは、［言葉を操作すると呼び得る］言葉の一使用［例］である。以後私は、私が「言語ゲーム (language game)」と呼ぶものに、繰り返し君の注意を促す事になろう。それは、記号を使う仕方であるが、我々が我々の高度に複雑な日常言語の記号を使う仕方より、単純である。言語ゲームは、子供が言葉を使い始めるときの、言語形式である。言語ゲームの研究は、言語の原初的形式の、或いは、原初的言語の、研究である。もしも我々が、真偽の問題、［即ち、］命題と現実の一致・不一致の問題、［さらには、］主張、想定、疑問などの本性に関する問題［など］を、研究しようと欲するならば、我々は、原初的形式の言語を見る事によって、大きな利点が得られるであろう。何故ならば、そこにおいては、それらの思考形式が、高度に複雑な思考過程の混乱した背景を持たないで、現れるであろうから。我々がそのような単純な形式の言語を見るとき、我々の言語の日常的使用を覆っているかに見える心の霧が、晴れる。そして我々は［そこに］、くっきりとして明確な［言語の］活動や反応を見るのである。しかし他面において我々は、そのような単純な過程の中にも、我々のもっと複雑な言語形式とは断絶していない言語形式を、認めるのである。我々は、原初的形式から出発して、そこに新しい形式を順次付け加える事によって、複雑な言語形式を構築する事が出来る、という事を見るのである。

　さて、この線に沿った探求＊を困難にしているものは、我々の一般性への渇望である。

　　＊「この線に沿った探求」とは、「記号を操作するとは何か」とか、真偽の問題、命題と現実の一致・不一致の問題、そして、主張、想定、疑問などの本性に関する問題、などを研究しようと欲するときは、具体的な「言語ゲーム」に眼を注ぐ、という線に沿った探求の事であると思われる。

　一般性へのこの渇望は、特種な哲学的混乱と結び付いた幾つかの［思考］傾向が、合わさった結果である。——

　(a)　我々には、一般名辞に通常包摂されるものには、［一般名辞に包摂される以上、］それらの全体に共有されている何か［(本質)］が在る［に違いない］と考えて、その何かを探す、という傾向がある。——［そして］我々には、例えば、［「ゲーム」という一般名辞に包摂されている］全てのゲームには、［「ゲーム」という一般名辞に包摂されている以上、］何かが共有されていなくてはならないのであり、この共有されている何か——性質［(本

質）]──が、様々なゲームを「ゲーム」という一般名辞で包摂する事を正当化するのである、と考える傾向があるのである。ところが、[「ゲーム」という一般名辞に包摂されているにも拘らず、][様々な]ゲーム[と言われるもの]は、互いに家族的類似性を持っている<u>家族</u>を構成しているだけ[であって、何らかの性質を共有しているわけではないの]である。[例えば、]家族のメンバーの幾人かは同じような鼻を有し、他の幾人かは同じような眉毛を有し、また他の幾人かは今度は同じような歩き方を有し、という訳である。そして、これらの類似性は重なり合っているのである。[家族というものは、このような類似性──家族的類似性──を持ったメンバーで構成されているのである。][一般名辞が表す]一般概念というものは、それが適用される個々の事例に共有されている性質を表す、という考えは、言語構造[──と言うよりはむしろ概念構造──]に関する、別の原初的にして極めて単純な諸観念と繋がっている。[例えば]それは、<u>性質</u>というものは、その性質を有するものの<u>構成要素</u>である、という考えと対比可能なのである。[この考えによれば、]例えば、美というものは、アルコールがビールやワインの構成要素であるように、全ての美しいものの構成要素であり、したがって、我々は純粋な美を有する事も可能であろう、という事になる。というのは、純粋な美の品質が落とされたもの[──不純にされたもの──]が、[外ならぬ]美しいものなのであるから。[しかし勿論、純粋なアルコールなるものは存在し得るとしても、純粋な美なるものは存在し得ない。]

　(b)　我々の通常の表現形式に根を張った、或る[思考]傾向がある。それは、一般名辞──例えば「葉」──を理解する事を習った人は、それによって、個々の葉の像ではなく、葉の一種の一般像を獲得するに至ったのだ、と考える傾向である。彼は、「葉」という語の意味を習ったとき、様々な異なった葉を示された。彼に様々な異なった葉を具体的に示すという事は、「彼の中に」、我々が或る種の一般的イメージであると想像するところの、[葉の]或る観念を作り出す事を目的とする、一つの手段であったのだ。我々は、こう言う。[そうすると]彼は[そこに]、それらの葉の全てに共通な何かを見て取るのである。そしてそれは、もしも我々が[かく言う事によって]、彼は──問われれば──それらの葉の全てに共通な或る特徴とか性質とかを言う事が出来る、という事を意味するならば、真である。しかし我々

には、［或る種の一般的イメージであると想像されるところの、］葉の一般的観念とは、視覚像——しかも、全ての葉に共有されているもののみを含む視覚像——のような何かである、と考える傾向がある（ゴールトンの重ね写真）。この傾向は、再び、語の意味は、イメージ（像）である、或いは、語に対応するものである、という考えと結び付いている。（この事は、大ざっぱに言うと、我々は語をあたかも全て固有名のように見ている、という事を意味している。そしてそれは、名前の「担い手」と名前の「意味」の混同なのである。）

　(c)　また、我々が「葉」、「植物」等々、といった一般的観念を獲得するときに生じる事について、我々が有している考えは、仮説的な心的機構の状態という意味での心の状態と、意識の状態（歯痛、等々、）という意味での心の状態の混同と、結び付いている。

　(d)　一般性への我々の渇望は、以上とは別の主要な源泉を有している。それは、我々が科学の方法に呪縛されている事、これである。私が［「科学の方法」で］意味している事は、自然現象の説明を可能な限り少数の基本的な自然法則に還元する方法であり、そして数学においては、異なった主題の取り扱いを一般化を用いて統一する方法である。哲学者は常に、科学の方法を己が眼の前に見ているのであり、そして、科学が行うやり方で問を立てて答えるという誘惑に、抗し難いのである。この傾向が、形而上学の真の源泉であり、哲学者を全き闇に導くのである。私はここで言いたい。何かを何かに還元する事、或いは、何事かを説明する事、それは決して我々の仕事ではない。哲学は実際「純粋に記述的」なのである。（「感覚与件は存在するか」といった問いについて、考えよ。そして、問え。この問いに決着をつけるために、どんな方法が存在するのか。それは、内観か。）

　私はまた、「一般性への渇望」と言う代わりに、［同じ事を、］「個々の場合に対する軽蔑的態度」と言う事も出来たであろう。もしも或る人が、例えば、数の概念を説明しようとして、しかじかの定義はうまく行かない、或いは、まずい、何故ならば、それは、例えば、有限の基数にのみ適用されるから、と言うとすれば、私はこう答えるであろう。彼がそのような限定された定義を与える事が出来たという事は、ただそれだけで、その定義を我々にとって極めて重要なものとする。（エレガンスは、我々が求めるものではな

い。）一体、何故、有限な数と無限な数が共有するもの［の方］が、有限な数と無限な数を区別するものよりも、我々にとってより興味深くなければならないのか。［そんな事はない。］むしろ、私は、そんな問を立てるべきではなかったのだ。──有限な数と無限な数が共有するものは、有限な数と無限な数を区別するものよりも、我々にとってより興味深くはないのである。そしてこの事が、我々の思考の仕方を特徴づけているのである。

　論理学における、「より一般的なもの」と「より特殊なもの」に対する［、前者を尊重し後者を軽蔑する］態度は、「種類」という語の、混同を起こしがちな［二つの］使用法と結合している。我々は、数の種類、命題の種類、証明の種類、について語る。そしてまた、リンゴの種類、紙の種類、等々、についても語る。或る一つの意味では、種類を決める［（分類する）］のは、甘さ、堅さ、等々の性質である。他の意味では、異なった種類は異なった文法的構造である。［即ち、種類を決める［（分類する）］のは、文法的構造なのである。］果樹園芸学の論文において、もしもそれが言及していないリンゴの種類が存在するならば、その論文は不完全であると言われるであろう。この場合には、我々は自然の中に完全性の規準を持っているのである。これに対し、チェスに似ているが、しかし、チェスよりも単純で、ポーン（歩）を使わないゲームがあったと想像しよう。［この場合］我々は、このゲームを不完全と言うべきであろうか。［言うべきではない。］或いは、もしも、或る仕方でチェスを含み、しかも、［チェスにはない］新しい駒が加えられているゲームがあったとすれば、我々はこのゲームを、チェスよりもより完全であると言うべきであろうか。［言うべきではない。］論理学における、より一般的ではない［──即ち、特殊である──］と思われるものに対する軽蔑は、そのようなものは不完全である、という考えから来ている。実のところ、基数の算術をより一般的な或るものの特殊な場合であるとして語る事は、［文法的構造による分類と性質による分類の］混同なのである。基数の算術は、いかなる意味でも不完全ではない。そしてまた、有限な基数の算術でさえも、いかなる意味でも不完全ではないのである。（論理的形式の間には、異なった種類のリンゴの味の間にあるような、微妙な区別は存在しないのである。）

　もしも我々が、例えば、「望む」、「考える」、「理解する」、「意味する」と

いった語の文法を研究する場合には、我々は、[何かを]望む様々な場合、[何かを]考える様々な場合、等々について記述する事で、満足するであろう。もしも或る人が、「それだけでは、人が『望む』と呼ぶ場合の全てを尽くしてはいない、という事は確かである」と言うとすれば、我々は、こう答えなくてはならない。「勿論、全てを尽くしてはいない。しかし君は、もし君がしたいなら、もっと複雑な場合を[幾らでも]構成する事が出来るのだ。」結局のところ、[何かを]望むという全ての場合を、[何かを]望むという場合たらしめる或る一定の特徴群は、（少なくとも、「望む」という語が普通に用いられている限り、）存在しないのである。これに対し、もしも君が「望む」という語に定義を与えようと欲するならば、即ち、[何かを望むという場合とそうでない場合に]はっきりとした境界線を引こうと欲するならば、君は好きなようにそれを引いて構わない。しかし、この境界線は、実際の使用法と完全に一致する事は決してないであろう。というのは、実際の使用法にははっきりとした境界線はないのであるから。

　人は、こう考える。一般名辞の意味をはっきりさせるためには、一般名辞の現実の全使用に共通する要素を見出さねばならない。そして、この考えが、哲学的探求の足かせになっていた。何故ならば、その考えは、何らの成果ももたらさないのみならず、──[実は、一般名辞の]具体的使用のみが、一般名辞の使用法の理解を助けていたのに──哲学者に、[一般名辞の]具体的使用を、[一般名辞の意味をはっきりさせるためには]無関係なものとして、排除させたから。ソクラテスは、「知識とは何か」という問を立てたとき、知識の[具体的]事例を数え上げる事を、予備的な答えとして見なす事すらしなかった[1]。もしも私が、算術とはいかなるものか、という事を見出そうと欲するならば、私は、有限な基数の算術の場合を探求した事で、実際、非常に満足すべきであろう。何故ならば、

(a) それは、私を、[そこから出発して、]全てのより複雑な場合に導くであろうから。

(b) 有限な基数の算術は、不完全ではない。それには、それ以外の算術によって埋められるべき、隙間がある訳ではないのであるから。

1. テアイテトス 146 D-7 C.

もしもAが、Bが彼の部屋に4時30分に来るという事を、4時から期待

するとすれば、[Aには]一体何が起きるのか。「或る事を、4時から4時30分にかけて期待する」という句は、確かに或る意味では、その時間帯のAの心[と行為]の一つの過程或いは一つの状態を指示するのではなく、[その時間帯の]Aの心[と行為]の非常に多くの異なった活動と状態を指示する[事が出来る]のである。例えば、もしも私が、Bが[私の部屋に4時30分に]お茶を飲みに来るという事を[4時から]期待するとすれば、[私に]起きる事は、こうかも知れない。4時に私は私の日記帳を見て、今日の日付のそばに「B」の名前を認める。私は二人分のお茶を用意する。私は一瞬「Bは煙草を吸っただろうか」と自問し、[吸っていた事を思い出して、]煙草を出しておく。4時30分近くになると、私はそわそわし始める。私は、Bが私の部屋に入って来るときの様子を想像する。これらの事全体が、「[私は]Bが私の部屋に来るという事を、4時から4時30分にかけて期待する」と呼ばれる事であるが、しかしこの過程には、限りないヴァリエーション（変奏曲）があるのであり、しかもそれらの全てが、「[私は]Bが私の部屋に来るという事を、4時から4時30分にかけて期待する」という、同じ表現で記述されるのである。ここで、もしも或る人が、「[私は]Bが私の部屋に来るという事を、4時から4時30分にかけて期待する」という、この同じ表現で記述される様々な異なった過程には、一体何が共有されているのか、と問うならば、答えは、こうである。それらの過程には、多くの特性が部分的に共有されてはいるものの、全体に共有されている一つの特性なるものが存在する訳ではない。それらの過程は、家族を構成するのである。それらの過程は、はっきりとした境界を決めることが出来ない家族的類似性を、互いに有するのである。

　「期待」という語の、以上とは全く違う使用がある。それは、「期待」という語を、或る特定の感覚を意味する語として使う場合である。「願望」、「期待」等々のような語の、このような或る特定の感覚を意味する語としての使用は、誰にでもすぐに思い浮かぶものである。この使用と先に記述された使用との間には、明白な繋がりがある。我々が或る人[が来るという事]を第一の意味で期待するとき、多くの場合、先に記述された活動の若干のもの或いは全てのものには、或る特定の感覚──緊張感──が伴っている、という事には疑いがない。そして「期待」という語を、それはこの緊張感の経験を

意味するのだ、として用いる事は自然なのである。
　ここで、疑問が起きる。この感覚は、(1)［単に］「期待の感覚」と呼ばれるべきものなのか、それとも (2)「Bが来るという期待の感覚」と呼ばれるべきものなのか。［第一の場合。］もしも、この感覚は［単に］「期待の感覚」と呼ばれるべきものだとすれば、「君は期待するという状態にある」と言う事は、君がしかじかの事を期待するという状態にある事を、十分に記述していない事は明らかである。［したがって(1)ではあり得ない。］第二の場合には、しばしば軽率にも、その感覚、即ち「Bが来るという期待の感覚」が、「Bが来るという期待」という句の使用［──意味──］の説明である言われる。そして君は、こう説明しておけば、［即ち、「Bが来るという期待」という句は「Bが来るという期待の感覚」を意味する、と考えれば、］自分は安全な基盤の上にいるのだ、とさえ考えるかも知れない。何故なら、更にいかなる問が立てられようと、この「Bが来るという期待の感覚」なるものは定義不可能である、と言う事によって対処出来るから。
　さて、或る特定の感覚を「Bが来るという期待」という句で表すという事に、何の反論もない。そのように言う事には、良い実際上の理由さえあるかもしれない。ただし、注意すべき事がある。──もしも我々が「Bが来るという期待」という句の意味を、この仕方で［、即ち、それはその特定の感覚であるとして、］説明したとすれば、「Bが来るという期待」という句の「B」を別の名前で置き換えて生じる句［──例えば「Cが来るという期待」という句──］は、その特定の感覚によっては説明されない。［この事を］人は、「Bが来るという期待」という句は、「Xが来るという期待」という関数の値ではない、と言うかもしれない。この言い方を理解するために、我々の場合を「Xを食べる」という関数の場合と比べよう。［後者の場合には、］「椅子を食べる」という表現の意味を特に教えられなくとも、「私は椅子を食べる」という命題を理解する。［しかし前者の場合には、「Cが来るという期待」という句の意味を特別に教えられなくては、「私はCが来るという期待を持つ」という命題を理解する事は出来ないのである。何故ならば、「Bが来るという期待」という句の意味を、それ特有の或る感覚であるとすれば、「Cが来るという期待」という句の意味も、また別のそれ特有の或る感覚である事になり、したがって、「Cが来るという期待」という句の意味

は、改めて別に教えられなくてはならないから。] 我々の場合における、名前「B」が「Bが来るという期待」という表現の中で演じる役割は、名前「ブライト」が「ブライトの病気」という表現の中で演じる或る役割と、比較される事が出来る[1]。[医師ブライト氏が発見した] 或る特殊な病気を意味するときの、「ブライトの病気」という語の文法を、一市民であるブライトがかかっている病気を意味するときの「ブライトの病気」[――従ってそれは、「喘息」かもしれないし「癌」かもしれない――] という表現の文法と、比較せよ。私は、両者の違いを、こう言って特徴づける。前者においては、「ブライト」という語は「ブライトの病気」(言わば「ブライト氏病」) という複合名の中の指標であるが、後者においては、私は「ブライト」という語を「Xの病気」という関数の独立変項Xの値である、と呼ぶ。人は、指標は何かに<u>言及している</u> (allude)、と言う事が出来よう。そして、そのような言及は、千差万別な仕方で正当化される事が出来よう。したがって、[我々の場合に戻ると、] 或る特定の感覚を「Bが来るという期待」であると言う事は、その感覚に複合名「Bが来るという期待」を与える事であり、そして [その中における指標]「B」は、その感覚に引き続いて常に来る例の人に、言及しているとする事が出来るのである。

 1.『論考』5.02を見よ。

 或いはまた我々は、「Bが来るという期待」という句を、或る感覚の名前 (複合名) としてではなく、或る感覚の特性 [を表すもの] として用いるかもしれない。例えば我々は、こう説明するかもしれない。或る緊張感は、もしもそれがBが来る事によって解消されるならば、「Bが来るという期待」と言われる。[この場合には、その緊張感が「Bが来るという期待」と言われるのは、経験的事実に基づくのであり、したがって「Bが来るという期待」という句は、その感覚の経験的特性を表す訳である。] もしもこれが、「Bが来るという期待」という句の使われ方であるとすれば、我々は、我々自身が何を期待しているのかを、我々の期待が [経験的に] 満たされるまでは知らない、と言う事が真実になる。([これはラッセルの考えである。] ラッセル [『心の分析』III] を参照。) しかし誰にも、これが「期待」という語の、唯一の或いは最も普通の、使用法であるとは信じられない。もしも私が或る人に、「君は誰が来ると期待しているのか」と問い、そして、答えを得

た後で再び、「君は、［その人以］外の人が来るという事を期待してはいない、という事に確信があるのか」と問えば、大抵の場合、この問いは馬鹿げていると見なされるであろう。そして、これに対する答えは、このようなものであろう。「勿論です。私は、誰が来ると私が期待しているのか、知らないでどうします。」

　人は、「願望」という語にラッセルが与えた意味を、「願望」は、彼にとっては、ある種の飢餓を意味している、と言って特徴づける事が出来る。――［確かに、］或る特定の飢餓感［（例えば、リンゴへの飢餓感）］は或る特定の物［（リンゴ）］を食べる事によって［のみ］解消されるであろう、という事は、一つの仮説としては成り立つ。［そして、この仮説を前提にすると、］「願望」という語のラッセル式の使用［――言わば、「願望」の「飢餓」としての使用――］においては、「私はリンゴ［を食べる事］を願望したが、しかし、梨［を食べる事］が私を満足させた［（私のリンゴを食べる事への願望の緊張を解消させた）］」と言う事は、意味を為さない[1]。しかし我々は、「願望」という語をラッセルとは違う仕方で用いる事によって、時にはそのように言う。「願望」という語のラッセルとは違う用い方では、我々は、こう言う事が出来るのである。即ち、「［リンゴを食べた訳ではないので、］その願望が満たされた訳ではないが、［リンゴを食べる事への］願望の緊張は、解消された」と言う事が出来る。そしてまた［場合によっては］、こう言う事も出来るのである。即ち、「［リンゴを食べる事への］願望は、［リンゴを食べる事によって］満たされても、［リンゴを食べる事への願望の］緊張は、［依然として］解消されない。そのような訳で、我々は、［これは前者の場合であるが、］こう言う事が出来るのである。「私の願望は満たされないが、［私の願望の緊張は解消したので、］私は満足するかもしれない。」*

　1. ラッセル『心の分析』III を参照。
　* 「願望」には、願望の「対象」と願望の「緊張」がある。「願望」と「対象」の関係は意味上の関係（必然的関係）であり、「願望」と「緊張」の関係は事実上の関係（偶然的関係）である。したがって、「対象」が実現されて「願望」が満たされても、必然的に「緊張」が解消する訳ではないし、「対象」が実現されなくて「願望」が満たされなくとも、「緊張」が解消する事もある。「緊張」が解消するとき、「私は満足する」と言われる。

さて人は、我々が語っている［期待や願望についての——我々とラッセルの間の——理解の］相違［の問題］は、簡単に言うと「我々は、或る場合には我々は何を望んでいるかを知っているが、他の場合には知らない」という事［の問題］になる、と言いたいかも知れない。確かに、我々が以下のように言う場合が存在するのである。「私は希求を感じるが、何を希求しているのかを知らない」或いは「私は恐れるのだが、しかし、何を恐れるのかを知らない」或いはまた「私は恐れるのだが、しかし、何か特別なものを恐れる訳ではない。」

さて我々は、これらの場合を、「我々は或る感覚を持っているが、しかし、その感覚は対象を指示しない」と言って、言い表してもよい。そこにおける「対象を指示しない」という句が、［件の感覚を表す動詞に］文法的区別を導入するのである。即ち、もしも我々が、そのような感覚を表すために、「恐れる」、「希求する」等々のような動詞を用いるならば、これらの動詞は自動詞であろう［、という文法的区別を導入するのである］。［この場合、］「私は恐れる」は、「私は泣く」に類比的なのである。我々は、何か或る事があったので、泣くのかもしれない。しかし、その何か或る事は、泣くという過程の［生じた原因（？）ではあっても、］構成要素ではない。即ち、我々は、我々が泣く時に生じる事の全てを、その何か或る事に言及しないでも記述可能なのである。［そして「恐れる」が自動詞の場合も、同様なのである。］

ここで私が、我々は「私は恐れる」という表現、及び、それに似た表現を、他動詞的にのみ用いねばならない、と提案したとしよう。これまでは、我々が（自動詞的に）「私は恐れる」と言ったとき、これからは、いつでも（他動詞的に）「私は或る事を恐れるのだが、しかし、私は何を恐れるのかを知らない」と言う事にするのである。このような用語法に、異議があるだろうか。

我々は、こう言ってもよい。「異議はない。但し、そのとき我々は「知る」という語を奇妙な仕方で用いているのだ、という事を除けば。」こういう場合を考えよう。——我々は、恐怖の一般的で方向［（志向性）］のない感覚を持ったが、後になって我々は、我々に「今や私は、私が何を恐れていたのかを知った。私は、しかじかの事が起きるのを恐れていたのである」と言わせる経験をしたのである。［さてこの場合、］私の最初の感覚を自動詞で記述す

る事は、正しいであろうか、或いは、私は、私の恐怖は［実は］対象を持っていたのだが、私はその事を知らなかったのだ、と言うべきなのか。我々は、いずれの記述形式をも、使う事が出来る。この事を理解するために、次のような例を吟味しよう。――歯の或る虫歯状態で、我々が通常「歯痛」と呼ぶものを［――当然伴っているはずなのに――］伴っていないとき、［実は我々は］「無意識の歯痛」［を有しているのだ］と言う事、そして、そのような場合には、［実は］「我々は歯痛を有しているのだが、しかし、その歯痛を知らない［（意識しない）］のだ」という表現を用いる事は、実際便利である事が分かるかもしれない。精神分析が無意識的な思考、無意識的な意志の働き、等々、について語るのは、まさに、この意味においてなのである。さて、この意味において、「私は歯痛を有しているのだが、しかし、その歯痛を知らない」と言う事は、誤りであろうか。そのように言う事に、何の誤りも存在しない。何故ならば、そのように言う事は、まさに、新しい言い方であり、そして、いつでも通常の言い方に翻訳し返す事が出来るから。とはいえ、そのように言う事は、明らかに、「知る」という語の或る新しい仕方での使用である。もしも君が、この［新しい仕方で使用される］「知る」という表現はいかに用いられるのか、という事を吟味しようと欲するならば、「この場合、知るに至る過程は、どのようなものなのか」、「何を、我々は『知るに至る』とか『見出す』とかと呼ぶのか」と自問する事が、役に立つ。

　我々の新しい規約の下では、［当然歯痛を伴っているはずの虫歯の状態で、］「私は無意識の歯痛を有している」と言う事は、誤りではない。何故ならば、［その状態で、］歯痛を伴わない虫歯と歯痛を伴う虫歯を区別しなくてはならない、という事以上に、言葉づかいに対して何が要求出来ようか。［何も要求出来ない。］しかし、［新しい規約による］新しい表現は、我々の規約を一貫して貫く事を困難にする複数の像と比喩を呼び起こす事によって、我々を誤った道へと導く。そして、それらの像［と比喩］を捨て去る事は、我々が［言語使用を］常に用心深く［観察するので］ない限り、極めて困難なのである。それは我々が、哲学する際、［言語使用を、ではなく、］我々が物事について語った事を、見つめるときに、特に困難なのである。と言う訳で、「無意識の歯痛」という表現によって、君は、或る意味では我々の理解力を全く当惑させるような、あっと驚く発見が行われた、という誤っ

た考えに導かれるか、或いは、その表現によって、極端に困惑させられ（その困惑は「哲学的困惑」と言えよう）、そして恐らく「いかにして無意識の歯痛は可能なりや」といった問を立てるであろう。そして君は、無意識の歯痛の可能性を否定しようとするかもしれない。しかし科学者は君に、無意識の歯痛が存在する事は証明された事実である、と言うであろう。しかも、我こそは流布している偏見を破壊する者である、といった態度で、彼はこう言うのである。「そうさ、事は全く単純だ。君が知らない事は、外に沢山ある。そして、君が知らない歯痛もまた、存在し得るのである。それは、まさに、新しい発見なのだ。」[そう言われても、]君は、満足しないであろう。しかし君は、何と答えてよいか、分からない。この状況は、科学者と哲学者の間で常に起きるものである。

　そのような場合、我々は、「『『無意識』、『知る』等々の語の、この場合[(例えば、日常生活の場合)]における使われ方と、他の場合[(例えば、哲学する場合)]における[それとは違った]使われ方を、[よく]見よう」と言う事によって、事柄をはっきりさせる事が出来よう。[即ち、]それぞれの場合における使用の間の類似性は、どの範囲で成り立つのか[をよく見る事によって、事柄をはっきりさせる事が出来よう]。我々はまた、我々が慣れ親しんでいる表記法に在る呪縛を破るために、新しい表記法を導入しようとするであろう*。

　　*45頁を参照。

　我々は、こう言った。我々が吟味している特定の場合において、何を我々は「知るに至る」と呼ぶべきか*、と自問する事が、「知る」という語の文法（使用）を吟味する仕方である。この問いは、「『知る』という語の意味は何か」という問いとは、もし関係があるとしても、ただ漠然とした関係があるだけである、と思われがちである。我々が「この場合、『知るに至る』とはどのようなものなのか」と問うとき、我々は脇道にそれてしまうように思われる。しかし、この問いは、「知る」という語の文法に関し、真実の問いなのである。この事は、もしも我々がその問を「何を、我々は『知るに至る』と呼ぶのか」という形にすると、より明確になる。これが、我々が「椅子に座る」と呼ぶ事である、という事は、「椅子」という語の文法の一部である。そして、これが、我々が「意味の説明」と呼ぶ事である、という事は、「意

味」という語の文法の一部である。同様に、他人が歯痛を有しているという事についての私の規準を説明する事は、「歯痛」という語についての文法的説明を与える事であり、そして、その意味で、「歯痛」という語の意味に関する説明を与える事なのである。

　＊実は、「呼ぶのか」と言ったのであって、「呼ぶべきか」とは言っていない。
　　このパラグラフは、論旨が乱れているように思われる。

　我々が「誰某は歯痛を持っている」という句の使用を習ったとき、我々は、歯痛を持っていると言われたその人の、或る種の振る舞いを指示された。そのような振る舞いの一例として、頬を押さえる、という振る舞いをとろう。［ところが］或る［種の］場合、この規準が私に或る人が歯痛を持っている事を告げるとき、観察によって私は、いつでも赤い斑点がその人の頬に現れる事を発見した、としよう。さて、私は或る人に「私には、Aは歯痛を持っている、という事が分かる。彼の頬には赤い斑点がある［から］」と言ったとしよう。［これに対し、］彼は、私に問うかもしれない。「君が［Aの頬に］赤い斑点を見たとき、Aは歯痛を持っているという事を、君はどうやって知るのか。」そこで私は、［頬を押さえる、という］現象は常に赤い斑点の出現と相伴って起きるのだ、という事を指摘しなくてはならない。

　さて人は、更に続けて、こう問うかもしれない。「彼が頬を押さえるとき、彼は歯痛を持っているという事を、君はどうやって知るのか。」これに対する答えは、こうであるかもしれない。「私が、彼が彼の頬を押さえているとき、彼は歯痛を持っている、と言うのは、私が歯痛を持っているとき、私は私の頬を押さえているから、である。」しかし、もしも我々が更にこう問うとしたら、どうであろう。──「それでは、何故君は、彼の歯痛と彼が彼の頬を押さえる事の間に対応関係があるのは、まさに、君の歯痛と君が君の頬を押さえる事の間に対応関係があるからである、と想定するのか。」君は、この問いに答える術を知らないであろう。そして君は、ここで我々は［、それについてはもはや説明出来ない］堅い岩盤にぶち当たったという事、即ち、我々は［言葉づかいの］規約にまで降りて来てしまったという事、を見出すであろう。（もしも君が、「彼が頬を押さえるとき、彼は歯痛を持っているのだ、という事を、君はどうやって知るのか。」という問いの答えとして、我々が、人々が頬を押さえているのを見て、「どうしたのか」と問うときは

いつでも、彼らは「私は歯痛を持っている」と答えたものだ、と言うとすれば、——この経験は、頬を押さえるという事を、[歯痛にではなく、]或る語を言う事に対応づけるだけである、という事を忘れないで欲しい。)

　或る初歩的な混乱を避けるため、二つの対照的な語を導入しよう。「しかじかであるという事を、君はどうやって知るのか」という問いに対し、我々は、時には「規準（<u>criterion</u>）」を与える事によって答え、そして時には「徴候（<u>symptom</u>）」を与える事によって答えるのである。もしも医学において、特定の細菌によって引き起こされる［喉の］炎症が「アンギーナ」と呼ばれ、そして、我々が或る具体例において「何故君は、この人はアンギーナにかかった、と言うのか」と問うとき、[医師の]「私はしかじかの細菌を彼の血液の中に見つけた［から］」という答えは、我々に、アンギーナの規準、或いは、「定義規準」と呼んでも良いもの、を与える。これに対し、もしも[医師の]答えが「彼の喉が炎症を起こしている［から］」であったならば、この答えは我々にアンギーナの徴候を与えるであろう。私は、我々の定義規準である現象と——経験が教えるところによると——何らかの仕方で相伴って起きる現象を、「徴候」と呼ぶのである。それ故、「人は、もしもこの細菌が彼の中に見出されるならば、アンギーナにかかっている」と言う事は、同語反復であるか、或いは、「アンギーナ」の定義をくだけた仕方で述べたものである。しかし、「人は、彼の喉が炎症を起こしているときは、いつでもアンギーナにかかっている」と言う事は、仮説を立てているのである。

　実際には、もしも君が、どちらの現象が定義規準であり、どちらの現象が徴候であるかと、問われたならば、大抵の場合、<u>その場その場で勝手に決める</u>のでない限り、君はこの問いに答える事が出来ないであろう。語を［定義するとき、とにかく、］一つの現象を定義規準として定義するのが、実際的であるかもしれない。しかし我々は、その語を、最初の定義では徴候であった現象を今度は規準にして定義し直すよう、仕向けられる事がしばしばである。[一般に]医師は、どちらの現象が規準であるべきか、そして、どちらの現象が徴候であるべきかを、前以て決める事なしに、病気の名前を用いるであろう。そしてこの事は、明確さの嘆かわしい欠如であるとは限らない。この事を理解するためには、一般に我々は言語を厳格な規則に従って用いは

しない、という事を思い起こせ［ば、よかろう］。——我々は言語を、厳格な規則に従って教えられた訳でもないのである。他方、我々の［哲学的］議論においては、我々は言語を常に厳格な規則に従う計算手続きのようなものだと［錯覚］するのである。

　言語を厳格な規則に従う計算手続きのようなものだとする事は、言語についての非常に一面的な見方である。実際には、我々が言語をそのような計算［手続き］のように用いる事は、非常に稀である。何故なら我々は、言語を用いるとき、使用の規則——定義、等々——などについては考えないのみならず、そのような規則を述べるよう求められても、大抵の場合、それは出来ないのであるから。我々が、我々が用いる概念を明確に定義出来ないのは、我々がその真の定義を知らないからではなく、その真の「定義」などは存在しないから、なのである。真の定義が存在しなくてはならない、と想定する事は、子供がボールで遊んでいるときは、いつでも、厳格な規則に従って遊んでいるのだ、と想定する事に似ていよう。

　我々が言語を厳格な計算［手続き］の中で使われる記号法として語るときに、我々の念頭にある言語は、科学と数学の中に見出されるものである。我々の日常の言語使用がこの［科学や数学の中に見出される言語の］厳格さの規準に適合するのは、本当に稀な場合である。では何故我々は、哲学するとき、我々の言語使用を厳格な規則に従う言語使用のように、いつも考えているのか。答えは、こうである。［それは、］我々が取り除こうとしている［哲学的］問題は、常に、まさに言語に対するこの態度に由来するのである［から、である］*。

　　*「哲学するとき」とは「哲学的問題を取り除こうとしているとき」という事である。そして「哲学的問題は、常に、我々の言語使用を厳格な規則に従う言語使用のように考える、という態度に由来するのである。」したがって、「我々は、哲学するとき、我々の言語使用を厳格な規則に従う言語使用のように、［既に］いつも考えているのである。」

　一例として、聖アウグスチヌスや他の人々がかつて問うた「時間とは何か」という問いを、考えてみよう。一見したところ、この問いが問うているものは、定義である［ように思われる］。しかし、すぐにこういう疑問が生じる。「定義は我々を他の未定義語に導く事が出来るだけなのに、定義によ

って我々は、[一体] 何を獲得しようとするのか。」そして人は、「椅子」の定義の欠如には困惑する必要がないのに、時間の定義の欠如には困惑しなければならないのは、何故か。また我々が、定義を持っていない場合の全てには困惑する必要がないのは、何故か。さて定義は、しばしば語の<u>文法</u>をはっきりさせる。そして事実、我々を困惑させるものは、「時間」という語の文法なのである。我々はこの困惑を、いくらか誤解を招きやすい「……とは何か」という問いによって、表現する。この問いは、もやもやとした気持ちとか精神的な不快を表す発言であり、子供が非常にしばしば発する「何故」という問いと、よく似ている。この「何故」という問いもまた、[もやもやとした気持ちや] 精神的な不快を表す発言であり、その原因とか理由を必ず問わねばならない訳ではない（ヘルツ『力学の原理』）。さて、「時間」という語の文法にまつわる困惑は、その文法の中にある見かけ上の矛盾とでも言われるべきものに、由来するのである。

聖アウグスチヌスが、時間を測るという事はいかにして可能か、という事を論じたとき、彼を悩ませたのが、そのような「矛盾」であった。何故ならば、過去は、既に過ぎ去ってしまったので、測る事が出来ないし、未来は、今だ来ていないので、測る事が出来ない。そして、現在は、広がりがないので、測る事が出来ない。[しかし実際には、我々は時間を測っている。ここに「矛盾」がある訳である。]

[さて、]ここで生じると思われる矛盾は、一つの語の——この場合は「測る」という語の——二つの異なった使用法[（空間的使用法と時間的使用法)]の間の衝突、と言われ得るものである。我々は、こう言う事が出来よう。アウグスチヌスは、[時間を測るのに、空間上の] <u>長さ</u>——例えば、我々の眼前を流れ行く帯の上の二つの印の間の距離——を測る過程を考えたのである。ところが、彼によると、我々はその帯を我々の目の前の（現在[に対応する]）ほんの小部分しか、見る事が出来ない。[したがって我々は、その<u>長さ</u>を測る事が出来ない。この場合、我々は、どうやって物差しを当てる事が出来ようか。] この困惑は、流れ行く帯上の印の間の距離に適用される「測定」という語によって意味される事（「測定」という語の文法）を、時間に適用される「測定」という語によって意味される事（「測定」という語の文法）と比較する事によって、解決されるであろう。[両者を比較する

事によって、それぞれの文法は同じではないのだ、したがって、それぞれの文法は——共通点はあるのだが——それぞれの文法として理解されねばならないのだ、という事が分かればよいのである。〕そんな事は簡単だ、と思われるかもしれない。しかしそれは、我々の言語内にある二つの似た構造〔——「時間を測る」という文型と「距離を測る」という文型——〕の間にある類比が我々に作り出す幻惑〔(土台には「……を測る」という一つの関数があるのであり、従って、「時間を測る」という事は、或る意味で「距離を測る」という事であり得るのだ、という幻惑)〕のため、極めて困難なのである。(子供にとっては、一つの語が二つの意味を持ち得るという事を信じる事は、ときに殆ど不可能である、という事をここで思い起こす事は、役に立つ。)

　さて、〔「時間とは何か」という〕時間の概念に関するこの問題は、明らかに、〔「時間とは何々である」という定義をする〕答えが、〔「時間」という語の〕厳格な〔使用〕規則の形で与えられる事を求めている。〔しかし、それは不可能なのである。それ故、〕そこで生じる困惑は、規則に関する困惑なのである。——別の例を採ろう。それは、ソクラテスの「知識とは何か」という問いである。この場合、議論は、〔先ず〕弟子が厳格な定義というものの一例を与える事で始まり、次に、その例に倣って、「知識」という語の〔厳格な〕定義が求められるので、〔厳格な定義を求めるという〕事態は、より一層明らかになる。〔「知識とは何か」という〕問題が〔このように〕設定されると、「知識」という語の通常の使用には〔——それは厳格な定義を知らないでの使用であるのだから——〕何か誤りがあるように思われてくる。我々は「知識」という語が何を意味しているのかを知らず、それ故おそらく、我々には「知識」という語を使用する権利がないのだ、と思われるのである。〔しかし、そうではない。〕我々は、こう答えなくてはならないのである。「『知識』という語の厳格な使用法などは存在しない。しかし我々は、『知識』という語が実際に使われるその仕方と多かれ少なかれ一致する様々な使用法を作り上げる事は、出来るのである。」

　哲学的な問題に困惑している人は、語が使われる仕方の中に一つの法則を見、そして、その法則を〔全ての場合に〕首尾一貫して適用しようとして、矛盾した結果に終わる事態にぶつかる。〔そしてその結果、困惑しているの

である。］そのような困惑に至る議論は、非常にしばしば、以下のようである。先ず「時間とは何か」という問いが立てられる。この問いは、我々が欲しているのは［「時間とは何々である」という］定義である、と思わせる。我々は、定義が困難を取り除くであろうと、誤って考えているのである。（［しかし、］我々が或る消化不良の状態で持つ一種の飢餓感は、物を食べてもなくす事が出来ないように［、我々が哲学的な問題に困惑して持つ一種の飢餓感は、定義を与えられてもなくす事は出来ない］。）そこで「時間とは何か」という問いは、例えば「時間とは天体の運動である」といった、間違った定義によって答えられる。［しかし］次の段階として我々は、この定義は［、首尾一貫して適用しようとしてもそれが出来ないので、］不十分であるという事を見る。しかしこの事は、［実は］我々は「時間」という語を「天体の運動」と同義的には使わない、という事のみを意味しているに過ぎないのである。しかしながら我々は、「時間とは天体の運動である」という定義は間違っている、と言う事で、その定義を別の正しい定義によって置き換えねばならない、と考えがちなのである。［しかし、別の正しい定義などは存在しない。］

　これを、数の定義の場合と比較しよう。この場合、数は数字と同じものである、という説明が、定義への最初の渇望を満足する。そして、「いいですか、もしも数が数字でないならば、一体それは何なのですか」と問わずにはいられないであろう。［しかし次の段階として我々は、この定義は、首尾一貫して適用しようとしてもそれが出来ないので、不十分であるという事を見……、という訳であろう。］

　我々が「哲学」という語を使う場合の哲学とは、表現の形式が我々に与える幻惑に対する戦いである。

　私は君に、語は我々がそれに与えた意味を有するのだという事、そして、我々が語に意味を与えるのは説明によってであるという事、を思い出して欲しい。私が、［或る語の説明として、自ら］その語に或る定義を与え、そして私は、それにしたがってその語を用いてきた、という事はありうる。或いは、私に語の使用を教えた人が、私にその語の説明を与えたのだ、という事もありうる。或いはまた我々は、「語の説明」という事で、問われれば与える用意がある説明を、意味しているかもしれない。但しこれは、もしも我々

が何らかの説明を与える用意が<u>ある</u>ならば、という場合である。しかし大抵の場合、我々には何らかの説明を与える用意はないのである。この意味で、多くの語は厳格な意味を有してはいない。しかし、この事は［それら多くの語の］欠陥ではない。語が厳格な意味を有しない場合、その事をその語の欠陥と考えるのは、私の卓上ランプの光りは、くっきりとした陰影を作らないが故に、全く真性な光りではない、と言うようなものである。

哲学者たちは、非常にしばしば、語の意味の探求とか分析について語っている。しかし我々は、語は、いわば、我々とは独立な力によって与えられた意味などは持っていないのだ、——したがって、語が<u>真に</u>意味するものについての一種の科学的探求などは有り得ないのだ——という事を忘れないようにしよう。語は、誰かがそれに与えた意味を有しているのである。

明確に定義された様々な意味を有する語が、存在する。それらの意味を表で表す事は容易である。そしてまた、言うなれば、相互に連続的に浸透しあった、千通りもの異なった仕方で用いられる［多くの］語が、存在する。当然の事ながら、それらの使用の厳格な規則を表で表す事は出来ない。

我々は、哲学においては、理想言語を我々の日常言語に対置して考える、と言う事は間違いである。何故ならば、そのように言うと、あたかも我々は、日常言語は［、その悪い所を理想言語で置き換える事によって］改善する事が出来る、と考えているかの如くに見えるから。しかし、日常言語は［、その有りのままにおいて、］完全であ［り、改善の余地などないのであ］る*。我々が「理想言語」を作り上げるときはいつでも、それは、我々の日常言語を理想言語で置き換えるためではなく、ただ、普通の語の［、これこそがその語の使用であるという、一つの］厳格な使用を把握したと考える事によって、人の心に生じた諸問題を取り除くためなのである**。我々の方法が、語の現実の使用法を数え上げるだけではなく、むしろ、［(理想言語であり人工言語である)］新しい語を慎重に発明する——そのうちの幾つかは、その不合理な外見の故に［、その外見を消す為に］発明されるのであるが***——という理由も、そのようにして人の心に生じた問題を取り除くためなのである。

    *ウィトゲンシュタインはすでに『論考』で、こう言っている。「我々の日常言語の全命題は、実際、その有りのままにおいて、論理的に完全に秩序づ

けられている。」(5.5563)

＊＊ウィトゲンシュタインはすでに『論考』で、こう言っている。「日常言語においては、同一の語が異なった仕方で表示を行う事——したがって、同一の語が異なったシンボルに属するという事——が、はなはだ多い。……そういうわけで、「ist」という語は、繋辞として、等号として、そしてまた、存在の表現として、現れる。……」(3.323)「ist」(英語の「is」) という普通の語は、現実には様々に使用されているのに、その事に気が付かず、これこそがその語の使用であるという、一つの厳格な使用を把握したと考えてしまうと、当然のことながら、様々な問題が生じて来る。したがって、それらの問題を取り除くためには、「ist」の異なった使用には異なった記号ないしは表記法（理想言語における記号ないしは表記法）を用いればよい。そして実際この事は、ラッセルの論理学（現代論理学）において行われた。それは、現代論理学における「∈」「〜」「・」「∨」「⊃」「∀」「∃」「＝」等々、そして変項 x 等々という、新しい記号（語）を用いて行われたのである。詳しくは、論理学の本を参照して欲しい。なお、次のパラグラフに出て来る「哲学」、「証明」、「種類」、「発見」なども、現実には様々に使用されているのに、その事に気が付かず、これこそがその語の使用であるという、一つの厳格な使用を把握したと考えてしまう語の例である。ちなみに、日常言語と理想言語（人工言語）に関するウィトゲンシュタインの見解は、その生涯を通じて変わっていない。

＊＊＊ $\sqrt{-1}$ を意味する虚数単位 i の発明は、その一例であろう。

　我々は、我々の方法によって、或［表現形式の］類似性が有するところの、我々に誤解を招く効果を相殺しようとするのだ、と言うとき、重要な事は、君は、［表現形式の］類似性は誤解を招くというこの考えは何ら明確に定義されたものではない、という事を理解すべきである、という事である。我々が、彼は［表現形式の］類似性によって誤解したのだ、と言わざるを得ない場合は様々あるが、それらの外延を明確に区切る事は不可能なのである。［表現形式の類似性は誤解を招くというこの考えには、明確な内包も外延もない、という事である。］［確かに、］類似した表現形式の上に構成された表現の使用は、しばしば、遠く離れた場合の間の類似性を強調する。そして、そうする事によって、それらの表現は極めて有用であるかもしれない。［しかし］大抵の場合、類似性［は我々を誤解に導くのであり、そして、そ

れ］が我々を誤解に導き始める地点を正確に示す事は、不可能なのである。いかなる特定の表記も、或る特定の観点を強調する。例えば、もしも我々が我々のこの探求を「哲学」と呼ぶならば、このタイトルは、一方においては、適切であると思われるが、他方においては、人々に誤解を与える事が確かである。（人は、我々が取り扱っている主題は、「哲学」と呼び慣わされてきた主題の継承者の一つである、と言うかも知れない。［そして、それはそれでよい。］）我々が特に、彼は表現形式［の類似性］によって誤解したのだ、と言いたい場合とは、我々が「もしも彼がしかじかの語の文法の中にあるこの違いに気が付けば、或いは、もしも彼が表現のこの別の可能性に気が付けば、彼はそうは言わなかったであろう」等々、と言うであろう場合の事である。と言うわけで我々は、数学の哲学について考えている若干の数学者たちについて、こう言う事が出来る。彼らは、明らかに、「証明」という語の多くの異なった使用法の間にある違いについて、気が付いていない。そしてまた彼らは、彼らが数の種類や証明の種類について、あたかも「種類」という語は、ここでは「リンゴの種類」と言うときの「種類」と同じ意味であるかの如くに語るとき、「種類」という語の使用の間にある違いについて、明確な自覚を有してはない。或いは我々は、こう言う事も出来る。彼らは、五角形の作図法の発見について語る場合と、南極の発見について語る場合との、「発見」という語の意味の違いについて、気が付いていない。［もしも彼らがそれらの違いについて気が付いていれば、余計な誤解は避けられたであろう。］

　さて我々が、「希求する」、「恐れる」、「期待する」等々のような語の、他動詞的使用と自動詞的使用を区別するとき、我々はこう言った*。或る人は我々の困難を、「二つの場合の間の相違は、簡単に言うと『我々は、一方の場合には我々は何を希求しているかを知っているが、他方の場合には知らない』という事である」と言う事によって取り除こうとするかもしれない。さて、そのように言う人は、私が思うに、彼が説明し去ろうとしている相違が、それら二つの場合における「知る」という語の使用を注意深く考察するとき、再び現れる**という事を見ていない事は明らかである。「相違は、簡単に言うと……」という表現は、あたかも、我々はその場合を分析し、そして、単純な分析結果を見出したかの如くに、思わせる。それは丁度、非常に

異なった名前を有する二つの物質［を分析し、そして、それら］が殆ど違わない成分を有しているという［分析結果を見出した］事を、指摘するときのように、である。

　　＊36頁。但し、全く同じ、という訳ではない。
　＊＊「知る」という語にも他動詞的使用と自動詞的使用がある、という事であろうか。そうだとすると、「知る」という語を使って他動詞的使用と自動詞的使用を区別する事は無限後退になるのだが。

　我々は、こう言った＊。我々は「我々は希求を感じる」（この場合は「希求」は自動詞的に使用されている。）という表現と「我々は希求を感じるが、何を希求しているのかを知らない」という表現の、両方を使用するかも知れない。「我々は、これら二つの相互に矛盾すると思われる表現形式のいずれをも、正しく使う事が出来る」という事は、奇妙に思われるかもしれない。しかし、このような事は、非常にしばしば起きるのである。

　　＊36頁。但し、内容的にであって、文字通りにではない。

　この事を明確にするために、以下のような例を用いよう。我々は、方程式 $x^2=-1$ は $\pm\sqrt{-1}$ という解を持つ、と言う。しかし、この方程式は解を持たない、と言われた時期があった。さて「この方程式は解を持たない」というこの言明は、「方程式 $x^2=-1$ は $\pm\sqrt{-1}$ という解を持つ」という言明とうまく折り合うか否かは別として、［二つの解を与えるという］多重性を持っていない事は確かである。しかし我々はその言明に、「方程式 $x^2+ax+b=0$ は、［$a=0, b=1$ のとき、］［実数］解を持たないが、しかし、［実数］β という最も近い解に［虚数］α だけ近付く」と言う事によって、その多重性を容易に与える事が出来る＊。これと類比的に、我々は「直線は常に円と交わる。時には、実数で表される点で、時には、複素数で表される点で」と言う事も出来るし、或いはまた「直線は円と交わるか、或いは、交わらないで、交わりから［虚数］α だけ離れている」と言う事も出来る。これら二つの言明は、厳格に同じ事を意味している。これら二つの言明は、直線と円の交わりを見ようとする、その仕方に応じて、多かれ少なかれ、満足のゆくものであろう。人は、交わるか交わらないかの違いを、出来るだけ目立たないようにしようと欲するかもしれない。或いはこれに対し、その違いを、強調しようと欲するかもしれない。そして、どちらの傾向性も、例えば、その

人の特定の実践的な目的によって、正当化されるであろう。しかしこの、特定の実践的な目的が、何故彼が、一方ではなく、他方の表現形式を選んだのかの理由では、全くないかもしれない。彼がどちらの表現形式をより好むか、そして、そもそも彼にはどちらかを選ぶ嗜好があるのか、という事は、しばしば、彼の一般的な根深い思考傾向に依拠するのである。

 ＊ここで言われている事は、次のような事ではないかと思われる。方程式 $x^2+ax+b=0$ は、a が 0 に近付き、b が 1 に近付くとき、方程式 $x^2=-1$ に近付く。さて一般に、方程式 $x^2+ax+b=0$ は、$-a/2\pm\sqrt{a^2-4b}/2$ という解を持つ。この解を $\beta\pm\alpha$ とおく。しかし方程式 $x^2+ax+b=0$ は、$(a^2-4b)<0$ のときは実数解を持たない。したがって、方程式 $x^2=-1$ は、実数解を持たない。さて、方程式 $x^2+ax+b=0$ の解 $\beta\pm\alpha$ は、a が 0 に近付き、b が 1 に近付くとき、方程式 $x^2=-1$ の解に近付く。その近付き方は、実数 β に対し、虚数 α だけの距離を持って両側から近付く、という事である。

（我々は、「彼は、他人を軽蔑しても、その事を知らない場合がある」と言うべきか、或いは、そのような場合を、「彼は、他人を軽蔑はしないが、意図せずに——或る声の調子で語りかけたり、等々、して——一般には軽蔑する仕方で彼に振る舞う」と言って記述すべきか。どちらの表現形式も、正しい。しかし、それらは、彼の心の異なった傾向性を示すかもしれない。）

ここで、「望む」、「期待する」、「希求する」等々といった表現の、文法の吟味に戻ろう＊。そして、「私は、しかじかの事が起こる事を望んでいる」という表現が意識過程の直接的記述であるという、かの最も重要な場合について、考えよう。その場合とは、我々が「君には、君が望んでいるのはこれである、という事に確信があるのか」という問いに対して、［反省の結果］「勿論私が、私が望んでいる事を知らないはずはない」と言って答えるに違いないであろう場合である。さて、この答えを、我々の大部分が「君は［アルファベット］ABC を知っているか」という問いに対して与えるであろう答えと、比較しよう。その答えは、断固とした「私は［アルファベット ABC を］知っている」であろうが、この言明「私は［アルファベット ABC を］知っている」は、先の言明「勿論私が、私が望んでいる事を知らないはずはない」の意味と類似の意味を持っているであろうか。両方の言明とも、或る

仕方で、［それぞれの］問いを片付ける。しかし先の言明「勿論私が、私が望んでいる事を知らないはずはない」は、「確かに私はそんな単純な事なら知っている」と言いたいのではなく、むしろ「君が私に問うた問題は無意味である」と言いたいのである。我々は、こう言ってもよいかもしれない。「君には、君が望んでいるのはこれである、という事に確信があるのか」という問いに対して、「勿論私が、私が望んでいる事を知らないはずはない」と言って答えるのは、その問を片付ける仕方としては、まずい方法である事を認めよう。「勿論、私は知っている」［正しくは「勿論私が、私が望んでいる事を知らないはずはない」］は、ここでは、「勿論、疑問の余地がない」によって置き換えられる事が出来よう。そしてこれは、「この場合、疑いについて語る事は無意味である」を意味していると解釈されるのである。このような訳で、「勿論私は、私が望んでいる事を知っている」［正しくは「勿論私が、私が望んでいる事を知らないはずはない」］という答えは、文法的言明であると解釈され得るのである**。

　＊30、36、48頁を参照。
　＊＊このパラグラフの文章は、乱れていると思われる。

　我々が「この部屋は［縦横高さの］長さを持っているか」と問い、誰かが「勿論持っている」と答えるときも、同様である。彼は、「無意味な事を問わないでくれ」と言って答えたかもしれない。他方、「部屋は［縦横高さの］長さを持っている」は文法的言明として用いられる事も出来る。この場合には、この言明は「この部屋は──フィートの長さを持っている」という形の文は有意味である、という事を言っているのである。

　非常に多くの哲学的困難は、我々が今考えている「望む」、「考える」等々といった表現の意味と、結び付いている。それらの困難は、「いかにして人は事実でない事を考える事が出来るのか」という問いに集約される事が出来る＊。

　＊我々は、事実であれば、それを写真に撮る事が出来る。しかし、事実でないものを写真に撮る事は出来ない。しかし我々は、事実でないものを描く事は出来るし、語る事も出来る。考える事も出来る。という事は、「考える」、「望む」等々の対象は言語で構成されるものである、という事である。それでは、言語で構成される（描かれる）ものとは何か。これは<u>思考の対</u>

象の問題である。

　この問いは、哲学的問題の見事な一例である。それは、「いかにして人は［事実でない事を考える事が］出来るのか」と問い、そして、我々を困惑させるのだが、しかし他方において我々は、事実でない事を考える事など容易だ、と認めざるを得ないのである。この事は再び我々に、我々が陥っている困難は、いかにして我々は或る事を考えるのか、という事を想像する我々の能力の欠如によって起こるのではない、という事を示している。それは丁度、時間の測定に関する哲学的困難は、いかにして時間は実際に測定されるのか、という事を想像する我々の能力の欠如によって起こったのではないのと、同じである。何故私がこのような事を言うのかというと、時折、我々の困難は、我々が何かを考えるとき、そこで何が起きたのかを正確に思い出す事が困難であるという、その困難——内省、或いは、その類いの困難——であるかの如くに見えるから。しかし実際は我々の困難は、誤解を招く表現形式という媒体を通して我々が事実を見るときに生じるもの、なのである。

　「いかにして人は事実でない事を考える事が出来るのか。もしも私が、火事ではないのに、キングスカレッジは火事である、と考えるならば、キングスカレッジは火事である、という事実は存在しない。それでは、いかにして私は、キングスカレッジは火事であるという［存在しない］事実を考える事が出来るのか。また、我々は、［今ここに］存在しない泥棒を絞首台に吊るす事がどうして出来るのか。」我々は、こういう形で答える事が出来るであろう。「私は、彼が［今ここに］存在しないとき、彼を絞首台に吊るす事は出来ない。しかし私は、彼が［今ここに］存在しないとき、彼を探す事は出来る。」

　我々はここで、「思考対象」という名詞と「事実」という名詞によって、そしてまた、［思考対象と事実における］「存在する」という語の異なった意味によって、惑わされているのである。

　事実を「対象の複合体」として語る事は、この混同から来るのである。（『論理的-哲学的論考』を参照*。）我々が、「いかにして人は存在しないものを想像する事が出来るのか」と問われたとしよう。答えは、こうであると思われる。「もしも我々が存在しないものを想像するならば、我々は、存在する要素の存在しない結合を想像するのである。」［例えば、］ケンタウロスは

存在しない。しかし、［ケンタウロスの構成要素である］人間の頭、胸、腕、そして、馬の脚は、存在するのである。「しかし我々は、存在するいかなるものとも全く異なった対象を想像する事は、出来ないであろうか。」——我々は、こう答えたいであろう。「出来ない。要素——個物——は存在しなくてはならない。もしも、赤さ、丸さ、甘さ、が存在しなかったならば、我々はそれらを想像する事は出来なかったであろう。」

　　＊このパラグラフの以下の部分は、『論考』の思想の展開である。

　しかし君は、「赤は存在する」によって何を意味するのか。私の時計は、もしもバラバラに分解されないならば、或いは、破壊されないならば、存在する。我々は、何をもって「赤を破壊する」と呼ぶのだろうか。勿論我々は「赤を破壊する」で、赤い対象を全て破壊する事を意味するかもしれない。しかし、赤い対象を全て破壊すれば、赤い対象を想像する事は不可能になるであろうか。これに対して、人はこう答えたとしよう。「もしも君が赤い対象を想像する事が出来るならば、赤い対象が存在しなくてはならないし、そして、君はそれを見たのでなくてはならない、という事は確かである。」——しかし、どうして君はそうであると知っているのか。私が「君の眼球を押すと、君に赤いイメージが生じる」と言ったとしよう。このようにして君は、初めて赤を知るようになった、という事はあり得ないであろうか。そして何故それ［(赤を知るという事？)］が、まさに赤い斑点を想像する事であってはならないのか＊。(君がここで感じるであろう困難は、後に議論されるであろう[1]。)

　　＊私には、このパラグラフで言われている事は成り立たないように思われる。
　　1. この議論は行われなかった。

　我々は、今やこう言いたいかも知れない。「事実——もしもそれが存在するならば我々の思考を真とする事実——は、常に存在する訳ではないから、我々が考えている事実ではない。」しかしこの事はまさに、私が「事実」という語をいかに使おうと望んでいるかに、かかっている。何故私は、「私は、キングスカレッジは火事である、という事実を信じている」と言ってはいけないのか。これはただ、「私は、キングスカレッジは火事である、と信じている」と言う事の、まずい表現なのである。「我々が信じているものは、事実ではない」と言う事は、それ自体、混乱の結果なのである。我々は、その

ように言う事は以下のように言うようなものである、と思う。「我々が食べているのは、砂糖キビではなく、砂糖である。」「この画廊に掛かっている絵は、スミス氏ではなく、スミス氏の肖像画である。」

　我々が取るであろう次の段階は、我々の思考対象は、事実ではないのであるから、事実の影であると考える、という事である。この影には、例えば「命題」とか「文の意味」とかいった、いろいろな名前がある。

　しかしそう考えても、我々の困難が取り除かれはしない。何故ならば、今や問題は「いかにして或るものが存在しない事実の影であり得るのか」であるのだから。

　私は我々の問題を、「いかにして我々は、この影は何の影であるかという事を、知り得るのか」と言う事によって、別の形で表現する事が出来る。――影は或る種の肖像であろう。そしてそれ故、私は我々の問題を、「或る肖像をＮ氏の肖像にするものは何か」と問う事によって、別の形で表現する事も出来る。最初に自然と思い浮かぶであろう答えは、[それは]「その肖像とＮ氏の類似性」である、というものであろう。この答えは、実際、我々が或る事実の影について語るときに、我々が心に抱くものを示している。しかしながら、類似性[だけ]が肖像についての我々の観念を構成しはしない、という事は全く明らかである。何故ならば、肖像についての我々の観念に本質的なのは、良い肖像とか悪い肖像とかについて語る事が意味をなさねばならない、という事であるから。言い換えれば、影は実物を実際とは違うようにも表現出来ねばならない、という事が、肖像についての我々の観念に本質的なのであるから。

　「或る肖像をしかじかの肖像にするものは何か」という問いに対する、明白なそして正しい答えは、それは<u>意図</u>である、というものである。では、我々が「これはしかじかの肖像である事を意図している」という事は何を意味するのか。それを知るために、そう意図するとき何が実際に起きるのかを見てみよう。[ここで先に、]我々が或る人が来る事を４時から４時30分にかけて期待するとき、我々に何が起きるのかについて語ったときの事を、思い出そう*。[そのときの事からも分かるように、]或る絵がしかじかの肖像である事を（画家の側で）意図するという事は、特定の心の状態でも特定の心的過程でもない。[現実には、]我々が「……を意図する」と呼ぶべき、非

常に多くの行為と心の状態の結合が、存在する［だけな］のである。例えば画家は、Ｎ氏の肖像を描くように言われ、Ｎ氏の前に座り、我々が「Ｎ氏の顔を写す」と呼ぶ、或る一連の行為をするかもしれない。［そしてこれが、この場合の事の全てなのである。］これに対し人は、写すという事の本質は［──そのような事ではなく──］写すという［心的な］意図である、と言って反論するかも知れない。これに対し私は、我々が「或るものを写す」と呼ぶ非常に多くの様々な過程が存在する［だけな］のだ、と言って、答えねばならない。一例をとろう。私は、紙の上に一つ楕円を描き、君にそれを写すよう、求める。では、この写す過程を特徴づけるものは、何か。何故ならば、君が似た楕円を描くという事は、明らかに事実ではない［かもしれない］から。君は、それを写そうと試みて、失敗するかもしれないのである。或いは君は、全く別の意図を持って楕円を描いたかもしれないのだが、たまたまそれが、君が描くべき楕円のようであった、という事もあり得よう。［したがってこの場合には、君は似た楕円を描いたのであるが、しかし君は当の楕円を写した訳ではないのである。］では君は、当の楕円を写そうと試みるとき、何をするのか。さよう、君はそれを見て、紙の上に或るものを描く。おそらく君は、君が描いたものを測り、それが当の楕円と一致しないと分かれば、［「ちくしょう」といった］呪いの言葉を発するであろう。或いは、おそらく君は、「私はこの楕円を写そうと思う」と言って、さっさと似た楕円を描く。［このように、］限りなく多種多様な──相互に家族的類似性を有する──行為と言葉［の結合］が存在するのである。そして我々は、それらの行為をし、それらの言葉を発する人を、「写そうと試みている」と言うのである。［ここには、<u>写す</u>という［心的な］意図なるものが、別にある訳ではない。］

　　＊ 31頁を参照。

　我々が「或る像［（絵）］が或る特定の対象の肖像である、という事は、その像はその対象から或る特定の仕方で導き出されたのだ、という事である」と言ったとしよう。さて、我々が、像を対象から導き出す過程（簡単に言うと、投影過程）、と呼ぶべきものを記述する事は、容易である。しかしいかなるそのような過程にも、それ［によって導き出された像］が我々が「意図的な表現」と呼ぶものである、と認めるには、特殊な困難がある。何故なら

ば、我々が、たとえいかなる投影過程（投影活動）を記述しようと、その投影［過程］を再解釈する道が存在するから。それ故、——人はこう言いたいであろう——そのような［投影］過程は意図それ自体ではあり得ない。何故ならば、我々は常に、投影過程を再解釈する事によって、逆を意図する事も出来たであろうから。以下のような場合を想像しよう。我々は或る人に、指さして或いは矢印を描いて方向を指示し、その方向に歩く事を命令する。［この際、］矢印を描くという事は、我々がそのような命令を与えるときに用いられる言語に属している、とする。さて、その命令は、命令された人は矢印の方向と逆方向に歩くべし、という意味に解釈され得ないであろうか。［解釈され得るであろう。］この事は、明らかに、我々の矢印に——「解釈」と呼んでもよい——或る記号を付加する事によって、行われ得るであろう。例えば我々は、誰かを騙すため、命令は通常の意味とは逆の意味に遂行されるべし、という取り決めをする、という場合を想像する事は容易である。［そして今の場合、］我々の最初の矢印に解釈を与える記号は、例えば、別の矢印である事もあり得る。我々が或る記号を何らかの仕方で解釈するときは、いつでもその解釈は、元の記号に付加される新しい記号［で表現されるの］である。

　さて、我々が或る人に——（何も考えないで）「機械的に」ではなく——或る命令を矢印を示す事によって与えるときは、いつでも我々はその矢印で、通常の方向を<u>意味する</u>か、或いは、逆の方向を<u>意味する</u>かなのだ、と言う事もありえよう。そしてこの意味する過程は、たとえそれがどんな種類であろうとも、（元の矢印と同じ方向或いは逆の方向を指し示す）別の矢印によって表現される事が出来る。我々が「言う過程と意味する過程」について描いたこの図［——二本の矢印が（同じ向きに或いは逆の向きに）平行に描かれている図——］において本質的な事は、我々は〈言う過程〉と〈意味する過程〉は二つの異なった領域において生じていると想像しなくてはならない、という事である。

　では、いかなる矢印も逆の意味にとられ得るのであるから、矢印が意味［する過程］ではあり得ない、と言う事は正しいであろうか。——我々が、〈言う過程〉と〈意味する過程〉の図式を、矢印を<u>互い違い</u>に上下に並べる事によって、描くとしよう。

```
―――――――→
←―――――――
―――――――→
```

　もしもこの図式が我々の目的〔(或る人に、矢印を描いて方向を指示し、その方向に歩く事を命令する、という命令の表現)〕を完全に果たすならば、この図式は、三つのレヴェルのどれが〈意味する過程〉のレヴェルであるかを、示さねばならない。例えば私は、〔上記のような〕三つのレヴェルの図式を作り、底のレヴェルが常に〈意味する過程〉のレヴェルであるとする事が出来る。〔そうする事によって、三つのレヴェルのどれが〈意味する過程〉のレヴェルであるかを、示すわけである。〕しかし、君が〔三つ以上のレヴェルを有する〕いかなるモデル或いは図式を受け入れようと、それには底のレヴェルがあるであろうし、そのレヴェルには解釈などというものは存在しないであろう。この場合、いかなる矢印も更になお解釈され得る、という事は、ただ単に、私は常に、私が用いているモデルより一つ多いレヴェルを有する〈言う過程〉と〈意味する過程〉の別のモデルを作る事が出来るであろう、という事を意味しているのである。

　換言すれば、こういう事になる。――君が言いたかった事は、こうである。「いかなる記号も、解釈可能である。しかし意味〔する過程〕は、解釈可能であってはならない。意味〔する過程〕が〔それ自体で〕最後の解釈なのである。」さて私の想定では、君は、意味〔する過程〕は、言う〔過程〕に随伴する過程であり、その上、記号に翻訳可能であり、記号と等価でさえある、と思っている。それ故君は、更に私に、何を目印にして君は記号と意味〔する過程〕を区別するのかを、語らねばならない。もしも君が、例えば、〔想像する、という事を目印にして、〕意味「する過程」は、君が――想像とは違った――何らかの仕方で描く或いは作る事が出来る矢印ではなく、まさに君が想像する矢印である、と言う事によって、記号と意味〔する過程〕を区別するならば、それによって君は、更にいかなる矢印が付加されようと、それを君が想像した矢印の解釈とは呼ばないであろう、と言っているのである。

　上のパラグラフで言われた事は、もしも我々が、我々が或る事を言いそしてその言った事を意味するときに現実に起きる事は何か、を考えれば、より

一層明らかになろう。——こう自問してみよう。もしも我々が、或る人に「私は君に会えて嬉しい」と言い、そして、その事を意味するならば、——それ自体が話し言葉に翻訳され得る過程であるところの——或る意識過程が、「私は君に会えて嬉しい」という言葉に併走するであろうか。そのような事は、殆ど生じ得ないであろう。［言う過程自体が意味する過程なのである。］

　しかし、そのような事が生じる事例を想像しよう。［(1)］私には、私が声に出して言ういかなる英語の文にも、心の中で言われるドイツ語の文が随伴する、という習慣があると想定しよう。そうすれば、何らかの理由で、もしも君が、その心の中で言われる文を、その声に出して言う文の意味である、と呼ぶならば、言う過程に随伴する意味する過程は、それ自体が外的な記号に翻訳され得る過程であろう。或いは［(2)］我々がいかなる文を声に出して言うときにも、それに<u>先立って</u>、その文の意味（それが何であろうと）を一種の独り言として［心の中で］言う、と想定しよう。［(3)］我々が欲している事例に少なくとも似ている事例の一つに、我々が或る事を言い、そして同時に、或る像（絵）を心に描く、——この場合、像は意味であり、且つ、我々が言う事に一致する場合もあり、一致しない場合もある——というものがあろう。それらの事例、および、それらに似た事例が存在するとしても、しかしそれらは、我々が何かを言い、そして、それを意味する、或いは、何か別の事を意味するとき、通常起きる事では全くない。勿論、我々が意味と呼ぶものが、言語表現に随伴し、先行し、或いは、その後に従って生じるところの、確定した意識過程であり、且つ、それ自身が、或る種の言語表現であるか、或いは、言語表現に翻訳可能であるという場合が、現実に存在する。その典型的な例が、舞台での「脇ぜりふ（傍白）」である。

　しかし、我々が「或る事を言う」ときに意味する事を、本質的に我々が記述して来たような種類の過程であると、我々に考えたくさせるものは、二つの平行する過程を示唆するように見える二つの表現
　　　「或る事を言う」
と
　　　「或る事を意味する」
の形式の間にある類似性である。

人が「言葉を意味する過程」*と呼ぶかもしれないところの、我々の言葉に随伴する過程は、我々が言葉を話すときの声の抑揚、或いは——顔の表情のような——それに似た過程である。それらの過程は、話される言葉に——ドイツ語の文が英語の文に随伴するようにではなく、或いは、文を書く事が文を話す事に随伴するようにでもなく——歌の調べがその歌詞に随伴するように、随伴するのである。[歌の]この調べは、我々が文を[声に出して]言うときの[文の]「感じ」に対応する。そして私が指摘したい事は、この感じは、文が[声に出して]言われるときの[文の]表情、或いは、この表情に似た何かである、という事である。

　　＊文脈から言えば「言葉が意味する過程」であろう。しかし、そうすると以下の文章と内容的に繋がらない。もっとも、「言葉を意味する過程」としても、以下の文章と内容的に繋がらない。いずれにしろ、このパラグラフの論旨は乱れていると思う。

　我々の問題、(例えば、我々が「私は、キングスカレッジは火事である、と考える」と言うときの)「思考対象は何か」に戻ろう。
　この問題は、その述べられ方では、既に様々な混同を表している。この事は、問題が殆ど、「物質の究極の構成要素は何か」というような、物理学の問題の如くに見える、という事実によってだけでも、示されている。(「思考対象は何か」という問題は、典型的に形而上学的問題である。というのは、形而上学的問題の特性は、我々が、[それと気づかずに、]語の文法の不明瞭性を科学的問題の<u>形式</u>で表現してしまう事にあるのだから。)
　我々の問題の起源の一つは、命題関数"I think x"の[(事xについて「私はxと考える」という使用と、ものxについて「私はxを考える」という使用の、)]二通りの使用である。我々は、こう言う。「私は、しかじかの事が起きるであろう、と考える。」或いは「私は、しかじかの事が事実である、と考える。」そしてまた我々は、こうも言う。「私は、彼と全く同じ<u>物</u>を考える。」そして、[「考える」を「期待する」に置き換えれば、]我々はこう言う事になる。「私は、彼は来る、と期待する。」そしてまた、こう言う事になる。「私は、彼を期待する。」[ここで、]「私は、彼は来る、と期待する」*と「私は、彼を撃つ」を比較しよう。我々は、もしも彼が[今ここに]存在しなければ、彼を撃つ事が出来ない。[しかし我々は、今ここに彼が現実に

来ていないとき、彼は来る、と期待するのである。〕この事が、「いかにして我々は、実現していない事を期待出来るのか」、「いかにして我々は、存在しない事実を期待出来るのか」といった問題が生じてくる理由である。

 ＊原文では「私は、彼を期待する」である。しかし、それでは文意が通じ難いので、こう変更した。いずれにせよ私は、このパラグラフの議論は乱れている、と思う。

この困難から抜け出す道は、「我々が期待する事は、事実ではなく、事実の影——言わば、事実に次ぐもの——である」と考える事である、と思われる。〔しかし〕既に述べたように＊、そう考えても、問題を一歩先送りしただけである。〔期待の対象としての〕影というこの考えの起源は、様々である。その一つは、こうである。我々は「異なった言語の二つの文が同じ意味を持ち得る、という事は確かである」と言う。そして、我々の議論は「それ故、意味は文と同じではない」となる。かくして我々は、「意味とは何か」と問う事になる。そして我々は、そこで問われる「意味なるもの」を、影のような存在の一つ——我々が物質的対象が対応しない名詞に意味を与えようとするときに我々が作り上げる多くの影のような存在の一つ——にするのである。

 ＊53頁。

我々の思考〔(前のパラグラフでは「期待」)〕の対象は影である、というこの考えの他の源泉は、こうである。〔先ず、その準備として、「像」というものについて、考えておこう。〕我々は、そのような影を像(絵)であると想像する。但し、「像」と言っても、それは、その意図に疑問の余地がない像、即ち、それを理解するのに我々は解釈をしない像、我々が解釈無しに理解する像、である。さて、「像」と言っても、〔一方において、〕それを理解するためには、我々は、それを解釈する、即ち、別種の像に翻訳する、と言わねばならない像がある。そして、〔他方において〕我々は、それを直接的に、いかなる解釈をも更に加える必要なしに理解する、と言うべき像がある。〔例えば、〕君が暗号で書かれた電報〔——例えば「〜時にN氏が来る。」——〕を見たとき、君がその暗号の解読法を知っていたとしても、一般には君は、君がその暗号を解読するまでは、その電報を理解したとは言わないであろう。勿論君は、〔その暗号を解読するときは、〕〔暗号で書かれた

電報という〕一種の記号を、〔日常言語で書かれた解読文という〕別種の記号で、置き換えただけである。しかしそれでも、君がその電報を日常言語で読むときには、更にそれを解釈するという過程は、起きないであろう。──或いはむしろ、場合によっては君は、再びその日常言語で書かれた電報文を、例えば或る像〔──「〜時にＮ氏が来る」という像──〕に翻訳するかも知れない。しかし、そうしたときでも、やはり君は、一組の記号を他の一組の記号で置き換えただけなのである。〔そして、この場合には、この「〜時にＮ氏が来る」という像には、更にそれを解釈するという過程は、起きないであろう。〕

　我々が〔思考（期待）の対象として〕考えている影は、或る種の像（絵）である。それは、実際、我々の心に浮かぶイメージそっくりのもの、である。そしてそれは、再び、通常の意味で絵画に似ていなくはない何か、である。そして、この影という観念の一つの起源が、確かに、或る場合には、文を言う事、文を聞く事、或いは、文を読む事が、我々の心にイメージ──多かれ少なかれその文に厳格に対応するイメージ、それ故、或る意味で、その文の絵言葉への翻訳であるイメージ──を呼び起こす、という事実にあるのである。──しかし、我々が考えている影が、そうであるべき、と想像される像にとって、絶対的に本質的な事は、その像は私が「相似による像（picture by similarity）」と呼ぶものである、という事である。この「相似による像」によって私が意味している事、それは、その像はその像が表現しようと意図しているものと類似している（similar）像である、という事ではなく、その像はその像が表現するものと相似（similar）のときにのみ正しい像である、という事なのである*。人は、この種の像に対しては、「コピー（写し）」という語を用いるであろう。大まかに言ってコピーは、それがコピーしたもの〔(オリジナル)〕と易々と取り違えられるときに、良い像なのだ。

　＊ここでは、「similar」という語が二様に使われている、と思われる。

　我々の地球の〔例えば北〕半球の平面への投影図は、類似による像、或いは、その意味でのコピー、ではない。私が、或る人の顔を──受け入れられている〔或る奇妙な〕投影規則に従って──正しくではあるが、しかし、奇妙な仕方で、紙の上に投影して描くという事は、考え得るであろう。この場

合、誰もその投影図を「誰某の良い肖像画」とは呼ばないであろう。何故ならそれは、少しも彼に似ていない［──類似していない──］から。

　もしも我々が、［意図の上では］正しいとはいえ対象と類似ではない像、の可能性を心に抱き続けるならば、影を文と事実の間に［事実に次ぐものとして］挿入する事は、全く意味を失う。何故ならば、今や文自体が、そのような影として働き得るのであるから。まさに文は、そのような像──それが表現するものと少しも似たところがない像──なのである＊。もしも我々が、いかにして文「キングスカレッジは火事である」は、キングスカレッジは火事である、の像であり得るか、という疑念を抱くならば、我々はただ、「いかにして我々は、その文が意味する事を説明すべきか」と自問しさえすればよい。その文が意味する事の説明は、直示定義によって構成されるかもしれない。我々は、例えば、（当の建物を指さして）「これがキングスカレッジである」と言い、（火を指さして）「これが火である」と言わねばならない。これが君に、語とものが結合される仕方を示すのである。

　　＊この思想は、『論考』における「像の理論」である。「像の理論」が彼の後期の哲学にも引き継がれている事は、興味深い。

　我々が起きる事を望む事は、影として、我々の望みの中に存在しなければならない、という考えは、我々の表現形式の中に深く根を下ろしている。しかし、事実として我々は、その考えは、我々が本当に言いたい事の最高の不合理さに比べれば、一歩及ばない不合理さに過ぎない、と言うかもしれない。［しかし］もしも、我々が起きる事を望む事は［、影としてではなく、］我々の望みの中に存在しなければならない、という事が不合理に過ぎるのでないならば、我々は、我々が起きる事を望む事は［、影としてではなく、］我々の望みの中に存在しなければならない、と言うべきなのである。何故ならば、もしも我々が起きる事を望むまさにその事が、我々の望みの中に存在しなければ、いかにして我々は、まさにその事が起きる事を望み得るであろうか。次のように言う事は、全く正しいのである。即ち、「単なる影では、まさにその事が起きるという事を、望み得ないであろう。何故ならば、影は、対象の一歩手前で止まっているのであるから。そして我々は、望みは対象そのものを含んでいる、という事を欲しているのであるから。」──我々は、「スミス氏がこの部屋に来る」という望みは、「(スミス氏の影のような

代替物ではなく) まさにスミス氏 [自身] が (この部屋の影のような代替物ではなく) [まさに] この部屋に (来るの影のような代替物ではなく) [まさに] 来る」という望みで、あって欲しいのである。しかし、これこそが、まさしく [望みの中で] 我々が言った事 [——「スミス氏がこの部屋に来る」——] なのである。

　我々の [実物と影の] 混同は、「我々が、通常の表現形式に完全に従いながらも、我々が望む事 [——「スミス氏がこの部屋に来る」という事——] を、未だここには存在しない事、それ故、我々には指示出来ない事、と [誤って] 考える」事である、というように記述する事が出来よう。さて、「我々の望みの対象」という表現の文法を理解するために、「君の望みの対象は何か」という問いに対して我々が与える答えを、ちょっと考える事にしよう。この問いに対する答えは、勿論、「私はしかじかの事が起きる事を望む」である。[私の「望みの対象」は「しかじかの事が起きる」という事である、という訳である。] さて、もしも我々が更に進んで「では、その望みの対象 [——「しかじかの事が起きる」という事——] とは何か」と問うたとしたら、答えはどうなるであろう。その答えは、ただ単に、先の表現 [(「しかじかの事が起きる」という事)] の繰り返し、或いは、それの何らかの他の表現形式への翻訳、で成り立っているかもしれない。[後者の場合、] 例えば我々は、我々が望んだ事を、別の言葉で述べるか、或いは、絵で図解する、等々、かもしれない。さて我々が、我々が望みの対象と呼ぶものは、言わば、未だこの部屋に入って来ない人、したがって、未だ見る事が出来ない人 [、がこの部屋に入って来る、という事] である、という印象を持っているときには、我々は、我々が望んでいるものは何か、についてのいかなる説明も、実際の事実を示すには一歩足りない、と想像してしまう。——[それは、] 我々は、実際の事実なるものは、彼は未だこの部屋に入って来ないのであるから、示す事が出来ない、と危惧するからである。この [、我々は実際の事実なるものは示す事が出来ないという] 事は、あたかも、私が或る人に「私はスミス氏 [が私の部屋に入って来る事] を望む」と言い、そして彼が私に「スミス氏とは誰か」と問うたとき、私が「彼はここにいないから、彼を君に今示す事が出来ない。私が君に示す事が出来るのは、[今ここにある] 彼の写真だけである」と言うようなものである。それでは、あたかも、

私が望むものは、それが実際に起きるまでは、完全には説明する事が出来ないかの如くに思われる。しかし勿論、これは幻想である。真実は、こうである。即ち、私が望んだ事については、その望みが満たされた後の方が、満たされる以前よりも、より良い説明を与える事が出来る、という必要はない。何故ならば、スミス氏が私の部屋に入って来る以前に、私は、スミス氏を私の友人に完全に良く示したかもしれないし、「入って来る」は何を意味するのかを彼に完全に良く示したかもしれないし、そしてまた、「私の部屋」とは何かを彼に完全に良く示したかもしれないのであるから。

　我々の困難は、以下のように表現される事が出来よう。我々は、いろいろなものについて考える。──しかし、それらのものは、いかにして我々の思考の中に入り込むのか。我々は、スミス氏について考える。しかしスミス氏について考えるのに、彼が今ここにいる必要はない。［ましてや、］彼の写真など、役に立たない。何故ならば、我々は［、スミス氏の写真がないとスミス氏について考える事が出来ないときに、］どうしてその写真がスミス氏の写真であると、知る事が出来ようか。実際に、［スミス氏について考えるのに、］彼の代替物など役に立たないのである。［という事は、彼自身が──彼が今ここにいなくとも──じかに我々の思考対象である、という事である。］では、いかにして彼自身が［──たとえ彼自身が今ここにいなくとも──］我々の思考対象で有り得るのか。（ここでは私は、「我々の思考対象」という表現を、私が以前に用いた仕方とは違った仕方で用いている。今は私は、［「我々の思考対象」という表現で］私がそれについて(about)考えているものを意味しているのであって、「私が考えている事」を意味しているのではない*。）

　　*58頁。

　我々は、こう言った*。或る人についての我々の思考、或いは、語りと、その人自身の結合［(指示関係)］は、［例えば、］「スミス氏」という語の意味を説明するために、我々が［眼の前にいる］或る人を指さして「これがスミス氏である」と言うようなときに、作られる。そして、この結合には何の神秘性もない。私が言いたい事は、スミス氏が実際にはここにいないときに［彼について考える場合］、彼を我々の心の中に何らかの仕方で呼び出す奇妙な心的作用などは存在しない、という事である。彼を我々の心の中に呼び出

すものは、件の結合［──思考と対象の間の、何の神秘性もない結合──］なのである。そして、この事実を見る事を困難にしているのが、［そして、彼を我々の心の中に呼び出すには、奇妙な心的活動が必要であると我々に思わせるのが、］日常言語の或る特殊な表現形式**なのである。と言うのは、日常言語の或る特殊な表現形式が、我々の思考（或いは、我々の思考の表現）とその対象──それについて我々が考える<u>もの</u>──の結合は、思考をしていた<u>間中</u>［出来事として］存在し続けたのでなければならない、と思わせるから。［結合が、思考をしていた<u>間中</u>（出来事として）存在し続けたのでなければならないとすれば、我々はその結合を、思考をしていた<u>間中</u>（出来事として）存在させる奇妙な心的活動が必要である、という訳である。］

　　＊ 61頁。
　　＊＊「日常言語の或る特殊な表現形式」とは、「過去時制という表現形式」の事ではないかと思われる。次のパラグラフを見よ。

［ここで、人は言うかも知れない。］「我々が、ヨーロッパに居てアメリカに居る或る人を意味する事が出来るとは、奇妙ではないか。」［或いは、こう言ってもよい。「我々が、ヨーロッパに居てアメリカに居る或る人を我々の心の中に呼び出す事が出来るとは、奇妙ではないか。そのためには、奇妙な心的作用が必要ではないのか。」］──或る人が「ナポレオンは1804年に戴冠した」と言ったので、我々が彼に「君は［「ナポレオン」で］アウステルリッツの戦いで勝った男を意味したのか」と問うたとしよう。これに対し、彼は「そうだ。私は［「ナポレオン」で］アウステルリッツの戦いで勝った男を意味したのだ」と言うかもしれない。そして、この「意味した」という過去時制の使用が*、「ナポレオンはアウステルリッツの戦いで勝った」という考えは、彼が「ナポレオンは1804年に戴冠した」と言ったときに、［意識してはいなかったとはいえ、既に］彼の心の中に［出来事として］存在していなければならなかったかの如くに、思わせるのである。［したがって、彼が「ナポレオンは1804年に戴冠した」と言ったとき、意識はしていなかったとはいえ、既に彼の心の中には、「ナポレオン」と〈アウステルリッツの戦いで勝った男〉の結合が［出来事として］存在していなければならなかったかの如くに、思わせるのである。］

　　＊「過去時制の使用」は、過去におけるある時点での出来事を表している。

或る人（私の友人）が「Ｎ氏が、今日の午後、私に会いに来る」と言う。そこで私は、その場に居あわせた（別の）或る人を指して、「君は［Ｎ氏で］彼を意味しているのか」と問う。これに対し、その友人が「そうだ」と答える。この会話において、「Ｎ氏」という語とＮ氏の間には、結合が確立された事になる。しかし我々は、その友人が「Ｎ氏が、今日の午後、私に会いに来る」と言った、そして、その事を意味した、その［過去における短い］間中、彼の心はその結合を［出来事として］思い続けなければならなかった、と考えがちなのである。

　この事が、我々に意味する事とか考える事を特殊な心的活動と考えさせる、一要素なのである。［しかし、］ここで「心的」という語が付いているという事は、［そのように考えても、］意味するとか考えるとかいう事がいかなる働きであるかは理解すべくもない、という事を言っているようなものである。［「心的」という語は、問題を最後まで冷徹に見る事を棚上げにした、安易な形容詞なのである。］

　我々が「考える」という事について言った事は、「想像する」という事についても当てはまる。或る人が、「私は火事であるキングスカレッジを想像している」と言う。我々は、彼にこう問う。「君は、君が火事であると想像している建物がキングスカレッジであるという事を、どうして知っているのか。君が火事であると想像している建物が、キングスカレッジに非常に良く似た別の建物である、という事はあり得ないのか。実際、君の想像は絶対的に正確なので、君の想像した建物に合う建物が［キングスカレッジ以外にも］幾つもある、などという事はあり得ないとでも言うのか。」——それでもなお君は、このように言う。「私は、キングスカレッジを想像しているのであって、他の建物を想像しているのではない、という事には疑いがない。」しかし、このように言う事が、我々が欲しているまさにその結合［——「キングスカレッジ」という語とキングスカレッジの結合——］を、［その時に］作り上げる事になるのであろうか。［ならない。］何故ならば、そのように言う事は、絵の下に「誰某氏の肖像」という言葉を書き記すのに似ているから。君は、火事であるキングスカレッジを想像している間中、「キングスカレッジは火事である」という言葉を［心の中で］発し続けた、という事が、あったかもしれない。しかし非常に多くの場合、そのような事は、確かにな

い。そして、考えよ。たとえ君が、キングスカレッジを想像している間中、その想像を説明する言葉を心の中で発し続けるとしても、君の想像はキングスカレッジには達せず、ただ単に「キングスカレッジ」という語に達するに過ぎない。「キングスカレッジ」という語とキングスカレッジの結合は、おそらく、別の時に作られたのである*。

  *絵の下に「誰某氏の肖像」という言葉を書き記すことは、第一次的には、その絵とその言葉を結合させるだけである。しかし一般には、その言葉の中にある「誰某氏」とその本人の間の結合は、予め付けられている。したがって、この事を前提にすれば、絵の下に「誰某氏の肖像」という言葉を書き記す事によって、その絵は誰某氏の肖像になるのである。即ち、その絵は、誰某氏に達するのである。同様に、おそらく別の時に作られたであろうところの、「キングスカレッジ」という語とキングスカレッジの結合を前提にすれば、「私は、キングスカレッジを想像しているのであって、他の建物を想像しているのではない」と言う事によって、その想像はキングスカレッジについての想像になるのである。即ち、その想像はキングスカレッジに達するのである。

［「思考する」、「意味する」、「想像する」といった、］これらの事についての我々の推論の全てにおいて、我々が犯しがちな過ちは、これらの事と、或る意味で相互に密接に結合し合っているあらゆる種類の経験は、我々の心の中で、同時に存在しなければならない、と考える事である*。［次のような事を、考えて見よう。］我々が、暗記している曲を歌う、或いは、アルファベットを［順に abc……と］書く時、音あるいは字が繋がっているようにみえる。そして、それぞれが次に来るものを引き出すようにみえる。それはあたかも、箱の中に真珠の首飾りが入っていて、［その一端を引いて］真珠を一つずつ引き出すと、それに繋がっている次の真珠が一つずつ引き出されるように、である。

  *この事は、例えば、こういう事ではないかと思われる。
    （例1）　或る人が「ナポレオンは1804年に戴冠した」と考え、そう言った時、彼の心の中には「ナポレオンはアウステルリッツの戦いで勝った」という思いも、同時に存在しなければならなかった、と考える。
    （例2）　友人が「N氏が、今日の午後、私に会いに来る」と言い、そして、その事を意味した時、その友人は心の中で、「N氏」という語とN氏の

間の結合を思い続けなければならなかった、と考える。

　（例3）　或る人が「私は、キングスカレッジは火事である、と想像する」と言った時、彼は心の中で「キングスカレッジは火事である」と言い続けなければならない、と考える。

　さて、疑いもなく我々は、もしも、紐に通された一連のビーズが箱から蓋の穴を通して引き上げられる、という視覚像を持っていれば、「それらのビーズは、全て予め箱の中に一緒にあったのでなければならない」と言いたくなるに違いない。しかし、そのように言う事は仮説を立てる事である、という事を見てとる事は容易である。［何故ならば、］もしもビーズが蓋の穴の所で順々に作り出されたとしても、私は全く同じ視覚像を持ったに違いないから。我々は、意識された心的事象［――今の例では「視覚像」――］を述べる事と、人が「心の機構（メカニズム）」と呼ぶものについて仮説を立てる事の、区別を見逃しがちなのである。その上、我々の心の働きに関するそのような仮説や挿絵は、我々の日常言語の表現形式の多くに埋め込まれているので、なおさらである。［例えば、］「私はアウステルリッツの戦いで勝った男を意味した」という文の中の過去時制「意味した」は、心は、我々の記憶が、思い出されるまでは、保持され収納されている場所と考えられる、という挿絵の一部を構成している*。もしも私が、良く知っている曲を口笛で吹いていて、中途で遮られるとしよう。そして、誰かが私に「その続きをどう演奏するか知っていましたか」と問うとすれば、私は、「勿論、知っていた」と答えるに違いない。では、この<u>その続きをどう演奏するか知っていた</u>とは、いかなる種類の過程なのか。それは、あたかも、その続き全体が、私がその続きをどう演奏するかを知っている間は、［心の中に］存在していなければならないかの如くに、思われるのである。

　＊過去時制で「意味した」と言う事は、彼が「ナポレオンは1804年に戴冠した」と言った時、既に彼の心の中には、「ナポレオンはアウステルリッツの戦いで勝った」という思いも、同時に存在していた事を意味している。しかし、彼が「ナポレオンは1804年に戴冠した」と言った時には、同時には「ナポレオンはアウステルリッツの戦いで勝った」と言う事は出来ないのみならず、「ナポレオンはアウステルリッツの戦いで勝った」と思う事も出来ない。しかし、<u>後から振り返れば</u>、その時には「ナポレオンはアウステル

リッツの戦いで勝った」という思いを持ってはいたのである。では、どこに持っていたのか。そこで、「心に」という事になる。「ナポレオンはアウステルリッツの戦いで勝った」という思いは、彼が「ナポレオンは1804年に戴冠した」と言う以前から今までずっと、記憶として保持され収納されていたのである。その収納場所が「心」である、という訳である。

　[では、]「その続きをどう演奏するか知るには、どのくらいの時間がかかるのか」と自問してみよう。或いは、それは瞬間的過程なのか。[かく言うとき]我々は、曲のレコードの存在を曲[自体]の存在と混同するような誤りを犯してはいないのか。我々は、[口笛で]曲が演奏される時はいつでも、その曲を演奏する或る種のレコードが[予め心の中に]存在していなければならない、と想定しているのではないのか。

　以下のような例を、考えよう。私の目の前で、大砲が撃たれた。私は、「音は、私が予想した程には大きくなかった」と言った。或る人が、私に問う。「どうして、そのような事が言えるのか。君の想像の中に、大砲の音よりも大きな音があったのか。」私は、そのようなものはなかった、と告白せざるを得ない。そこで、彼は言う。「それでは君は、実際には、もっと大きな音を期待したのではなく——恐らく、もっと大きな音の影を期待したのである。——では君は、その影はもっと大きな音の影であるという事をどうして知ったのか」——このような場合、実際には何が起こるのかを、見てみよう。恐らく私は、砲声を待ち受けて、口を開け、体を支えるために何かにしがみつき、そして多分、「恐ろしい事が起きるぞ」と言った。そして、発砲が終わったとき、「結局、砲声はそれ程大きくはなかった」と言った。——そして、私の体の緊張がほどけたのである。それでは、体の緊張とか口を開けるとか、等々、の事と、実際の大きな音との結合は何であるのか。おそらくそれは、そのような大きな音を[実際に]聞いた事と、それによって経験した事によって、作られたのである。

　「考えを心の中に持つ」、「心に立ち現れる考えを分析する」といった表現を吟味しよう。それらの表現によって誤解に導かれないように、例えば君が、手紙を書いていて、「君の心に立ち現れる」考えを正しく表現する言葉を探している時、実際には何が起きているのかを、見てみよう。「我々は我々の心に立ち現れる考えを表現しようと試みている」と言う事は、——非

常に自然に思いつかれるものであり、且つ、我々が哲学している時に我々を誤解に導かない限り何の問題もないところの——比喩を使った言い方、なのである。何故ならば、我々が、心に立ち現れる考えを正しく表現する言葉を探している時、実際には何が起きているのかを思い出せば、我々はそこに、相互に多かれ少なかれ似ている非常に多種多様な過程を見出すのであるから。——そして我々は、それら全ての過程においては、いずれにせよ、我々は我々の心に立ち現れるものによって導かれるのだ、と言いたくなるかもしれないが、しかしそうすると［今度は］、「導かれる」とか「我々の心に立ち現れるもの」といった言葉が、「考え」とか「考えの表現」といった言葉が様々に異なった意味で用いられるように、異なった意味で用いられる事になるのであるから*。

＊要するに、我々が心に立ち現れる考えを正しく表現する言葉を探している時、実際には多種多様な過程が家族を為して生じているに過ぎないのであって、したがって、それら様々な過程を一括して言い表す事は——内包がない以上——比喩的にしか出来ない、という事なのであろう。

「我々の心に立ち現れる考えを表現する」という句は、［(1)］我々が言葉で表現しようと試みているものは、既に、別の［心的な］言葉で表現されている、という事、［(2)］この［心的な言葉による］表現は我々の心の眼前にある、という事、そして、［(3)］我々の為すことは、この心的言語から言葉の言語への翻訳である、という事である、といった事を示唆している。［しかし、］我々が「［我々の心に立ち現れる］考え、等々、を表現する」と呼ぶ大抵の場合、それらとは非常に違った事が起こっている。私は言葉を模索している、といった場合に、［一体］何が起きているかを想像せよ。［それは、こうである。］様々な語が示唆されるが、私はそれらを拒絶する。ついに、或る語が提案され、私は「これが私が意味したものだ」という*。

＊したがって、「我々の心に立ち現れる考えを表現する」という句は、我々を誤解に導きやすい比喩的な言い方なのである。

(我々は、定規とコンパスによる角の三等分の不可能性の証明は、「角の三等分」という我々の観念を分析している、と言いたくなるに違いない。しかし［そうではなく］、その証明は我々に、角の三等分に関する新しい観念——その証明がその観念を構成するまでは我々が持っていなかった新しい観

念──を与えているのである。その証明は、我々が行こうとしていた道に我々を導いた。しかしその証明は、[同時に]我々が[これまで]居た場所から我々をつれ去った。その証明は、我々が今までずっと居た場所を我々に明瞭に示しただけではなかったのである。)

ここで、我々の思考の表現と、我々の思考が立ち向かう事実の間に、影が挿入されねばならない、と想定しても何も得る所がない、と言った地点*に立ち戻ろう。我々は[そこにおいて]、もしも我々が事実の像（絵）を欲するならば、文それ自体が（似た像ではないが）事実の像なのである、と言ったのである。

　* 61頁。

そこにおいて私がしようとした事の全ては*、思考、希望、望み、[信念、]等々の表現過程とは独立に、考える、希望する、望む、信じる、等々の、心的過程と呼ばれるものが存在「しなければならない」、と考える誘惑を取り去る事であった。[私は君に、この誘惑を取り去るための作戦を授けようと思う。即ち、]「もしも君が思考、信念、知識、等々、の本性について思い悩むならば、思考には思考の表現を置き換え、信念には信念の表現を置き換え、等々、をせよ」という作戦を授けようと思う。この置き換えに潜む理解困難な点は──そしてそれは、同時に、この置き換えの全眼目なのであるが──「思考、信念、等々、の表現は、まさに文である。──そして文は、或る言語体系の一員としてのみ意味を持つ、[もっと言えば、]或る記号系**の内部にある一表現としてのみ意味を持つ」という事である。ところが我々は、この記号系を、言わば、我々が述べる全ての文の恒常的背景であると想像するよう、誘惑され、且つ、紙の上に書かれた或いは言われた文は孤立しているとはいえ、その[背景にある]記号系は、考えるという心的活動の中に──[その全体が同時に]一括して──存在するのだと考えるよう、誘惑される。心的活動が、記号を[例えば紙の上で]操作するいかなる行為によっても行われ得ない事を、奇跡的な仕方で行うように、思われるのである。さてもし、或る意味で記号系の全体は同時に[一括して]存在しなくてはならない、と考えるという誘惑が消えれば、我々の[例えば紙の上の]表現に平行して特殊な種類の心的活動が存在すると想定するという事には、もはや何の意味も存在しない事になる。勿論この事は、我々の思考の表現には特殊

な意識活動が随伴するわけではない、という事を示した、という事を意味してはいない。ただ我々は、我々の思考の表現には特殊な意識活動が随伴しなければならない、とはもう言わない、というだけである。

　　＊そこ（61頁）においては、実は、しようとしていない、と思う。
　　＊＊「記号系」の原語はcalculusである。calculusは一般には「計算」、「計算法」等であるが、ここでは内容に即して（大森訳と同じく）「記号系」としておく。

　［人は、言うであろう。］「しかし我々の思考の表現は、常に人を惑わす事が出来る。何故ならば、我々は或る事を言い、そして［それによって］他の事を意味する事が出来るから。」では、我々が或る事を言い、そして［それによって］他の事を意味する時に起きる、多くの様々な事を想像せよ。──［例えば、］次のような実験をせよ。「この部屋は暑い」と言い、そして［それによって］「この部屋は寒い」を意味する。そして［この時、］君がしている事を子細に観察せよ。

　［更にまた］我々は、私的な思考は「独り言」によって［正直に］行い、［他人に対しては］或る事を声を出して言い、そしてその後に、その反対の事を［正直に］独り言で言って［その他人を］惑わす、という人を想像する事は、容易に出来るであろう＊。

　　＊この場合には、「独り言で言う」という事が「意味する」という事になる。

　［人はまた、こうも言うであろう。］「しかし、意味する、考える、等々は、私的な経験である。それらは、書く、話す、等々のような［公的な］活動ではない。」──しかし、何故これら、書く、話す、等々は、書く、話す、等々の特殊な私的経験──書くとか話すとかの筋肉の、視覚の、触覚の、感覚──であってはならないのか。

　次のような実験をせよ。［先ず、］或る文、例えば「明日は多分雨だ」、を言い、そして、［明日は多分雨だ、と考え、］その事を意味する。さて［次に］、再び、明日は多分雨だ、と考え、君がまさに意味した事を意味する。しかし［今度は］、（声に出して或いは心の中で）何かを言う事なしに、である。もしも、明日は多分雨だ、と考える事が「明日は多分雨だ」と言う事を伴ったとすれば、明日は多分雨だ、と考える事だけをして、「明日は多分雨だ」と［──声に出してであろうと、或いは、心の中でであろうと──］言

わないようにせよ。──もしも考える事と言う事が、歌のメロディーと歌詞*の関係であったとすれば、我々は歌詞無しでメロディーを歌う事が出来るように、言う事無しで考える事が出来るであろう**。

　　＊原文では「歌詞とメロディー」になっているが、後段との繋がりを良くするため、逆にしておく。
　　＊＊『探求』330節を参照の事。

　しかし、何れにせよ、人は考える事無しに言う事は出来ないであろうか。勿論、出来る。──しかし、君が考える事無しに言う時には、君はどんな事をしているのかを、観察せよ。何にもまして、我々が「言い、且つ、言った事を［考え］意味する」と呼ぶであろう過程は、君が言っている時に起きる事によって、考え［意味す］る事無しに言う過程から必然的に区別される訳ではない、という事を観察せよ。両者を区別するものが、君が言う以前に或いは以後に起きる事である、という事が大いに有り得るのである。

　私は、慎重に、考える事無しに言おうとした、と想定せよ。──［この時］私は、実際には、何をしているであろうか。［例えば］私は、本から一文を抜き出して、読むかもしれない。しかも、その文がもたらすであろうイメージや感覚を持っては読まないよう、機械的に読む努力をしながら、読むかもしれない。これをする仕方は、［例えば］私がその文を読んでいる間、私の皮膚をきつくつねる事によって、私の注意を何か別のものに集中する、という事でもあろう。──こう言ってみよう。考える事無しに文を言う、という事は、言う方のスイッチを入れて、言う事に随伴するもののスイッチを切る、という事である。さて、君は自問せよ。文を言う事無しに考えるという事は、（それまで切ってあったスイッチを入れ、それまで入れてあったスイッチを切るという、）スイッチの入れ替えをする事であろうか。即ち、文を言う事無しに考える、という事は、単に、言葉に随伴するものは保持し、言葉［そのもの］は捨て去る、という事であろうか。文が言っている事を、文無しに考えてみよ。そして、これが［現実に］起き［得］る事であるか否か、見てみよ。

　まとめをしよう。もしも「考える」、「意味する」、「望む」等々といった［心的な］語についての使用法を詳細に観察するならば、我々は、その観察過程を通して、我々の思考を表現する働きとは独立な、そして、［心という］

或る特殊な媒体の中にある、思考の特殊な働きを探そうという誘惑から、解放される。我々はもはや、「考えるという経験は、まさに、言うという経験に外ならないかもしれないし、或いは、言うという経験プラスそれに随伴する他の経験であるかもしれない」という認識を、確立されている表現形式*によって妨げられる事はない。（また、以下のような事を吟味するのは、有益である。掛け算が文の一部である場合を想定しよう。そして、掛け算7×5＝35を考えながら、7×5＝35と言うとはどういう事か、また、掛け算7×5＝35を考えないで、7×5＝35と言うとはどういう事か、自問せよ。）語の文法を詳細に観察する事は、事実を偏りのない眼で見る事を妨げているところの、或る固定した標準的表現**の地位を、弱める。我々の探求は、我々に、事実は我々の言語に埋め込まれている或る像***に合わねばならない、と考えさせる所の、この偏見を取り除こうとしたのである。

　　＊例えば、「過去時制」という表現形式を考えよ。
　　＊＊「或る固定した標準的表現」とは、さきの「確立されている表現形式」
　　　の事であろう。
　　＊＊＊「或る像」とは、例えば、我々の言語に埋め込まれている「過去時制」
　　　に惑わされて我々が抱きがちな像、のことであろう。

　「意味」という語は、我々の言語において半端仕事をすると言われる語の、一つである。大抵の哲学的問題を引き起こすのが、そのような［半端仕事をすると言われる］語なのである。或る組織を想像せよ。そのメンバーの大多数は、或る正規の仕事──例えば、その組織の規約の中に容易に書き込まれ得る仕事──を持っている。これに対し、半端仕事──とは言え、それは極めて重要な仕事なのであるが──のために雇われている若干のメンバーもいる。──哲学における大抵の問題を引き起こすのが、この重要な「半端仕事」をする語の使用を、あたかも、正規の仕事をする語であるかの如く記述しようとする我々の傾向、なのである。

　私が個人的経験*について語る事を後回しにしてきたのは、個人的経験について考え出すと、沢山の哲学的困難──我々が普通に「我々の経験の対象」と呼ぶべきもの、についての我々の常識的概念を、全て破砕してしまいそうな哲学的困難──が引き起こされるからである。そして、もしも我々がそれらの問題（哲学的困難）に打ちのめされると、記号について、そしてま

た、いろいろな事例において我々が言及してきた様々な対象について、我々が言ってきた事の全てが、考え直されねばならないかの如くに、見えるかもしれないのである。

　　＊ここで言う「個人的経験」とは、他人には伺い知る事が出来ない「私的経験」の事である。

　この状況は、どうやら、哲学の研究においては典型的なのである。そして人は時にこの状況を、「いかなる哲学的問題も、全ての哲学的問題が解かれてしまうまでは、解けないのだ」と言って、記述した。かく言う事で意味している事は、「哲学的諸問題は、それらの全てが解かれない限り、新しい困難（問題）が現れる度に、旧い以前の問題解決を怪しいものにしてしまう」という事である。この言明に対しては、もしも我々が哲学においてそのような大まかな言い方で言うのであれば、おおよそ、こう言う事が出来る。即ち、「起こって来る新しい問題は、いずれも、我々の以前の部分的な問題解決が最終的な［問題解決の全体的］図柄の中で占めるべき位置を、怪しいものにするかもしれない。」そこで人が、それら以前の［部分的な］問題解決は再解釈されねばならない、と言うとすれば、我々は、それら以前の［部分的な］問題解決は別の文脈に置かれなくてはならないのだ、と言うべきなのである。

　我々は図書館の本を［正しく］並べねばならない、と想像せよ。我々が［その仕事を］始めるときには、［多くの］本が雑然と床に置かれている。さて、それらの本を分類し、それらが置かれるべき場所に置く仕方は、いろいろあるであろう。或る人は、本を一つ一つ取り上げて、それぞれを棚の正しい位置に置くであろう。これに対し我々は、いろいろな本を床から取り上げて、順序だけ正しく［ひとまず］それらを棚の上に配列するかもしれない。図書館の本を［正しく］並べる過程において、この［ひとまず］配列された一組の本は、別の場所に［一括して］移されねばならないであろう。しかし、だからと言って、順序だけ正しく［ひとまず］本を棚の上に配列するという事が、最終結果への一歩ではなかった、と言う事は間違いであろう。この場合、事実、一まとめになるべき本をまとめて［正しく］並べるという事は、たとえその全体が［後で］別の場所に［一括して］移されねばならないとしても、確かな成果である、という事は全く明らかである。しかし、哲学

における最大の成果の或るものは、一まとめになるべきと思われる幾つかの本を取り上げ、そしてそれらを別々の棚に置く、という事と比べられるに過ぎないのである。それらが置かれる場所に関しては、もはや［同じ棚に］並べられる事はない、という事以上に最終的な事は、何もないのである。この仕事の難しさを知らない傍観者は、このような場合、それでは何もした事にならないではないか、と考えるかもしれない。──哲学における難しさは、我々が知っている事しか言わない、という事である。例えば、我々が二つの本を正しい順序に置いたとき、それによって我々はそれらをそれらの最終的場所に置いたのではない、という事を理解する事である。

　我々が、我々の周りの対象とそれらについての我々の個人的経験の関係について考えるとき、時に我々は、「それらの個人的経験が［周りの］現実を構成する素材である」と言いたくなるものである。この誘惑がどうして生じるのかは、後に*明らかになるであろう。

　　＊ 119頁。

そのように考えると我々は、我々の周りの対象についての確固とした把握を失い、その代わりに、我々には、個々人の相互に無関係な個人的経験のみが残されるように思われる。［そして］それらの個人的経験［自体］もまた、漠然として常に流動しているように見えるのである。我々の言語は、そのような個人的経験を記述するようには作られていない、と思われる。我々は、そのような個人的経験を哲学的に明らかにするには、我々の日常言語は粗雑すぎるのであって、我々にはもっと精巧な言語が必要だ、と考えたくなるのである。［かくして、「感覚与件言語」が考えられる訳である。］

　［つまり、］我々は或る発見をした、と思われるのである。──その発見とは、「我々がその上に立っているこの大地、しかも、確固としていて頼りに出来るように見えるこの大地、それは［実は］泥沼であり安全ではない事が発見された」と言って記述出来るような発見なのである。──その発見は、我々が［──常識の立場を離れて──］哲学するときに起きるのである。何故ならば、我々が常識の立場に立ち返るや否や、この<u>包括的不確実性</u>は消え失せるのであるから。

　この奇妙な状況は、具体的事例を考察する事によって、──実際、我々が陥っている困難を説明し、なおかつ、この種の困難から脱出する道をも示

一種の寓話を考察する事によって——幾らかはっきりさせる事が出来る。我々が通俗科学者たちによって聞かされているところによると、我々が立っているこの床は、常識的には堅いと見えるが、［実は］堅くはない、何故ならば、［床を構成している］木は、空間を満たしている［電子などの］微粒子によって構成されているのだが、その密度は非常に希薄なので、木は殆ど真空であると呼ばれ得る事が発見されたから。この事は、我々を困惑させるであろう。何故ならば、勿論我々は、或る仕方で、床は堅い事を知っているし、もしも堅くないならば、それは床の木が腐っているからであって、床の木が電子などの微粒子によって構成されているからではない、という事を知っているから。「床の木は電子などの微粒子［が希薄に分布されている事］によって構成されているから、床は堅くないのだ」と言う事は、言語［が与える像］の誤用である。何故ならば、たとえその微粒子が、砂の粒のように大きく、且つ、砂山において砂の粒が密集しているように、密集していようとも、もしも床が、砂山が砂の粒で構成されているのと同じ意味で、その微粒子で構成されているならば、床は堅くはないであろうから。我々の困惑は、或る誤解に基づいていたのである。微粒子が空間を満たしているのだが、それは非常に希薄である、という像が、誤って適用されたのである。何故ならば、物質の構造のこの像は、まさに、物質の〈堅い〉という現象を説明するためのものであったのであるから。

　この例においては、［本来は「堅い」と言うべき場合に「堅くない」と言う事によって、］「堅い」という語が誤って用いられており、そして我々は、何物も実際には堅くないのだ［（包括的不確実性）］、という事を示したように見えるが、丁度それと同様に、感覚経験の包括的曖昧さについての、そしてまた、全ての現象の流動性についての、我々の問題を述べるときには、我々は「曖昧さ」という語と「流動性」という語を誤って、典型的に形而上学的に——即ち、対照語なしに——用いているのである。これに対し、それらの［語の］正しい日常的な使用においては、曖昧さは明確さに対して、流動性は安定性に対して、不正確は正確に対して、そして、問題は解決に対して、対照される［仕方で用いられるのである］。そもそも「問題」という語は、もしそれが我々の哲学的困難に用いられるときには、誤用されているのだ、と言えるかもしれない。［何故ならば、］哲学的困難は、それが［解決と

対照される——即ち、答えのある——]問題であると見られている限り、人を焦らし苦しめ、しかも解決不能と思われる［から］。

私には、私自身の経験のみが実際に存在する［本当の経験である］、と言いたい誘惑がある。［私は、こう言いたいのである。］「私は、私は見ている、聞いている、痛みを感じている、等々、の事を知っている。しかし私は、誰か他人が、見ている、聞いている、痛みを感じている、等々、の事を知ってはいない。私は、これらの事を知る事は出来ない。何故ならば、私は私であり、他人は他人であるから。」

とは言うものの、私は他人に対し「私自身の経験のみが実際に存在する本当の経験である」と言うのは、恥ずかしい。［というのは、］私は、［そう言えば］他人も、彼［自身］の経験について全く同じ事を言う事が出来る、と言って答えるであろう事を、知っている［から］。これでは、「私自身の経験のみが実際に存在する本当の経験である」と言う事は、不合理な屁理屈になってしまう。そしてまた私は、こうも言われる。「もしも君が或る人に、痛みを持っているからといって、同情するならば、確かに君は、彼は痛みを持っている、という事を少なくとも信じるのでなくてはならない。」しかし、いかにして私は、彼は痛みを持っている、という事を信じる事など出来ようか。いかにして私に、「彼は痛みを持っている、という事を信じる」という言葉が意味を持ち得るのか。いかにして私は、何の証拠もないのに、他人の経験という観念などを手に入れる事が出来たのか。

しかし、これらの問いは、問いとしては奇妙な問いではなかったのか。私は、誰か他人が痛みを持っている、という事を信じる事が出来ないのか。誰か他人が痛みを持っている、という事を信じる事など、全く容易ではないのか。——事柄は常識通りである、と言う事が、［この場合の］答えではないのか。——再び［言うが］*、言うまでもなく我々は、日常生活においては、［他人の痛みに関する］それらの困難を感じはしない。また、我々が我々の経験を、内観によって良く調べるとき、或いは、科学的に探究するとき、我々は［他人の痛みに関する］それらの困難を感じると言う、などという事はない。しかし、ともかくも、我々が我々の経験を或る仕方で眺めるときに、［他人の痛みに関する］我々の表現が〈もつれ〉がちになるのである。それは丁度我々は、ジグソーパズル（はめ絵）を完成するのに、間違った断

片を持っているか、或いは、十分な断片を持っていない場合のよう、なのである。しかし［実は］、［他人の痛みに関する我々の表現の］断片は全てそろっている。ただ、それら全部がゴチャゴチャに混ざり合っているのである。ジグソーパズルと［他人の痛みに関する］我々の問題の間には、もう一つの類比がある。それは、断片を繋ぎ合わせるのに力を加える必要はない、という事である。我々が為すべき事の全ては、断片を<u>注意深く眺めて配置する</u>、という事のみなのである。

　＊ 75頁。

　物質世界（外的世界）における事実を記述する命題、と言い得る命題が［いろいろ］存在する。大まかに言ってそれらは、固体や液体、等々、といった物理的対象についての命題である。私は、特に自然科学の法則について、考えているのではなく、「我々の庭のチューリップが満開だ」とか「スミスはいずれ来るだろう」とかいった［日常的な］命題を、考えているのである。これに対し、個人的経験を記述する命題がある。心理実験における被験者が彼の感覚経験を記述するときの命題は、それである。例えば、彼の眼前にどんな物体が実際に存在するか、という事とは無関係に、そしてまた注意すべきは、彼の網膜、彼の神経、彼の脳、或いは、彼の体のその他の部分、に生じる事が観察されるかもしれないいかなる過程とも無関係に、彼の視覚経験を記述するときの命題は、それである。（即ち、物理的事実にも生理的事実にも無関係に、彼の視覚経験を記述するときの命題は、個人的経験を記述する命題なのである。）

　一見、ここで我々には異なった素材で出来ている二種類の世界——心的世界と物的世界——があるように思われる。（何故そう思われるのかは、後＊にならないと分からない。）心的世界は、事実、ガス状の——或いはむしろエーテル状の——ものであると想像されがちである。しかし私は、ここで君に——我々が、名詞は我々が一般に対象の名前と呼ぶべきもののようには用いられない、という事を認識したとき、そしてそれ故、名詞は［ガス状の、或いは、］エーテル状の対象の名前である、と自らに言わざるを得ないとき——ガス状のものやエーテル状のものが哲学で演じる奇妙な役割を、思い出して欲しい。かく言うとき、私の念頭にあるのは、こういう事である。つまり、我々が或る語の文法について困惑しているとき、そして我々は、その語

は物的対象の名前としては用いられない、という事だけしか知らないとき、我々は既に、［その語はエーテル状の対象の名前である、という言い逃れをするための、］逃げ口としての「エーテル状の対象」という観念**を知っているのである。この事は、いかにして二つの素材——心と物——の問題は解消されてゆくのか、という事へのヒントになる。

　*　119頁。
　**「プラトンのイデア」のことか。

　個人的経験という現象は、時に我々には、大地に起きる物的現象に対して、或る仕方で大気の上層で起きる現象であるかの如くに思われる。そのような［大気の］上層で起きる現象は、物的現象が或る程度の複雑性に達したときに生じるのだ、という見解がある。例えば、感覚経験、意志、等々、の心的現象は、或るタイプの動物の身体が進化して或る複雑性を持った段階に達したときに発現するのだ、というのである。この見解には、或る明白な真理があるように思われる。何故ならば、確かにアメーバは喋ったり書いたり議論したりしないのに、我々はするのであるから。これに対し、或る問題が発生する。それは、「機械は考える事が出来るか」という問の形で表現され得るであろう問題である*。（この機械の行動が、物理学の法則によって記述され予測され得るとしても、或いは、ことによると、生物の行動に適用される別種の法則によってのみ記述され予測され得るとしても、である。）そしてこの、「機械は考える事が出来るか」という問の形で表現され得る問題は、実際は、我々は考える事が出来る機械を未だ知らない、という事ではない。この問題は、［例えば］百年前に或る人が「機械は気体を液体にする事が出来るか」と問うた問題と、類似してはいない。問題はむしろ、「機械は考える（知覚する、望む）」という文は何か無意味に見える、という事なのである**。「機械は考える事が出来るか」と問う事は、あたかも、「数3は色を持っているか」と問うようなものなのである。（「その色はどんな色であり得るのか。数3は、明らかに、我々に知られているいかなる色も持っていないのであるから。」）或る観点から見ると、［考える、知覚する、望む、といった］個人的経験は、物理的、化学的、生理学的過程の産物であるどころか、そのような過程について我々が何らかの意味で語る事全ての、そもそもの基盤であると思われる。個人的経験をそのように見ると、我々は、［世界を］構成

する素材という我々の［先の］観念を、誤解に導くもっと違った仕方で使いたくなる。つまり、心的世界と物的世界で成り立つこの全世界は、［実は個人的経験という］一つの素材のみで構成されているのだ、と言いたくなるのである。

　＊或るタイプの動物の身体が進化して或る複雑性を持った段階に達したとき、感覚経験、意志、等々、の心的現象が発現するとするならば、或るタイプの機械が進化して或る複雑性を持った段階に達したとき、考える、という心的現象が発現するのではないか、と考えるのは、至極自然である。かくしてここに、「機械は考える事が出来るか」という問の形で表現され得るであろう問題が、発生するのである。

　＊＊機械に愛情を持つようになれば、我々は機械を単なる物以上のものとして把握するようになる。そして、機械は、考える、悲しむ、悩む、……という存在として遇するようになる。

　［このようにして］我々が、我々が知っているあらゆる物事を眺めて、世界は個人的経験を基盤にして成り立っているのだ、と言う事が出来るとすれば、我々が知っている物事は、その多くの価値、信頼性、堅固さを失うように思われる。かくして我々は、我々が知っている物事は、全て「主観的」である、と言いたくなる。しかもそれは、我々が或る意見について、それは単に主観的であり趣味の問題だ、と言うときに用いられる軽蔑的な意味で、「主観的」なのである。さて、世界は個人的経験を基盤にして成り立っているのだ、というこの観点は、経験と知識の権威を揺るがすように見える。そしてこの事は、ここにおいて我々の言語は、或る誤解を導く類比を描くよう我々を誘惑しているのだ、という事実を示唆している。この事は、通俗科学者が、我々が立っているこの床は、電子［などの微粒子］で構成されているのであるから、実は堅くはないのだ、という事を示したように見えた場合を＊、思い出させるに違いない。

　＊75頁。

　我々は、我々の表現方法＊によって引き起こされる問題に、直面しているのである。

　＊先の「世界は個人的経験を基盤にして成り立っているのだ」はその一例であろう。

『青色本』読解　　　　　　　　　　81

　他の、非常に良く似たそのような問題が、「私は、<u>私</u>が個人的経験を持っている、という事を知り得るだけであって、他人が個人的経験を持っている、という事は知り得ない」という文のなかに表現されている。——では我々は、他人が個人的経験を持っている、という事は、必要のない仮説と呼ぶべきであろうか。——しかしそれは、そもそも［必要があろうとなかろうと、］仮説であろうか。というのも、あらゆる可能的経験を越えている仮説を立てる事など、どうして私に出来ようか。そのような仮説は、いかにして意味に裏打ちされ得るのか。（そのような仮説は、金に裏打ちされない紙幣に似ていないのか。）——誰かが我々に、たとえ我々が、他人が痛みを持っているか否かを知らなくとも、例えば我々が彼に同情するときには、我々は確かに彼が痛みを持っていると信じているのだ、と言うかもしれない。しかし、そう言われても、［それだけでは］何の役にもたたない。勿論、もしも我々が、彼は痛みを持っている、と信じないならば、我々は彼に同情などしない。しかし、［同情するときに、彼は痛みを持っている、と信じる］その信念は、哲学的信念——形而上学的信念——であろうか。［そして形而上学的信念を有する］実在論者は、観念論者や独我論者よりも、私に同情するであろうか。——事実、独我論者は［実在論者に対して］こう質問するのである。「いかにして我々は、他人が痛みを持っていると信じる事が<u>出来る</u>のか。他人が痛みを持っていると信じる事は、何を意味するのか。いかにして、他人が痛みを持っていると信じる、という想定の表現は、意味を為すのか。」
　さて、常識哲学者——彼は、実在論とも観念論とも無縁な常識人ではない、という事に注意せよ——の答えは、「他人が、私が持っているもの［——例えば、痛み——］を持っている、と想定する、考える、想像する、という観念には、確かに何の困難もない」というものである。しかし、この［常識哲学者という］現実主義者の困ったところは、彼は常に、彼の論敵［——例えば、独我論者——］が直面している困難を、——もっとも、彼の論敵もまた解決に成功してはいないのだが——解決するのではなく、飛ばしている、という事である*。この現実主義者の答えは、我々に、当の困難をまさに暴露**している。何故ならば、現実主義者のように論じる人は、「持っている」や「想像する」という語の異なった使用法の間の相違***［——これが当の困難の元凶なのであるが——］を、見過ごしているから。「Aは

金歯を持っている」は、金歯がAの口の中にある、という事を意味している。この事は、私はその金歯を見る事が出来ない、という事実を説明するかもしれない。さて、彼の歯痛について、彼の歯痛は彼の口の中にあるから、私は彼の歯痛を感じる事が出来ない、と言うとすれば、この場合は、金歯の場合と類比的ではない。両者の間には、表面上の類比の存在と同時に［真の］類比の欠如がある、という事が、我々の問題［──現実主義者の意見に反し、「私は彼の歯痛を持つ、感じる、想像する、等々、の事が出来ない」という事──］を引き起こすのである。そして、我々の文法にあるこの厄介な特性に、現実主義者は気づかないのである。［確かに、］私が他人の口の中にある歯に痛みを感じる、という事は、考えられ得る事である。そして、他人の歯痛を感じる事は出来ない、と言う人でも、<u>この事</u>を否定しはしない。他人の身体の中に痛みを感じる、という観念に習熟する事によってのみ、我々は、我々が陥っている文法的困難を明確に見て取る事が出来るであろう。何故ならば、さもないと、この問題に思い悩んで我々は、「私は彼の痛みを感じる事が出来ない」という我々の形而上学的命題と、「我々は他人の歯に痛みを持つ事は出来ない（通常は持たない）」という経験的命題を混同しがちになるであろうから。この［経験的］命題においては、「出来ない」という語は、「鉄の釘はガラスに掻き傷を付ける事が出来ない」という命題における「出来ない」と、同じ仕方で用いられている。（我々は「鉄の釘はガラスに掻き傷を付ける事が出来ない」という命題を、「経験が教えるところによると、鉄の釘はガラスに掻き傷を付け<u>ない</u>」という形に書く事によって、「出来ない」という語を取り除く事が出来よう。）人が他人の身体の中に痛みを持つ、という事が考え得るという事を見るために、我々は、いかなる事実を痛みが或る場所にあるための「規準」と呼ぶのかを、吟味しなくてはならない。以下のような場合を想像する事は、容易である。私が私の手を見るとき、私は、私の手と私のそれ以外の身体との結合について、常に意識しているわけではない。即ち、しばしば私は私の手が動くのを見るが、しかし私は、私の手を私の胴に結合する腕を見はしない。そしてまた私は、その時、腕の存在について、見るのとは別の何らかの仕方で、必ず調べるという訳でもない。それ故、ひょっとしたら私の手は、私の脇に立っている人の身体に結合されている、という事も有り得る。（或いは、勿論、人間の身体に

は結合されていない、という事も有り得る。）例えば、眼を閉じて、痛みだけの証拠に基づいて、私が私の左手に「痛み」と呼ぶべき物を感じる、と想定せよ。或る人が私に、私の右手でその痛い場所に触れよ、と要求する。私は、そうする。そして、眼を開けて辺りを見回したら、私は、私の隣の人の手に（その手は私の隣の人の胴に結合されていた、という意味での「私の隣の人の手に」）触れていた、という事を認識する、という訳である。

　　＊現実主義者は、独我論者が否定する「他人も痛みを持っている」という事を、単に肯定するだけなのである。
　　＊＊これは（原語は bring out であるが）「暴露」ではなく「隠蔽」の間違えではないか、と思われる。
　　＊＊＊例えば、「A は金歯を持っている」と「A は歯痛を持っている」間の相違、及び、「私は彼の金歯を想像する」と「私は彼の歯痛を想像する」の間の相違、である。

　自問せよ。いかにして我々は、痛い場所を指示するように求められたとき、どこを指示すべきかを知るのか。この種の指示は、「この紙の上の黒い点を指示せよ」と言われたときの、紙の上の黒い点の指示と比較可能であろうか。或る人が「君は、君が［痛い場所を］指示する前に、痛みはここにある、という事を知っているが故に、その場所を指示するのだ」と言うと想像しよう。では自問せよ。「痛みはここにある、という事を知っているとは、どういう意味か。」「ここ」という語は場所を意味する。――しかしその場所は、どんな空間内にあるのか。それは、どんな意味での「場所」なのか。我々は、痛みの場所を、ユークリッド空間の中で知っているのであろうか。そうであるとすれば、我々がどこに痛みを持っているかを知っているとき、我々は、痛みはこの部屋の［直交する］二つの壁と床からそれぞれどのくらい離れているかを知っているのであろうか。私が、私の指の先に痛みを持っていて、その指で私の歯に触るとき、私の痛みは今や歯痛であると同時に私の指の中の痛みなのか。確かに或る意味では、その痛みは、歯の上に位置付けられていると言われ得る。この場合、私は歯痛を持っている、と言う事が誤りである理由は、痛みが歯の中にあるためには、痛みは私の指先から1/16 インチ（約 1.59 ミリメートル）離れていなければならないのか。「どこ」という語は多くの異なった意味で場所を指示出来る、という事を思い出して

欲しい。(多かれ少なかれ相互に類似した沢山の異なった文法的ゲームが、「どこ」という語で行われている。数字「1」の異なった使用について［も］、考えよ。) 私は、どこに物があるかを知っていて、その知識によってその物を指示する事が有り得る。その知識が私に、どこを指示すべきかを告げるのである。この場合、我々には、その知識は対象を意識的に指示するための条件であると思われる。という訳で、人はこう言う事が出来る。「私は君の意味する場所を、私はそれを見［て、それがどこにあるかを知っ］たので、指示する事が出来る。」「私は君にその場所への道順を指示する事が出来る。何故ならば、私はその場所がどこにあるのかを知っているから。先ず右に曲がって、……。」さて、人は「私は、或る物を指示する事が出来るためには、それに先立って、その物がどこにあるのかを知っていなくてはならない」と言いたくなる。［しかし］おそらく君は、「私は、或る物に眼を向ける事が出来るためには、それに先立って、その物がどこにあるのかを知っていなくてはならない」と言う事には、不安を感じるであろう＊。時には、勿論、そう言う事は正しい。しかし我々には、いかなる意識的な指示行為、移動行為、等々、にも先立つべき、場所の知識に対応する特定の心的状態か心的事象が存在する、と考える傾向があるのである。類似の場合として、「人は、命令に従う事が出来るためには、それに先立って、その命令を理解しなくてはならない」と言う場合を考えよ＊＊。

　　＊我々は無意識的に「眼を向ける」事が多いから、であろう。
　　＊＊6、19頁。

　もしも私が私の腕の上に痛みの場所を指示するならば、私が痛みの場所を指示するに先立って、いかなる意味で私は、どこに痛みがあるのかを知っていたと言われ得るのか。私は、痛みの場所を指示するに先立って、「痛みは私の左腕にある」と言う事が出来たであろう。私の腕が、その表面のどの場所も座標で指示出来るように、番号付きの線で出来た網で覆われていた、と想定しよう。痛みの場所は、そこを指示するに先立って、［ユークリッド空間内にある］その座標によって記述出来ねばならない、という事は必要であろうか。［必要ではない。］私が言いたい事は、指示の行為が痛みの場所を決定する、という事なのである。ちなみに、この指示の行為は、探査によって痛みの場所を発見する行為と、混同されてはならない。実際この両者の結果

は、一致しない事が有り得るのである。

　我々が、或る人が他人の身体に——或いは、例えば家具の一つに、もしくは、何もない空間に——痛みを持つ、と言うべき、無数に多様な場合が考えられ得る。勿論我々は、我々の身体の特定の部分、例えば上の歯、に有る痛みには、それ特有の触覚や筋感覚が付きまとっている、という事を忘れてはならない*。我々の手を上の方に少しの距離動かすと、我々は眼に触る。ここにおける「少しの距離」という語は、触覚的距離あるいは筋感覚的距離、もしくはそれらの両方を、意味している。(普通とは違った仕方で相関している触覚的距離と筋感覚的距離を想像する事は、容易である。[例えば、]我々の口から我々の眼への距離は、我々が我々の指を口から眼へ動かすとき、「我々の腕の筋肉には」非常に大きいと思われる事があるかもしれない。[ちなみに、]歯科医師が君の歯に穴を開けて中を探るとき、君はその穴をいかに大きく想像する事か、考えてみよ。)

　　*上の歯に痛みを感じるので、その痛みを和らげるために手で頬を押さえる、等々、という状況を考えればよいであろう。

　[先に]私が「我々の手を上の方に少しの距離動かすと、我々は眼に触る」と言ったとき、私は、触覚の証拠にのみ言及していたのである。即ち、私の指が私の眼に触れる事の規準は、私は私に「私は私の眼に触っている」と言わせる特定の感じを持った、という事のみであったのだ。これは、たとえ私が、何らの視覚上の証拠を持たなかったとしても、そしてまた、鏡を覗いたら、私の指は私の眼ではなく、例えば、私の額に触っているのが見えたとしても、である*。先に私が言及した「少しの距離」が触覚的距離あるいは筋感覚的距離であったように、私が「それらは少しの距離離れている」と言った**[二つの]場所[——歯の場所と眼の場所——]もまた、触覚的場所[あるいは筋感覚的場所]であった。それ故、私の指が触覚的空間あるいは筋感覚的空間の中で私の歯から私の眼に動く、と言う事は、私はそのような触覚的経験あるいは筋感覚的経験を持った、という事を意味している。そして、そのような触覚的経験あるいは筋感覚的経験が、我々が「私の指が私の歯から私の眼に動く」と言うときに通常持つ経験なのである。しかし我々が、「私の指が私の歯から私の眼に動く」と言うときの証拠と見なすものは、言うまでもなく、決して触覚的経験と筋感覚的経験のみではない。事実、た

とえ私が今言われている触覚的感覚と筋感覚的感覚を持ったとしても、［私はその他に視覚を持っているのであって、］私が見たものによって、その「私の指が私の歯から私の眼に動く」という命題は、否定されるかもしれないのである。この［触覚と筋感覚によっては肯定されるが、視覚によって否定される］命題は、物的対象についての命題なのである。（さてここで、「物的対象」という表現は、或る一つの種類の対象を他の種類の対象から区別する、という事を意味しているとは考えないで欲しい。）我々が「物的対象についての命題」と呼ぶ命題の文法は、そのような命題には種々様々な証拠が有り得る、という事を認めている。私は「私は私の指が動くのを見る」、「私は私の指が動くのを感じる」、「彼は私の指が動くのを見る」、「彼は私に私の指が動くと言う」等々を「私の指が動く」という命題の証拠と見なす、という事は、「私の指が動く」という命題の文法の特性である。さて、もしも私が「私は私の手が動くのを見る」と言うとき、一見この事は、私は「私の手が動く」という命題に同意している、という事を前提しているように見える。しかし、もし私が、「私は私の手が動くのを見る」という命題を、「私の手が動く」という命題の証拠の一つと見なすならば、「私の手が動く」という命題の真理性は、勿論、「私は私の手が動くのを見る」という命題の真理性の中に前提されてはいない。そこで人は、「私は私の手が動くのを見る」という命題の代わりに、「［「私の手が動く」という命題の真理性を前提にしない］「あたかも、私の手が動いているように見える」という表現を提案するかもしれない。しかしこの表現は、私の手は実際は動いていないのに動いているように見える、という事を指示するとはいえ、それでもなお、結局のところ、動いているように見えるためには、手が存在しなければならない、という事を示唆している。ところが、視覚的証拠を記述する命題が真であり、そして同時に、他の証拠は我々に、私は手を持っていない、と言わせる場合を想像する事は、容易に可能である。我々の通常の表現方法は、この事を曖昧にする。我々は、日常言語においては、例えば［、私の指が私の眼に触れる、という］触覚経験を――我々が言いたい事が［その触覚経験自体であって、］眼や指や等々の存在を論理的には導かないときにも――「眼」、「指」等々といった、物的対象を表す語によって記述しなくてはならないために、不利になる。我々は、我々の感覚［経験］を記述するには、［物的対象を表

す語による］迂回をしなくてはならないのである。勿論この事は、日常言語は［感覚経験を記述するという］我々の特殊な目的のためには不十分である、という事を意味してはいない。しかしそれは、日常言語は［、感覚経験を記述するには、物的対象を表す語による迂回をしなくてはならないので、］幾らか厄介であり、時には誤解を生む、という事を意味している。我々の［日常］言語にはこの特異性がある、という事の理由は、勿論、諸感覚経験の間には規則的な一致がある、という事である***。例えば、私が私の［一方の］腕が動くのを感じる時、大抵の場合私は、その腕が動くのを見る事も出来るし、また、もしも私が私の［もう一方の腕で］その腕に触れば、その触った腕は触られた腕の動きを感じるのである。等々。（足が切断された人は、或る特定の痛みを、彼の［切断された］足にある痛みとして、記述するであろう。）このような、諸感覚経験の間に規則的な一致が有る場合には、我々は、［例えば、「私の指が私の頬から私の眼に移動する」といった物的対象における事を表すのに、］「感覚が私の触覚的頬****から私の触覚的眼に移動する」といった［触覚的空間における］表現［だけ］を用いればよい、と強く感じるのである。以上において私が何故これらの事を述べてきたのかというと、それは、もしも君が痛みを取り巻く触覚的・筋感覚的経験に気づくならば、君は、人が自分自身の歯の中以外のどこかに歯痛を持つ可能性を、想像する事は困難である事を見出すであろうから、である。とはいえ、もしも我々が、自分自身の歯の中以外のどこかに歯痛を持つ事を想像するならば、それは単に我々が、視覚的・触覚的・筋感覚的・等々の経験の間に、通常の相関とは違う別の相関を想像する、という事を意味するに過ぎないのである。例えば我々は、歯痛の感覚プラス或る触覚的・筋感覚的経験――その経験は、通常は、彼の手が彼の歯から彼の鼻へ、彼の眼へ、等々、と移動するのを見る事と相関している経験なのだが、しかし［今の場合は］、彼の手が他人の鼻へ、眼へ、等々、と移動するのを見る事と相関している経験である――を持つ人を、想像する事が出来る。或いはまた我々は、或る人を想像する事が出来る。その人は*****、彼の指と顔に、彼の指が彼の顔を動き廻る触覚を持つのだが、しかし彼の筋感覚と視覚は、彼の指が彼の膝を動き廻る感覚として記述されるべきもの、なのである。もしも我々が、歯痛の感覚プラス或る種の触覚と筋感覚――それらは、痛みのある歯とその歯の廻りの

顔の部分に触る時に、一般に特徴的な触覚と筋感覚なのであるが——を持っているが、しかし、それらの感覚に、私の手が私のテーブルの縁に触って動き廻るのを見る、という事が組み合わされると、我々はこの経験を、テーブルに歯痛を感じる経験と呼んでよいか否か、疑問を感じるに違いない。これに対し、もしも今述べられた触覚と筋感覚が、私の手が他人の歯とその人の顔の歯の廻りの部分に触れるのを見る、という視覚経験と組み合わされるならば、私がこの経験を「他人の歯の中に［私の］歯痛を感じる経験」と呼ぶであろう事に、何の疑いもない******。

＊今の場合は、視覚よりも触覚の方が規準としては優先する、という事か。

＊＊どこで言ったのか不明である。おそらく、ウィトゲンシュタインの勘違いではないか。

＊＊＊諸感覚経験の間には規則的な一致があるので、そこには物的対象があると思われるのである。

＊＊＊＊「触覚的頬」とは、「触覚的空間における頬」という事であろう。「触覚的眼」についても同様である。

＊＊＊＊＊原文では、ここに「彼の手が動く筋感覚と、」が入る。しかし、それではおかしいので、省略する。大森訳では、黙って省略されている。

＊＊＊＊＊＊歯痛に特徴的な触覚と筋感覚が、私の手が他人の歯とその人の顔の歯の廻りの部分に触れるのを見る、という視覚経験と組み合わされるならば、その事によって私の歯痛の場所は「その人の歯」に決定されるのである。ウィトゲンシュタインが長々と論じてきた歯痛を巡る問題の背後に有る思想は、歯痛があるから、それに特徴的な、触覚、筋感覚、更には、視覚経験があるのではなく、逆に、それらの触覚、筋感覚、視覚経験があるから、「歯痛がある」と言えるのだ、という事なのである。或る人が、いくら「歯痛がある」と言い張っても、それに特徴的な触覚、筋感覚、視覚経験が伴わないならば、誰も「彼には歯痛がある」とは言わないであろうし、また、そう言ってはならないのである。

　私は、「他人の痛みを感じる事は不可能である」と強く主張する人も、だからといって、人は［自分の］痛みを他人の身体に感じる事が出来る、という事を否定しようとはしない、と言った（82頁）。事実、彼はこうも言ったであろう。「私は、他人の歯に、歯痛を感じる事が出来よう。しかしその歯痛は、［自分の歯痛であって、］彼の歯痛ではない。」

以上のような訳で、「Aは金歯を持っている」という命題と「Aは歯痛を持っている」という命題は、類比的には用いられていない。両者は、一見そうは見えないかもしれないが、文法的に異なっているのである。

「想像する」という語の使用に関しては、——人はこう言うかもしれない。「確かに、他人が痛みを持つ、という事を想像する全く確定的な行為が存在する。」勿論我々は、［或る意味では、］この事を否定しはしないし、事実についてならば、いかなる言明でも否定しはしない。しかし、考えてみよ。我々は、もしも我々が他人の痛みのイメージを作るならば、我々はそのイメージを、我々が、黒目を持っている他人を想像するときの、例えば、黒目のイメージを用いる仕方と、同じ仕方で用いるであろうか。ここで再び*、普通の意味での「想像する」という事を「絵に描く」という事で置き換えてみよう。（「絵に描く」という事は、或る人にとっては、想像をするためにいつもする<u>仕方</u>であり得る。）そこで或る人に、この仕方で、Aは黒目を持っている、と想像してもらおう。［即ち、黒目を持っているAの絵、を描いてもらおう。］この絵の非常に重要な使用は、その絵が正しいか否かを見るために、その絵を［Aの］実際の眼と比べる事であろう。我々が、或る人が痛みに苦しんでいる様をまざまざと想像する際には、我々のそのイメージの中に、彼の痛みが［彼によって］感じられると我々が言う場所に対応する［私の］場所に感じられるところの、痛みの影とでも呼ばれるべきものが、しばしば入り込む。しかし、或るイメージがいかなる意味でのイメージであるのかは、そのイメージが現実と比較される仕方によって、決定される。この、現実と比較される仕方は、「投影の方法」と呼ばれてもよいであろう。さて、Aの歯痛についての［我々の］イメージを彼の歯痛［自体］と比較する事を考えよう。君は両者をいかに比較するのだろうか。もしも君が、両者を彼の身体的振舞を介して「間接的に」比較するのだ、と言うとすれば、私は次のように言って答える。そのような間接的比較では、君は、彼の振舞の絵を彼の振舞［自体］と比較しているとはいえ、彼の歯痛についての［我々の］イメージを彼の歯痛［自体］と比較してはい<u>ない</u>。

　*8頁。

また君が「私は、Aが痛みを持つとき、君はその事を<u>知る</u>事は出来ない、という事に関し、君に同意する。君はその事を単に推測出来るだけなのだ」

と言うならば、君は「推測する」という語と「知る」という語の使用上の違いに潜む困難を見ていない。君が「知る事は出来ない」と言ったとき、君はいかなる種類の不可能性を意味していたのか。君は［その出来ないを］、彼は口を閉じているので、彼が口の中に金歯を持っているか否かを、他人は知る事が出来ない、という場合［の出来ない］と類比的に考えていたのではないか。この金歯の場合には、君が知る事が出来なかった事を、しかし、君が知る事を想像する事は出来たのである。君は、その金歯を［実際には］見なかったとはいえ、その金歯を見た、と言う事は［、偽ではあるが］意味をなすのである。或いはむしろ、こう言った方がよい。君は彼の金歯を見ない、と言う事は意味をなす。それ故、君は彼の金歯を見る、と言う事もまた意味をなす。これに対し、人は他人が痛みを持つか否かを知る事が出来ない、という事に関して、君が私に同意するとき、君は、事実として、人は［他人が痛みを持つか否かを］知らない、と言いたいのではなく、人は［他人が痛みを持つか否かを］知ると言う事は意味をなさない、と言いたいのである。(それ故、人は［他人が痛みを持つか否かを］知らないと言う事も、意味をなさない、と言いたいのである。) それ故、この「他人が痛みを持つか否か」の問題の場合、もしも君が「推測する」とか「信じる」とかの語を用いるならば、君はその語を、「知る」に対立する語［――「知る」ことは出来ないが、しかし「推測する」とか「信じる」とかは出来るという意味で、「知る」に対立する語――］としては、用いていない。即ち君は、［他人が痛みを持つか否かを］知るという事は、君が到達出来ないゴールであり、したがって、推測で満足せざるをえない、と言っているのではない。［他人が痛みを持つか否かを］知るというこのゲームには、ゴールがないのである。これは丁度、人が「君は自然数列全体を数え上げる事は出来ない」と言うとき、彼は、人間の能力の無さについての事実を述べているのではなく、我々が作った［自然数列についての］規則について述べているのだ、という事に似ている。［「人は他人が痛みを持つか否かを知る事が出来ない」という］我々の言明は、「大西洋を泳いで渡る事は、人間には不可能である」といった言明と――常に誤って比較されるのだが――比較可能ではない。我々の言明は、「耐久レースにはゴールはない」のような言明と類比的なのである。そしてこの事が、君は［、他人が痛みを持つか否か］……を知る事は出来ないが、

しかし、推測する事は出来る、という説明に満足しない人が、ぼんやりと感じている事の一つである。

　我々は時に、寒い日に帽子も被らず外出して、風邪を引いて頭痛がする、と言う人に腹を立てて、こう言う。「僕は、君の風邪で頭痛なんかしないから、勝手にしろ。」そして、この言葉は「君が頭を寒気に曝して風邪を引いても、僕に頭痛がする訳ではない」という事を意味し得る*。この「君が頭を寒気に曝して風邪を引いても、僕に頭痛がする訳ではない」という命題は、経験によって教えられた命題である。何故ならば、我々には、僕と君の身体が、いわば、無線で結ばれていて、君の頭が寒気に曝されると［君は風邪を引き］、そして、僕が頭痛を感じる、という事は［、現実には無いとしても、］想像可能であろうから。この場合、人は、その痛みは私の痛みである、何故ならば、それは私の頭に感じられるのであるから、と論じるであろう。しかし、私と君が、例えば、手を共有している、としよう。［具体的には、］私の腕の神経と腱、および、君の腕の神経と腱が、手術によってその手に結合されている、と想像しよう。ここで、その手が蜂に刺された、と想像しよう。［その時、］我々は、二人とも［あっと］叫び、二人とも顔を歪め、二人ともその痛みについて同じ記述を与える、等々、であろう。さて［このような場合］、我々は、同じ痛みを持つと言うべきか、違う痛みを持つと言うべきか。このような場合、もし君が「我々は痛みを同じ身体の同じ場所に感じ、［痛みについての］我々の記述も一致するが、しかしそれでも、私の痛みは君の痛みではあり得ない」と言うならば、私の想定では、その理由として君は「何故ならば、私の痛みは私の痛みであり、君の痛みは君の痛みであるから」と言いたいのであろう。そして、ここにおいて君は、「同じ痛み」といった句の使用について、文法的言明をしているのである。［その文法的言明が意味している事は、］君は、「君は私の痛みを持った」とか「我々は二人とも同じ痛みを持っている」といった句を用いようとは望まず、その代わりにおそらく、「君の痛みは私の痛みと全く良く似ている」といった句を用いるであろう、という事である。（二人が同じ痛みを持つ事は出来ないであろう、と言う事には、反論の余地がないであろう。何故ならば、人が二人の一方を麻酔にかける或いは殺すとしても、他方は依然として痛みを感じるのであるから。）勿論、もしも我々が「私は君の歯痛を持つ（感じ

る)」という句を［無意味であるとして］我々の言語から排除するならば、我々はそれによって、「私は私の歯痛を持つ（感じる）」という句をも［無意味であるとして］我々の言語から排除する事になる。［そうすると、先に述べた］我々の形而上学的言明［「私は彼の痛みを感じる事が出来ない」(82頁)］も、我々の言語から排除される事になる。そこで、その我々の形而上学的言明］の別の［表現］形式は、こうである事になる。「人の感覚与件は、その人の私的なものである。」しかし、我々の形而上学的言明をこのように表現すると、もっと誤解が生じ易くなる。何故ならば、そのように表現すると、我々の形而上学的言明はなお一層経験的命題のように見えるから。「人の感覚与件は、その人の私的のものである」と言う哲学者は、自分は一種の科学的真理を表現しているのだ、と考え易いのである**。

　　　*このパラグラフのここまでの部分は、以下の文章に合わせるための、大幅な意訳である。
　　　**このパラグラフでは、論旨を明確にするため、何か所かで、「彼」と「君」を入れ替えた。

　我々は「二つの本が同じ色を持っている」という句を用いるが、しかし我々は、完全に問題なく「二つの本が同じ色を持つ事は出来ない。何故ならば、いずれにせよ、この本はそれ自身の色を持っており、他の本はまたそれ自身の色を持っているから」とも言えるであろうから。このように言う事は、また、［「同じ」という語についての］或る文法的規則——たまたま、我々の日常的な使用法には合わない［文法的］規則——を、述べているのであろう。そもそも人が、何故［「同じ」という語についての］このような二つの異なった使用法*を考えねばならないのか、という事の理由は、我々が感覚与件の場合を物的対象の場合と比較するからなのである**。物的対象の場合は、我々は「これは私が一時間前に見た椅子と同じ椅子である」という事と「これは私が一時間前に見た椅子と同じ椅子ではないが、全く良く似た椅子である」という事を区別する。物的対象の場合は、以下のような経験命題を言う事は意味をなすのである。「AとBは同じ椅子を見る事は出来なかった。何故ならば、Aはロンドンに居り、Bはケンブリッジに居たのであるから。彼らは、全く良く似た椅子を見たのである」（この場合、君が、我々が「対象の同一性」と呼ぶ事についての、いろいろな異なった規準を考

察する事は、有用であろう。我々は「これは……と同じ日である」、「これは……と同じ語である」、「これは……と同じ場合である」等々、といった言明を、いかに用いるのだろうか。)

＊「同じ」という語についての、二つの異なった使用法とは、「普遍としての同じ（同一性）」という使用法と「個物としての同じ（同一性）」という使用法であろう。

＊＊感覚与件の場合は、「普遍としての同じ（同一性）」という事は分かりやすいが、「個物としての同じ（同一性）」という事は分かりにくい。しかし物的対象の場合は、以下の例からも分かるように、「個物としての同じ（同一性）」という事が非常に分かりやすい。したがって、感覚与件の場合を物的対象の場合と比較すると、感覚与件の場合も、物的対象の場合のように、「個物としての同じ（同一性）」を考えるようになるのであろう。

これらの議論で我々が行った事は、我々が形而上学的命題の中で「出来る」という語に出会ったときに＊常に行う事について、であった。我々は、形而上学的命題は文法の規則を隠す、という事を示したのである。即ち我々は、形而上学的命題と経験的命題の間の外的類似性を破壊し、そして、形而上学者の或る渇望――それは、我々の日常言語によっては満たされず、且つ、その渇望が満たされない限り、形而上学的問題を作り出す或る渇望――を満たす表現形式＊＊を見出そうと、試みたのである。また私が、形而上学的意味で「私は、私が痛みを持つとき、その事を常に知らねばならない」と言うとき、その言い方では、「知る」という語には何の役割も与えられていない。私は、「私は、私は痛みを持っている、という事を知っている」と言う代わりに、単に「私は痛みを持っている」と言う事が出来るのである。もしも我々が、人が、痛みを持っても、その事を知らない、という場合の経験的規準を確定する事によって、「無意識の痛み」という句に意味を与えるならば、そしてその上で、もしも我々が、事実として、本人が知らない痛みを誰も未だ持った事がない、と（正しいにしろ間違っているにしろ）言うならば、勿論、話しは別である。

＊「私は彼の痛みを感じる事が出来ない」は、その一例か。
＊＊「人の感覚与件は、その人の私的なものである」は、その一例か。

我々が「私は彼の痛みを感じる事が出来ない」と言うとき、〔彼の痛みを

感じるには］「克服不能な障壁」［がある］という［物理的不可能性の］観念が、自ずと我々に浮かんで来る。そこで［、この事態を理解するために、］直ちに、類似の場合を考えてみよう。それは、「緑色と青色は同時に同じ場所にある事は出来ない」と言う場合である。この場合も、物理的不可能性という観念が、自ずと我々に浮かんで来る。しかしその像は、おそらく、「［克服不能な］障壁」という像ではない。むしろ我々は、「緑色と青色は［物理的に］相互に排除しあう」と感じるのである。では、我々がそのように感じる事の、起源は何か。――我々は、［長さ３フィートの］このベンチには、［大人］３人が並んで坐る事は出来ない、と言う。［長さ３フィートの］このベンチには、［大人］３人が並んで坐る余地がないからである。さて、色の場合［の排除の感じ］は、［実は］このベンチの場合［の排除の感じ］と類比的ではない。色の場合［の排除の感じ］は、いくらか「長さ３フィートの線分には、長さ18インチの線分が３つ並んで入る事は出来ない」*と言う場合と、類比的なのである。この「長さ３フィートの線分には、長さ18インチの線分が３つ並んで入る事は出来ない」は、文法的規則であって、論理的不可能性を述べているのである。［これに対し］命題「長さ３フィートのベンチには、［大人］３人が並んで坐る事は出来ない」は、物理的不可能性を述べている。そしてこの［ベンチの］例は、何故、物理的不可能性と論理的不可能性が混同されるのかの、理由を明確に示している。［物理的不可能性を示す文「長さ３フィートのベンチには、［大人］３人が並んで坐る事は出来ない」と論理的不可能性を示す文「長さ３フィートの線分には、長さ18インチの線分が３つ並んで入る事は出来ない」は、文の構造が全くよく似ているから。おそらく我々は、論理的不可能性を物理的不可能性と混同して、排除の感じを持つのであろう。そして、色の場合も同様なのであろう。］（命題「彼は私より６インチ背が高い」を命題「６フィートは5.5フィートより、６インチ長い」と比較せよ**。これらの命題は、全く異なった種類のものであるが、しかし、全くよく似て見える。［そしてこの事は、何故、経験的命題と論理的命題が混同されるのかの、理由を示している。］）では、他人の痛みの場合と色の場合、何故、物理的不可能性という観念が、自ずと我々に浮かんで来るのか。その理由は、一方において我々は、或る特定の表現形式を使わないように決心しながら、他方において我々は、その特定の表現形

式を使うように、強く誘惑されるからである。何故ならば、(a)その表現形式は、英語、ドイツ語、等々、として全く問題ないと思われ、(b)我々の言語の他の分野においては、それによく似た表現形式が用いられているのであるから。［例えば］我々は、［色の場合には］「それらは同じ場所にある」という句（表現形式）を使わないように決心しながら、他方においてこの句は、他の句との類似性を通じて、我々にこの句を使うよう、強く薦めるのである。その結果我々は、或る意味で、この表現形式を無理しても用いざるを得なくなるのである。［しかし色の場合に、この表現形式を無理して用いると、我々は「緑色と青色は同じ場所にある」と言わざるを得なくなる。そしてそれは、普遍的に偽な命題なのである。即ち、物理的に不可能な命題なのである。］かくして我々は、「緑色と青色は同じ場所にある」という命題を普遍的に偽な命題［――物理的に不可能な命題――］として拒絶するようになるのだ、と思われるのである。［これが、色の場合、何故、物理的不可能性という観念が、自ずと我々に浮かんで来るのかの、理由である。］我々は、二つの色は［物理的に相互に］排除しあう、といった像を作る、或いは、人が他人の経験に彼の振る舞いを観察するという点を越えて接近する、という事を拒む障壁、という像を作る。しかし、よく見ると我々は、我々が作ったそれらの像は使用不可能なのだ、という事に気付くのである。

　　＊原文では「3×18インチは3フィート［以内］にはならない」であるが、議論の内容に合わせて、変えてある。なお、ここでは、大人一人の横幅を18インチ（45.72センチ）と想定しているのであろう。ちなみに、1フィートは12インチであり、1インチは2.54センチである。

　　＊＊彼の背の高さを6フィート、私の背の高さを5.5フィートと考えよ。

　我々は、論理的不可能性と物理的不可能性の間で揺れ動く事によって、「もしも、私が感じる痛みは常に私の痛みである、とすれば、［――即ち、私は他人の痛みを感じる事が出来ないとすれば――］、他人も痛みを持っている、という想定は何を意味し得るのか」といった言明をするようになる。このような場合、我々が為すべき事は、常に、問題の語は我々の［日常］言語において実際にはいかに用いられているのか、を見る事である。そのような言明をするような場合には、我々は常に、そこで用いられる語について、我々が日常言語で行う使用とは違った或る使用を、考えているのである。そ

してその或る使用とは、まさにそのような場合、何らかの理由で強く我々に訴えかけてくる或る使用、なのである。我々の語の文法について、何かが奇妙であると思われるとき、それは、我々が、一つの語を代わる代わる多くの異なった仕方で用いるよう、誘惑されるからである。そして、形而上学者が行う言明は、我々の［日常言語の］文法についての不満を表しているのだ、という事を発見する事は、その言明の語が経験の事実を述べるのにも用いられ得るときには、特に困難である。例えば、彼が「私の痛みのみが本当の痛みだ」と言うとき、この言明は、他人はただ痛い振りをしているだけだ、という事を意味するかもしれない。そしてまた、彼が「誰も見ていないときは、この木は存在しない」と言うとき、この言明は、「我々が背を向ければ、この木は消失する」という事を意味するかもしれない。［実は］「私の痛みのみが本当だ」と言う人は、それによって、彼は公的な規準――即ち、我々の語に公共の意味を与える公的な条件――によって、「痛みを持っている」と言う他人は痛い振りをしているのだ、という事を発見したのだ、と言っている訳ではない。彼が反抗しているのは、「私の痛みのみが本当だ」というこの表現を、それらの公的な規準と結合して用いる事に対して、なのである。即ち彼は、一般に用いられている特定の仕方で［「本当の」という］その語を用いるという事、に反対するのである。他方、彼は、自分は規約に反対しているのだ、という事に気づいていない。［譬えて言えば］彼は、通常の地図で用いられている地域の分け方とは違った地域の分け方を見ているのである。彼は、例えば「デボン州」という名前を、一般に用いられている地域に対してではなく、それとは違った境界線で区切られた地域に対して用いるよう、誘惑を感じるのである。彼はこの事を、「境界線をここに引いてこれを一つの州にする事は、不合理ではないのか」と言って、表現出来たのである。彼が言おうとした事は、「本当のデボン州はこれである」という事であったのだ。［これに対し］我々は、こう答える事が出来よう。「君が欲しているのは、ただ単に新しい表記法である。しかし、新しい表記法によって地理上の事実が変わる訳ではない。」しかし我々が或る表記法に、抗し難く魅力を感じたり、或いは、不快を感じたりするという事は、真実である。（我々は、表記法――表現形式――は、我々に、いかに多くの事を意味し得るか、そして、それを変える事は――数学や科学においては簡単な事なのだが――

いつも簡単な事である訳ではない、という事を忘れ易い。衣服や名前を変える事は、大した意味もないかもしれないが、非常に大きな意味があるかもしれないのである。）

　私は、実在論者、観念論者、そして、独我論者によって論じられた問題を、その問題と密接に関係する或る問題を示す事によって、明確にしたいと思う。その或る問題とは、「我々は、無意識的思考、無意識の感じ、等々、を持ち得るか」という問題である。無意識的思考が有り得る、という考えは、多くの人々を不快にさせた。［しかし］他の人々はまた、意識的思考のみが有り得るのだ、と想定したのは彼らの誤りであり、精神分析は無意識的思考を発見したのだ、と言った。［実は、］無意識的思考への反対者たちは、彼らは、新しく発見された心理的反応に反対しているのではなく、新しく発見された心理的反応が記述される仕方に反対しているのである、という事を見ていなかった。これに対し精神分析家たちは、彼ら自身の表現方法に惑わされて、彼らは新しい心理的反応の発見以上の事をした、と考えてしまったのである。即ち精神分析家たちは、彼らは無意識であった意識的思考を或る意味で発見したのだ、と考えてしまったのである。［実は、］無意識的思考への反対者たちは、彼らの反論を、「我々は「無意識的思考」という句を使いたくはない。我々は、「思考」という語を、君が「意識的思考」と呼ぶものに［使うために、］とっておきたいのだ」のように、述べる事が出来たのである。彼らが「意識的思考のみが有り得るのであり、無意識的思考などは有り得ない」と言うとき、彼らは彼らの主張を誤って述べているのである。何故ならば、もしも彼らが「無意識的思考」について語る事を欲しないならば、彼らは「意識的思考」という句をも使うべきではないのであるから。

　しかしいずれにせよ、意識的思考と無意識的思考の両方について語る人は、それによって、「思考」という語を二つの異なった仕方で用いているのだ、と言う事は正しくないであろうか。──［例えば、］我々がハンマーで、釘を［板に］打ち込むときと、木釘を穴に打ち込むときとでは、我々はハンマーを、二つの異なった仕方で用いているのであろうか。我々がハンマーで、この木釘をこの穴に打ち込むときと、別の木釘を別の穴に打ち込むときとでは、我々はハンマーを、二つの異なった仕方で用いているのであろうか、或いは、同じ仕方で用いているのであろうか。或いは、我々がハンマー

で、或る物を或る物の中に打ち込むときと、或る物を打ち砕くときとでは、我々はハンマーを異なって用いたのだ、とだけ言うべきであろうか。或いは、これら全てにおいて、ハンマーは一つの仕方で用いられたのであろうか、そして、我々がハンマーをペーパーウエイトとして用いたときにのみ、ハンマーは異なった仕方で用いられたのだ、と言われるべきなのであろうか。——どんな場合に我々は、語は二つの異なった仕方で用いられる、と言うべきなのか、そして、どんな場合に我々は、語は一つの仕方で用いられる、と言うべきなのか。或る語について、それは二つの（或いは、もっと多くの）異なった仕方で用いられる、と言っても、それ自体では、その語の使用に関して、いかなる理解をも我々に与えはしない。そのように言う事は、その語の使用を見る見方を、その語の使用を記述するための、二つの（或いは、もっと多くの）下位区分を有する図式を提供する事によって、明確にするだけなのである。「私はこのハンマーで二つの事をする。私は、或る釘をこの板に打ち込み、そして、別の釘をあの板に打ち込む」と言う事は、全く構わない。しかし私は「私はこのハンマーで一つの事だけをしているのだ。私は、或る釘をこの板に打ち込み、そして、別の釘をあの板に打ち込む」と言う事も出来たのである。或る語について、それは、一つの仕方で用いられるのか、或いは、二つの仕方で用いられるのか、に関しては、二種類の議論があり得る。(a) 英語の「cleave」は、或る物を割る、という意味でのみ用いられるのか、或いは、物をくっつける、という意味でも用いられるのか、という事に関し、二人の人が議論する、という事は有り得る。これは、「cleave」という語の、或る実際上の使用の事実に関する議論である。(b)「深い」と「高い」の二つの意味を有する「altus」という語は、その事によって、二つの異なった仕方で用いられるのか否か、という問題に関し、彼らが議論する、という事も有り得る。この問題は、我々が意識的思考と無意識的思考に関して語るとき、「思考」という語は、二つの異なった仕方で用いられるのか、或いは、一つの仕方で用いられるのか、という問題と、類比的である。「勿論、意識的思考と無意識的思考は、「思考」という語の二つの異なった使用である」と言う人は、既に、「思考」という語を二通りの仕方で用いる図式の使用を決心していたのである。そして、彼が言った事は、この決心の表明なのである。

さて独我論者が［我々に］、彼自身の経験のみが本当である、と言うとき、我々が「もしも君が、我々は君の言う事を本当に聞いている、とは信じないならば、何故君は、我々にそのような事を言うのか」と言って答えても、答えにはならない＊。或いは、とにかく、もしも我々が彼にそう言って答えたとしても、我々は彼の難問に答えたのだ、と信じてはならない。哲学的問題には、常識的な答えは存在しないのである＊＊。哲学者たちの攻撃から常識を擁護する事は、彼らの困惑を解決する事によってのみ、即ち、常識を攻撃しようとする誘惑から彼らを解放する事によってのみ、可能なのであり、常識的見解を繰り返す事によって、ではない＊＊＊。哲学者は、分別の無い人ではないし、万人が見ているものを見ない人でもない。しかしまた、彼の常識との不一致は、科学者の市井の人の粗雑な見解との不一致とは、訳が違う。即ち、彼の常識との不一致は、事実についてのより詳しい知識に基づいているのではないのである。それ故我々は、彼の困惑の源泉をあれこれ考慮しなくてはならないのである。その結果、我々が発見したところによれば、困惑と精神的不快が存在するのは、或る事実についての我々の好奇心が満たされないとき、或いは、我々の全経験に適合する自然法則を発見出来ないとき、のみではなく、表記法が――たぶん、それが呼び起こす様々な連想の故に――我々を満足させないときにも、なのである＊＊＊＊。我々の日常言語は、――それは、可能な全表記法の中の一つであり、且つ、我々の全生活に浸透しているものであるが――我々の心を、言わば、一ヵ所にしっかりと保持し、その結果我々の心は、その場所にいて、時に束縛を感じるのである。何故なら、我々の心は、別の場所にも行きたいと熱望するのであるから。という訳で、時には我々は、差異を、日常言語よりももっと強く強調し、もっと明白にする表記法を、欲するのである。或いは、特別な場合には、［差異を逆に目立たなくするために、］我々の日常言語の場合よりも、もっとよく似た表現形式を用いる表記法を、欲するのである。［等々。］我々の精神的束縛は、これらの欲求を満たす表記法が示されれば、解かれる。だが、これらの欲求は、実に千差万別で有り得るのである。

　　＊私には、答えになっている、と思われる。
　　＊＊私は、「私自身の経験のみが本当である」と言う独我論者に対して、「もしも君が、我々は君の言う事を本当に聞いている、とは信じないならば、

何故君は、我々にそのような事を言うのか」と言って答える事は、全く論理的であり、決して常識的ではないと思う。

＊＊＊ウィトゲンシュタインは、常識を擁護する。しかし彼は、常識的見解をただ繰り返す「常識哲学者」ではない。彼は、常識を攻撃しようとする誘惑から人々を解放しようとする解放の戦士なのである。そしてその結果、時には一見非常識な所見を提示する。しかしその一見非常識な所見が、常識的見解を<u>浄化</u>するのである。そしてその浄化された見解は、<u>そう言われればそうだと万人が認めるような見解</u>なのである。

＊＊＊＊例えば、「彼は歯痛を持っている」という表記法はその一例であろう。この表記法は、我々は彼の歯痛を感じる、という連想を呼び起こす。しかしこの連想は、実は、有り得ない事の連想なのである。そこで、この表記法は我々を満足させず、むしろ我々を困惑させ、精神的に不快にさせるのである。

　さて、我々が独我論者と呼ぶ人、そして、「私自身の経験のみが本当である」と言う人は、そう言ったからといって、事実に関する現実的問題については、いかなる問題であろうとも、我々と意見の不一致をみる事はない。我々が痛みを訴えるとき、彼は、我々は痛い振りをしているのだ、とは言わないし、他の人々と同様に、我々に同情する。そして同時に彼は、「本当」という語の使用を、我々が彼の経験と呼ぶべきものに限定しようと欲するのである。そしておそらく彼は、我々の経験を「経験」と呼ぼうとは全くしないのである。（再び彼は、いかなる事実問題に関しても、我々と意見の不一致をみる事無しに、である。）というのは、彼は、彼自身の経験以外の経験が「本当の」［経験］であるという事は<u>考えられない</u>、と言うであろうから。それ故彼は、「Ａは本当の歯痛を持っている」（ここにおいて、Ａは彼ではない。）といった句を無意味とする表記法を、用いなくてはならない。［かく言うときの］その表記法とは、その規則が、チェスの規則が、ポーンがナイトの動きをする事を禁じるように、「Ａは本当の歯痛を持っている」という句の使用を禁じるような、表記法なのである。独我論者の言う事からすると、［独我論者は］「（独我論者である）スミス［――即ち、私――］は歯痛を持っている」と言う代わりに、「本当の歯痛がある」といった句を用いるようになる。そして我々は、何故、彼にこの表記法を認めるべきではないのか。［認めてやってもよい、のではないか。］言うまでもなく、彼はこの場

合、混乱を避けるため、「振りをする」に対立する語としての「本当の」という語は、全く使わない方がよい。そして、まさにこの事は、我々は、「本当の」と「振りをする」を、何らかの別の仕方で区別する用意がなくてはならないであろう、という事を意味しているのである*。「私のみが、本当の痛みを感じる」、「私のみが、本当に見る（或いは、聞く）」と言う独我論者は、意見を述べているのではない。この事が、彼が自分の言う事に対し、そんなに確信がある理由である。彼は、或る表現形式を使う事に、不可避的に誘惑されているのである。そこで我々は、何故彼がそうなのかを、なおも見出さねばならない。

> *「振りをする」という事は、無意味ではないのである。独我論者は、「私のみが本当の痛みを持っている」と言ったからといって、他人 A について、「A は痛い振りをしているのだ」と言う訳ではない。独我論者といえども、「A は痛みを持っている」と「A は痛い振りをしている」を区別しなくてはならない。それでは独我論者は、「A は痛みを持っている」という事を何と言うのか。これはまた別の問題である。（この場合、独我論者は例えば「A はイダミを持っている」とでも言うかもしれない。）

「私のみが、本当に見る」という句は、「我々は、他人が物を見ているとき、彼は何を本当に見ているのかを、決して知らない」或いは「我々は、彼は我々が「青」と呼ぶものと同じものを「青」と呼ぶか否かを、決して知り得ない」といった言明に表現されている考えと、密接に結合している。事実我々は、こう論じるかもしれないのである。「私は、彼は何を見ているのかを、或いは、彼はそもそも何かを見ているかどうかを、決して知り得ない。何故ならば、私が持っているものは、彼が私に与える様々な種類の記号（しるし）のみであり、それ故、彼は見ている、と言う事は、全く不必要な仮説であるから。私は、見るとは何か、という事を、私自身における見るという事からのみ、知るのである*。私は、「見る」という語を、私がする事を意味する語として、習ったのである。」勿論、これは、まさしく真ではない。何故なら、私は、「見る」という語の、いま私が述べた事とは異なった、もっとずっと複雑な使用を、明確に習ったのであるから。いま私がそう述べたとき、私をそう述べるよう導いた［我々の］傾向性を、いくらか違った領域からの例によって、明らかにしよう**。

＊『探求』の、「かぶと虫」の比喩が出て来る293節を参照。
　　＊＊原文では、ここに段落なし。
　こういう議論を、考えてみよう。「いかにして我々は、この紙が、赤でないとき、赤である、と望み得るのか。この事は、私はそもそも［今現に］存在しない事を望んでいるのだ、という事を意味してはいないのか。［意味しているのだ。そもそも、「望む」という事はそういう事ではないのか。］それ故、私の望み［の心像］は、その紙が赤であるという事と似た何かを含み得るだけ、なのである。［赤の心像それ自体は、決して赤くはないのであるから。］したがって我々は、我々が［赤でない］何かが赤である事を望む、という事を語るとき、［それが、望みの色（赤）の心像の色を望む、という事であるとすれば、］「赤」という語とは別の語を使うべきではなかったのか。［何故ならば、］望みの［色（赤）の］心像は、確かに我々に、赤い紙の［赤い色の］現実性よりは、はっきりしない何か、もやもやした何か、を示す［のであるから］。それ故私は、「私はこの紙が赤であると望む」の代わりに、「私はこの紙にぼんやりした赤を望む」といったような事を言うべきなのである。」＊
　　＊原文では、ここに段落なし。
　しかし、もしも彼が、通常の語り方［の意味］で「私はこの紙にぼんやりした赤を望む」と言ったならば、彼の望みを満たすためには、我々はその紙にぼんやりした赤を塗るべきであったのだ。――そして、これは、彼が望んだ事ではなかったのである。これに対し、もし我々が、彼は「私はこの紙にぼんやりしたxを望む」という句によって、常に我々が通常「私はこの紙が色xであると望む」によって表現する事を意味する、という事を知っている限り、彼が示唆する表現「私はこの紙にぼんやりした赤を望む」を受け入れるのに、何の反対も存在しない。彼が言った事は、実は、「表記法は［何であれ］推薦され得る」という意味で、彼の［独自の］表記法の推薦なのである。しかし彼は［それによって、］我々に、新しい真理を告げたわけではなく、我々が今まで言っていた事が偽である事を示したわけでもないのである。（［このパラグラフで言われて来た］これらの事の全ては、我々の現在の問題を否定の問題と結合する。表記法には、大雑把に言って、性質が常に二つの名前を持つような表記法が可能であろう、と言う事によって、私は

君に、ヒントだけを与えよう。性質の二つの名前の一つは、或る物がその性質を持つ、と言われるときの、その性質の名前であり、他の一つは、或る物がその性質を持たない、と言われるときの、その性質の名前である。したがって、「この紙はアカイ（レッド red である）」の否定は、例えば、「この紙はアコク＊（ロード rode で）ない」であり得よう。このような表記法は、我々の日常言語によっては否定される望み、そして時には、否定の観念に関する哲学的困惑の痙攣を引き起こす望み、の幾つかを実際に満たすであろう＊＊。）

　　＊原文では「red」に対して「rode」であるが、この対を、大森訳では「アカイ」に対して「アコイ」としている。私は、この大森訳に従った。
　　＊＊「この紙はアカクない」と言うときに念頭に浮かぶアカのイメージはアカくはないから、それをアコイと言うのである。したがって「この紙はアカクない」は、本当は「この紙はアコクない」と言われるべきだ、という訳である。この話の教訓は、言語使用にイメージは不可欠ではない、という事である。そもそも、否定命題は像ではないのである。「〜p」のpは像であるが、「〜p」はp（像）は現実と不一致であるという事を表している（語っている）のである。

　我々が「私は、彼が（正直に）、彼は青い斑点を見ている、と言うとき、彼が［本当に］見ているものが何であるかを、知る事は出来ない」と言って表現する困難は、或る考えに由来する。その考えとは、こうである＊。

　　＊但し、原文ではここに段落なし。

　「彼が［本当に］見ているものが何であるかを、知る」という事は、「彼が［本当に］見ているものを、見る」という事を意味している。しかし、それは、私と彼が二人の眼前に同一の対象を持っていて、二人してその同一対象を見る、という意味においてではなく、彼が見ている対象は、言うなれば、彼の頭の中に、或いは、彼の中にある対象なのであって、私はそのような対象を見る、という意味においてなのである。したがって、問題の困難は、同一の対象が彼と私の眼前に有るとしても、しかし私は、私の頭を彼の頭に（或いは、同じ事であるが、私の心を彼の心に）差し込んで、彼の視野に有る本当の直接的対象が私の視野に有る本当の直接的対象でもあるようにする事は出来ない、という事なのである＊。

＊但し、原文ではここに段落なし。

　しかし我々が、「私は、彼が［本当に］見ているものが何であるかを、知らない」という言明によって実際に意味している事は、「私は、彼が［本当に］眼を向けているものが何であるかを、知らない」という事なのである。というのは、「彼が［本当に］眼を向けているもの」は、［彼の心の中に］隠されているのであり、［したがって］彼はそれを私に示す事が出来ないのであるから。それは、彼の心の眼の前にあるのである。そこで、この困惑を取り除くために、言明「私は、彼が［本当に］見ているものが何であるかを、知らない」と言明「私は、彼が［本当に］眼を向けているものが何であるかを、知らない」の間の文法的差異を、それらが我々の［日常］言語において実際に用いられている様子に即して、吟味しよう。

　時には、我々の［問題にしている］独我論の最も満足すべき表現は、こうであると思われる。「何であれ、それが見られる（本当に見られる）とき、それを見る者は常に私である。」

　この表現で我々に印象的な部分は、「常に私」という句である。［それを見る者は］常に誰なのか。——というのは、奇妙にも、私は「「常に私」という句で］「常に L. W.（ルートヴィヒ・ウィトゲンシュタイン）」を意味してはいないのであるから。この事は、我々に「人格の同一性」の規準を考えさせる。いかなる状況の下で我々は、「この人は私が一時間前に会った人と同じ人である」と言うのか。「同じ人」という句の、そして、人の名前の、我々の現実の使用は、我々が同一性の規準として用いる多くの特性は大多数の場合において一致する、という事実に基づいている。私は、通常、私の身体の外見によって認識される。私の身体は、その外見を、非常に徐々にそして比較的僅かずつ変えてゆく。同様に私の声、特徴的な習慣、等々、も、ゆっくりと狭い範囲内で変わるのである。我々が人名を我々が［現に］使用するような仕方で使用するようになっているのは、これらの事実のお陰にすぎない。この事は、或る架空の場合を想像すると、よく分かる。その架空の場合とは、もしも事実が［我々が現に生きているこの世界と］異なれば、どんな異なった「幾何学」＊を我々は使用するようになるか、を我々に示すような場合である＊＊。

　＊何故ここに「幾何学」が出て来るのかは不明であるが、この括弧付きの

「幾何学」は、例えば「表記法」と考えればよいのではないか。ちなみに、架空の場合として、我々は2次元の生物で、地球の上にはりついて生活しているとしよう。この場合、我々は「非ユークリッド幾何学」を使用するようになる。そして、「ユークリッド幾何学」も「非ユークリッド幾何学」も、一種の「表記法」なのである。
＊＊但し、原文ではここに段落なし。

例えば、こういう場合を想像しよう。存在する人間の身体は全て同じように見える。他方、特性の組がいろいろとあり、それらの組が、言わばその住み付く身体を［同じように見える］身体の間で変えるように見えるのである。それらの特性の組は、例えば、甲高い声とのろまな動きを有する穏やかさ、であったり、太い声でせかせか動く癇癪持ちの性格、であったり、であろう。このような［架空の］場合においては、［同じように見える］身体［それぞれ］に名前を付ける事は可能ではあろうが、しかし我々は、余りそうする気にはならないであろう。それは丁度我々は、我々の食堂の［同じように見える］椅子［それぞれ］に名前を付ける気にはならないのと同様に、である。これに対し、特性の組［それぞれ］に名前を付ける事は、有用であるかもしれない。そして今度は、それらの名前の使用は、我々の現在の［日常］言語における人名［の使用］に、おおよそ対応するであろう。

或いは、こういう場合を想像しよう。人々の形、大きさ、及び、行動の特性が周期的に完全に変わる、という仕方で、人間は二つの人格を有する、という事が普通であるとしよう。人間がそのような二つの状態を有する、という事が普通の事であり、そして彼は、一つの状態からもう一つの状態へ突然移る、という訳である。そのような社会においては、きっと我々は、一人の人に二つの名前を付けたくなるに違いない、そしておそらく、彼の身体の中に有る二つの人格について、語りたくなるに違いない。さて、ジキル博士とハイド氏は、［一つの身体の中に有る］二つの人格であろうか、或いは、ただ変化するだけの、同じ［一つの］人格であろうか。我々は、好み次第で、どちらの言い方をする事も可能である。我々は、［一つの身体の中に二つの人格が有るとする］二重人格について語るよう、強制されてはいないのである。

「人格」という語には、我々が受け入れてもよいと感じる、多かれ少なか

れ類似した、多くの使用が存在する。同じ事が、我々が人格の同一性を記憶によって定義するときにも、当てはまる。こういう場合を想像しよう。或る人がいて、彼は、人生の偶数日に有する記憶は［過去の］偶数日の出来事のみを含み、奇数日に何が起きたかという事は、完全に飛ばしてしまう。そして他方、彼は、奇数日には、曾て奇数日に起きた事は記憶しているが、しかし彼の記憶は、不連続感無しに、偶数日の出来事は飛ばしてしまのである。もしもそうしたいなら、我々はまた、彼は、奇数日と偶数日で、外観と性格を変えてしまう、と想定する事も出来る。この場合、我々は、二つの人格が同一の身体に住んでいる、と言わざるを得ないのであろうか。即ち、二つの人格が同一の身体に、住んでいると言うのが正しく、住んでいないと言うのが間違い、なのであろうか。或いは、その逆なのであろうか。どちらでもない。何故ならば、「人格」という語の通常の使用は、通常の状況のもとでの適切な合成的使用＊とでも言われてよいもの、であるから。もしも私が、私がしたように、通常の状況が変えられたと想定すれば、「人」或いは「人格」という語の使用は、それによって［当然］変わってしまう。そして、もしも私がこの「人格」という語を使い続けようと欲し、且つ、その語にこれまでの使用と類似した使用を与えるならば、多くの［可能な］使用の間で、即ち、多くの異なった種類の類似した使用の間で、自由な選択をする事になる。そのような場合、「人格」という語に唯一つの正統な使用がある訳ではない、と言えよう。（この種の考察は、数学の哲学において重要である。［例えば、］「証明」、「式」等々の語の使用を考察せよ。また、「何故、我々がここで行っている事が、「哲学」と呼ばれるべきなのか。何故、我々がここで行っている事が、かつて哲学という名前で呼ばれていた［それとは］異なった活動の、唯一正統な相続人と認められるべきなのか」という問を考察せよ＊＊。）

　　＊「合成的使用（composite use）」とは何か。一つの解釈は、「人格」という語の通常の使用は、通常の状況のもとでのその人の複数の特性の組を規準として行われる、という事であろう。
　　＊＊この問いから察すると、ウィトゲンシュタインは自分の哲学を、かつて哲学という名前で呼ばれていた［それとは］異なった活動の、唯一正統な相続人と認められるべきだと、考えていたのであろう。

ここで、我々が［独我論者として］「何であれ、それが見られる（本当に見られる）とき、それを見る者は常に私である」と言うとき、我々が［「私」で］指示しているものは、いかなる種類の人格の同一性［を有するの］であるのか、と自問しよう。我々が、見る［者は常に私である、と言う］これらの場合の全てに共有されていて欲しい、と思うものは何か。［それこそが、独我論者の言う「私」であろうか。］この問いに対する一つの［否定的］答えとして私は、それは私の身体の外見ではない、と告白しなくてはならない。私は、私が［何かを］見ているとき、常に私の身体の一部をも見ている訳ではない。そして、私の身体は、それが私が見ている物の中に混じって見られるとき、常に同じに見えねばならない、という事は本質的ではない。事実私は［独我論者として］、私の身体がいかに違って［見えて］も、気に掛けはしない。そして私は、私の身体の全特性について、私の振る舞いの特徴について、そして、私の記憶についてさえも、同じように感じる。［即ち、いかに違って見えても、気に掛けはしない。］——私が［このパラグラフでの］これまでの論点をもう少しじっくりと考えると、私が言いたかった事は、「何であれ、それが見られる（本当に見られる）とき、常に、何かが見られている」という事であったのだ、即ち、見るという全経験を通じて連続していると私が言ったものは、［独我論で考えられているような］「私」という特定の実体ではなく、見るという経験それ自体であったのだ、と分かるのである。この事は、もしも我々が、我々の独我論的言明をする人が、「私」と言いながら、彼の眼を指さす、という光景を想像すれば、より一層明らかになるかもしれない。［彼が、「私」と言いながら、彼の眼を指さしても、彼の眼が彼の「私」である訳ではない事は、明らかであろう。］（おそらく彼は、正確であらんとして、どちらの眼が「私」と言う口に属し、［どちらの眼が］彼自身の身体［(眼)］を指さす手に属するかを、はっきりと言おうと欲するが故に、である*。）しかし彼は、何を指さしているのか。彼の特定の——物理的対象の同一性を有する——眼を、であろうか。（この文を理解するためには我々は、我々が「物理的対象を表す」と言う語の文法は、物理的対象を指示する「これこれ」という語を含む「同じこれこれ」とか「同一のこれこれ」とかいう句を我々がいかに使用するのかによって特徴付けられるのだ、という事を思い出さねばならない。）既に述べたように、彼は特定の

物理的対象を指さそうと欲したのでは、全くなかった。彼が［、独我論的言明をして、］有意味な言明をした、と考えたのは、我々が「幾何学的眼」と呼ぶべきものと「物理的眼」と呼ぶべきものの間の混同に対応する混同をした事に、由来するのである。「幾何学的眼」という語と「物理的眼」という語の使用を示そう。もしも人が「君の眼を指させ」という命令に従おうとするならば、彼は多くの異なった事をするであろう。そして［そこには］、彼が、彼の眼を指さした、と言えるために彼が受け入れるであろう、多くの異なった規準が存在する。もしもそれらの規準［に従って行われた行動］が、通常そうであるように、一致するならば、私が私の眼［を指して、私の眼に］に触った、という事を私に示すために、私はそれらの規準のどれかを［一つ］用いてもよいし、また［、通常自然にそうなるように、］いろいろな規準の組み合わせを用いてもよい。しかし、もしもそれらの規準［に従って行われた行動］が一致しないならば、［そして、或る規準に従って行われた行動が「私は私の眼に触る」という行動であり、他の規準に従って行われた行動が「私は私の指を私の眼の方に動かす」という行動であったならば、］私は、「私は私の眼に触る」という句の意味と「私は私の指を私の眼の方に動かす」という句の意味を区別しなくてはならないであろう。例えば、私が眼を閉じているとき、それでも私は、「私の手を私の眼の方に挙げてゆく」という筋感覚的経験と呼ぶべき特徴的な筋感覚的経験を、私の腕に持つ事が出来る。私が「私の手を私の眼の方に挙げてゆく」という事に成功した、という事は、私の手が私の眼に触ったという特異な触覚によって、確認されるであろう。しかし、もしも私の眼が［――水中メガネを掛けているときのように――］ガラス板の後ろにあり、そしてそのガラス板が、私の指が私の眼を押す事が出来ないように、私を守っているならば、［どうであろう。そのような場合でも、］やはり、私に、今や私の指は私の眼の前にある、と言わせる筋感覚の規準があるであろう。視覚による規準に関しては、私が受け入れる事が出来る規準が二つある。［その一つとしては、］私の手が挙がり私の眼の方に来る、という事を見る通常の経験が［規準として］存在する。そしてこの経験は、勿論、二つの物が出会う――例えば、二つの指先が出会う――という事を見る、という経験とは区別される。これに対し私は、［この現実世界において、］私の指が私の眼の方に動いてくる、という事の規準と

して、私が鏡を覗き込んで、[鏡の中に]私の指が私の眼の方に動いてくるのを見る、という事を用いる事も出来る。[しかし]もしも、我々が、その場所が「見る」のだ、と言う私の身体のその場所は、[鏡を使うこの]第二の規準によれば、私の指が私の眼の方に動いてくる、というときの「眼」によって決定されるべきであるとするならば、私は、[鏡を使わない]他の規準によれば、私の鼻の先である場所、或いは、私の額である場所、で見る事になるかもしれないし、場合によっては、やはり[鏡を使わない]他の規準によれば、私の身体の外部にある或る場所を、[その場所が「見る」のだ、というその場所として]指示する事になるかもしれないのだ、という事は、考えられ得る事なのである**。もしも私が、或る人が[鏡を使う]第二の規準のみによって彼の眼（或いは、両眼）を指さす事を望む場合には、私はこの望みを「君の幾何学的眼（或いは、両眼）を指させ」と言って表現するであろう。「幾何学的眼」という語の文法の「物理的眼」という語の文法に対する関係は、「木の視覚的感覚与件」という表現の文法の「物理的木」という表現の文法に対する関係と、同じである。眼の場合も木の場合も、「幾何学的眼は、物理的眼とは別種の対象である」とか「木の視覚的感覚与件は、物理的木とは別種の対象である」とかと言う事は、全てを混乱させる。何故ならば、感覚与件は物理的対象とは別種の対象である、と言う人々は、「種類」という語の文法を誤解しているから。それは丁度、数は数字とは別種の対象である、と言う人々が、「種類」という語の文法を誤解しているように、である。感覚与件は物理的対象とは別種の対象である、と言う人々は、「鉄道の列車、鉄道の駅、そして、鉄道の車両は、別種の対象である」といったような言明をしていると思っているが、[実は]彼の言明「感覚与件は物理的対象とは別種の対象である」は、「鉄道の列車、鉄道の事故、そして、鉄道の法律は、別種の対象である」という言明と類比的なのである。

　＊この括弧内の文章の意味は不明である。
　＊＊この、規準に「鏡」を使う話しは、全く論理的な話しであって、現実に成立している光学の法則を前提にしてはならない。

私に「何であれ、それが見られる（本当に見られる）とき、それを見る者は常に私である」*と言わせる[独我論の]誘惑に、私は、「何であれ、それが見られる（本当に見られる）とき、その見られるものはこれである」と言

うときにもまた、負けていたのである。なお、「これ」という語には私の視野［全体］を抱くような身振りを伴って、である。（しかし、「これ」という語によって、私がその時点でたまたま見ている特定の対象を意味してはいない。）［独我論者である］人は、こう言うかもしれない。「私は視野を視野として指さしているのであって、視野の中にある何かを指さしているのではない。」**そして、このように言う事は、「何であれ、それが見られる（本当に見られる）とき、それを見る者は常に私である」という［独我論の］表現は無意味である、という事を暴露するのに役立つだけである***。

＊ 104頁。
＊＊ 『論考』の独我論を考えればよい。
＊＊＊ しかし、何故そうであるかは、後に121頁で述べられる。

そこで、［独我論を表す］我々の表現「何であれ、それが見られる（本当に見られる）とき、それを見る者は常に私である」の中の「常に」という語を、取り除いてみよう。そうしても私は、私の［論じている］独我論を、「私が見る（或いは、今見る）もののみが、本当に見られるのである」と言って、表現する事が出来るのである。そして、ここにおいて私は、こう言いたくなる。「私は、「私」という語によって、L. W. を意味しはしないが、もしも今まさに私は事実として L. W. であるならば、他人が［私の］「私」という語は L. W. を意味すると理解しても、それはそれでよい。」私が、「私」という語について今言った事は、「私は［、L. W. ではないが、］生命の器である」と言って表現する事も出来よう。しかし、注意せよ。私がそう言う相手は、誰も、［一般に］私［の言う事］を理解出来てはならない、という事が本質的なのである。即ち、他人は［一般に］「私が本当に意味する事」を理解出来てはならない、という事が本質的なのである。もっとも彼は、実際には、私が言いたい事を理解して、彼の表記法の中で私に［――私が本当に意味する事は理解出来てはならない、という――］例外的位置を認めるかもしれない。しかし私は、彼は私を理解すべきである、という事は論理的に不可能である事を望む。即ち、彼は私を理解する、と言う事は、偽ではなく、無意味であるべきなのだ。という訳で、［独我論を表す］私の表現は、哲学者たちによって様々な場面で用いられる多くの表現の中の一つであり、そしてそれは、［それによって］他人に何事かを伝える事は本質的に不可能であ

るとはいえ、そのように言う人［自身］には何事かが伝わる、と思われるのである。さて、もしも表現にとって、意味を伝える、という事が、或る経験が随伴される、或いは、或る経験が作り出される、という事を意味するならば、我々の表現は、あらゆる種類の意味を持ち得るであろう。そして私は、それらの意味について、何かを言おうとは思わない。しかし我々は、事実としては、我々の表現は、非‐形而上学的表現［──形而下的表現──］が意味を有するという意味で、意味を有するのだ、と考えるよう誤導されるのである。何故ならば、我々は誤って、我々の場合を、他人が我々の言う事を理解出来ないのは、彼には或る情報が欠けているからである、という場合と比べてしまうから、である。（この［「しかし」以後の］付言は、我々が、文法と意味および無意味との結合を理解する事によってのみ、明確になり得る。）

　我々にとっての表現の意味は、我々が行うその表現の使用によって、規定される。［表現の］意味は、その表現に随伴する心的なものではないのである。それ故、「私は、それによってしかじかの事を意味している、と考えている」とか「私は、それによってしかじかの事を意味している、と確信している」とかいう言葉は──哲学的議論において、表現の使用を正当化するために、我々が非常にしばしば聞く言葉であるが──我々にとっては、全く何の正当化でもない。我々は、問う。「何を君は［この表現で］意味するのか」［そして、これは］即ち「いかに君はこの表現を用いるのか」［という問いなのである］。もしも、或る人が私に「ベンチ」という語を教え、そして彼は、時々或いは常にその上に「ベ̄ン̄チ̄」のように棒を引くのだが、この棒は彼には或る意味があるのである、と言ったならば、私はこう言わざるをえない。「どんな考えを君はこの棒に託しているのか、私は知らない。しかし、君が「ベンチ」という語を使用しようと望んでいる記号系において、その棒が使用される場合が存在するという事を、君が私に示さない限り、その考えは私には興味がない。」──私は［或る人と］チェスをしようとした。そうしたら、相手の人が白のキングに紙の冠をかぶせた。とはいえ、白のキングの使用には何の変化もない。しかし彼は私に、このゲームにおいては、この冠は彼にとっては規則によっては表現出来ない意味があるのだ、と言うのである。私は言う。「冠は、白のキングの使用を変えない限り、私が意味と呼ぶものを持ってはいない。」

私が、私の視野の一部を指さして、「これはそこに在る」と言うとき、そのような句は、他人には何らの情報をも与える事が出来ないとはいえ、私にとっては一種の原初的意味がある、と言われる事がある。

　私が「これのみが［本当に］見られる」と言うとき、私は、命題というものは、それが我々の言語の記号系の中では全く使用されなくとも、我々に非常に自然に思われる事がある、という事を忘れている。同一性の法則"a＝a"について考えよ。そして時に我々は、或る対象［──例えば、或る木──］を注視し、そして自らに「この木はこの木と同じ物である」といった文を繰り返す事によって、同一性の法則の意味を把握し、且つ、それを視覚化しようと、いかに必死になっているか、について考えよ。それによって私がこの命題"a＝a"に意味を与えるかに見える身振りとイメージは、命題「これのみが確かに見られる」の場合に［、それによって私が意味を与えるかに見えるところの、］私が用いる身振りとイメージに、非常によく似ている。（哲学的問題の洞察には、我々が或る種の形而上学的言明をしたくなる特殊の状況の、一見重要でない細部について意識する事が、有用である。例えば、我々が変化しない周囲を注視する時には、「これのみが本当に見られる」と言いたくなるかもしれないが、我々が歩きながら辺りを見回す時には、そう言いたくなる事は全くないであろう。）

　先に述べたように*、或る人が、常に或いは時々、その中で例外的位置を占めるような表記法を［我々が］受け入れる事に、反対するいわれは無い。それ故、もしも私が「私のみが本当に見る」という文を言うならば、それを受けて私の同僚たちが、彼らの表記法を、「L. W. はしかじかを見る」等々の代わりに「しかじかが本当に見られる」等々と言う事によって、私に合うよう調整するであろう、という事は考えられ得る事なのである。しかしながら、私は表記法のこの選択を正当化出来る、と考える事は誤りである。私が心から、私だけが［本当に］見る、と言ったとき、［そうは言っても］私はまた、「私」によって本当は L. W. を意味してはいなかった、と言いたかったのである。とは言え私は、私の同僚のために、私が確かに意味していた事ではないとはいえ、「本当に見る人はこの場合 L. W. である」と言ったかもしれないのだが。ほとんど私は、「私」という語によって、今現に L. W. に住み付いている或るもの、そして、他人には見る事が出来ない或るもの、を

意味している、と言う事が出来るかもしれない。(私は、[その或るもので、]私の身体を通して指示出来るのみの、私の心を意味していたのである。) 他人たちは、彼らの表記法の中で、私に例外的位置を与えるべきである、と示唆する事には、何の誤りも存在しない。しかし私が、私のこの身体は、今は、確かに生きているもの[――私、或いは、私の心――]の座である、という事に与えようと望む正当化は――無意味である。何故ならば、明らかにそのような事は、通常の意味で経験的な事実である何かを述べてはいないから。(そして、そのような事は、私のみが特定の経験を持つ位置におり、それ故、私のみが知り得る経験的事実である、と考えてはならない。) さて、本当の私が私の身体の中に住んでいる、という考えは、「私」という語の特異な文法、及び、この文法が起こしがちな誤解、と結び付いている。「私」(或いは「私の」)という語の使用には、二つの異なった場合がある。その一つは、「客体としての使用」とでも呼んでよい場合であり、他の一つは、「主体としての使用」とでも呼んでよい場合である。「客体としての使用」の例は、「私の腕が折れる」、「私は6インチ成長した」、「私は額に瘤がある」、「風が私の髪を吹き動す」等である。「主体としての使用」の例は、「私はこれこれを見る」、「私はこれこれを聞く」、「私は私の腕を挙げようと試みる」、「私は雨が降るだろうと考える」、「私は歯痛を持っている」等である。「私」という語の、これら二種類の使用の相違を、人はこう言って指摘する事が出来る。「私」という語の「客体としての使用」の場合には、[私という]特定の人物についての認知が含まれており、そして、この場合には、間違いの可能性が存在する。或いは、むしろ「間違いの可能性が、与えられている」と言うべきである。ピンゲーム**においては、得点を得る事に失敗するという可能性が、本来ゲームの中で与えられている。他方、私がお金を入れても球が出て来ないとすれば、その失敗は[、故障であって、]ピンゲームというゲームの中で、本来与えられているべき可能性ではない。例えば、事故に遇って、私が私の腕に痛みを感じ、私の脇に怪我をした腕を見、そしてそれは私の腕であると考えるが、本当は私の隣の人の腕である、という事は可能である。そしてまた私は、鏡を見て、隣の人の額の瘤を私の額の瘤と間違える、という事も有り得よう。[以上は、「私」という語の「客体としての使用」の場合であるが、]これに対し、[「主体としての使用」の場合、] 私が、

私は歯痛を持っている、と言うとき、［私という］特定の人物についての認知は問題にならない。「痛みを持っているのは君である、という事に、君は間違いないのか」と問う事は、無意味であろう。さてこの場合、間違いは不可能である、と言うとき、それは、［ゲームの比喩を用いれば、］我々が間違いとして、或いは「悪い手」として、考えたくなるかもしれない手は、そもそも［ルール違反であって、］そのゲームでの［許された］手ではないのであるから、である。(我々は、チェスにおいて、良い手と悪い手を区別する。そして我々は、もしも我々がクイーンをビショップにエクスポーズすれ［(させ)］ば、それは間違い［(悪い手)］であると言う。しかしポーンをキングにプロモートする［(変える)］事は、間違い［(悪い手)］ではない。［それは、ルール違反なのである。］***) そして今や我々は、自ずとこう考えたくなる。即ち、「私は歯痛を持っている」という言明をするとき、私は、［歯痛を持っているのは］他人であって私自身ではない、という間違いをする事は不可能であるが、それは丁度、［痛みにうめく］他人を私［自身］と間違えて、［私自身が他人の］痛みにうめく事が不可能であるのと、同じである。「私は痛みを持っている」と言う事は、うめきが或る特定の人についての言明ではないように、或る特定の人についての言明ではない。［人は、言うかもしれない。］「しかし確かに、或る人が「私」という語を口にするとき、その語「私」は、そう言ったその人を指示する。その語は、彼自身を指さすのである。そして非常にしばしば、そう言った人は、実際に彼の指で彼自身を指さすのである。」しかし［この場合、実際に］彼自身を指さす事は全く余計である。［場合によっては、］彼は、ただ彼の手を挙げるだけでよかったのかもしれない。或る人が彼の指で太陽を指さすとき、彼は太陽と彼自身を指さしている、と言うのは、誤りであろう。何故ならば、指さすのは彼であるから。他方、彼は［太陽を］指さす事によって、太陽と彼自身に［人々の］注意を引きつける事は出来たかもしれない。

＊ 65頁。
＊＊ 大森訳には、以下のような注が付いている。「コリントゲームのようなもの。但し球は自動販売機のように金を入れるとでてくる。そしてパチンコのようにレバーではじく。——小池銈次氏による。」
＊＊＊ ポーンは、盤の一番先までたどり着くと、その瞬間にキング以外のい

ずれかの駒に変わらねばならない。これは、特権であり、同時に義務である。クイーン、ルック、ビショップ、ナイトのどれに変わるかは、まったく自由であるが、変わらないでポーンのままでいることは出来ない。

「私」という語は、たとえ私が L. W. であるとしても、「L. W.」と同じ事を意味しはしないし、「今しゃべっている人」という表現と同じ事を意味しもしない。しかしこの事は、「L. W.」と「私」は別のものを意味している、という事を意味してはいない。これらの事の全体は、これらの語は我々の言語における異なった道具である、という事を意味しているのである。

語を、使用によって特徴づけられた道具として考えよ。そして、ハンマーの使用、鑿(のみ)の使用、定規の使用、膠壺(にかわ)の使用、そして、膠の使用、について考えよ。(そしてまた、我々がここで言う事は、極めて多様なゲームが我々の言語の文によって行われる、という事を理解してのみ、理解され得るのである。[我々の言語の文によって行われる極めて多様なゲームとは、例えば、]命令を与える、命令に従う、問いを立てる、問いに答える、出来事を記述する、架空の話を語る、冗談を言う、直接的経験を記述する、物理的世界の出来事について推測をする、科学的仮説や理論を立てる、人に挨拶する、等々、等々[、の事である]。)「私」と言う口、或いは、発言をしたいのは私である、とか、歯痛を持っているのは私である、という事を示すために挙げられる手、これらは、それによって何かを指さしてはいない。これに対し、もしも私が私の痛みの場所を指示しようと望めば、私は[その場所を]指さす。そしてここで再び、眼によって導かれる事なしに痛みの場所を指さす、という事と、探して見つけた後に、私の体に有る種痘の跡を指さす、という事の相違を思い起こせ。――痛みで泣き叫ぶ人、或いは、痛みを持っていると言う人は、[泣き叫んだり、痛みを持っていると]<u>言う口を選ばない</u>*。

 *本人が泣き叫んだり、痛みを持っていると言わざるを得ないのであって、
  他人に代わって貰う訳にはいかない、という事であろう。

結局、こういう事になる。我々が「彼は痛みを持っている」と言うときの彼は、[言語]ゲームの規則によって、泣き叫び、顔を歪め、等々、をする人なのである。そして、[私の]痛みの場所は、――[先に]我々が言ったように*――他人の身体の中でもあり得るのである。もしも私が、「私」と言

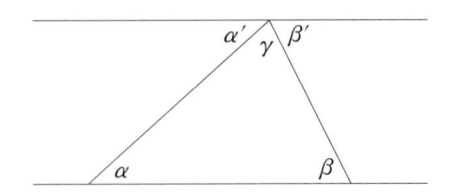

って、私自身の身体を指させば、私は、「私」という語の使用を、指示詞「この人」或いは「彼」の使用を手本にして、[それに類似させて、]行っているのである。(二つの表現[の使用]を類似させるこの仕方は、数学において、例えば、三角形の三つの内角の和は180°である、という事の証明において時に認められている仕方に、類似している。我々は、こう言う。"$\alpha = \alpha'$, $\beta = \beta'$, そして、$\gamma = \gamma'$"。最初の二つの等式は、第三の等式とは完全に別種である。[第三の等式は、最初の二つの等式に類似させて、使われているのである。])「私は痛みを持っている」においては、「私」は、指示代名詞ではないのである。

　　＊ 82頁。

　二つの場合を比較せよ。1. [或る人が私に質問する。]「どうして君は、彼が痛みを持っている、という事を知っているのか。」──[私は答える。]「何故ならば、私は彼がうめくのを聞くから。」2. [或る人が私に質問する。]「どうして君は、君が痛みを持っている、という事を知っているのか。」──[私は答える。]「何故ならば、私は痛みを感じるから。」しかし、「私は痛みを感じる」は「私は痛みを持っている」と同じ事を意味している。それ故、これでは全く説明になっていない。しかしながら、この私の答えにおいて、私は、「私」という語ではなく「感じる」という語を強調しがちである。そしてこの事は、「私」という語によって、(いろいろな人の中から)[私という]一人の人物を選び出そうとは望んでいない、という事を示している。

　命題「私は痛みを持っている」と命題「彼は痛みを持っている」の間の相違は、命題「L. W. は痛みを持っている」と命題「スミス氏は痛みを持っている」の間の相違ではない。むしろそれは、うめき、と、「彼はうめいている」と言う事、の間の相違に対応する。──[人は言うかもしれない。]「しかし、確かに、命題「私は痛みを持っている」の中の「私」という語は、私を他の人々から区別するのに役だっている＊。何故ならば、私は、「私」とい

う記号によって、私は痛みを持っている、と言う事を、他の誰かが痛みを持っている、と言う事から区別するのであるから。」[そこで、]「私はこの部屋には、誰もいない、事を発見した」("I found nobody in the room.") と言う代わりに、「私はこの部屋には、無人氏がいる、事を発見した」("I found Mr.Nobody in the room.") と言う事にする言語を、想像せよ。そして、そのような約束から生じるであろう哲学的諸問題を、想像せよ。[すると、]この言語の下で育った若干の哲学者たちは、おそらく、「無人氏」(Mr. Nobody) という表現と「スミス氏」(Mr. Smith) という表現の [表面的] 類似性を、好ましくないと感じるであろう。[同様に我々は、「私」という表現と「彼」という表現の表面的類似性を、好ましくないと感じるのではないか。そして] 我々が、命題「私は痛みを持っている」の中の「私」という語を無くしてしまいたい、と感じるとき、我々は、[私における] 痛みの言語表現を [私の] うめきによる表現に似たものにしたいのだ、と言われてもよいのである。――[しかし、そうすると、命題「私は痛みを持っている」における「私」には、指示対象が無くなってしまう事になりはしないか。即ち、痛みを持っている「私」は、無意味になってしまいはしないか。ここで] 我々は、[語の指示対象ではなく、] 語の特定の使用のみが、その語に意味を与えるのだ、という事を忘れがちなのである。語の使用に関する我々の以前の例を考えよう**。それは、或る人が「リンゴ五つ」と書いてある紙片を持って八百屋へ行かせられる、というものであった。語の現実における使用が、その語の意味なのである***。[ここで、] 我々の周りの物には、語が書き込まれたラベルが付いていて、我々が話しをするとき、その語によってその物を指示するのが普通である、と想像せよ。それらの語の或るものは、そのものの固有名であろう、他のものは、(「テーブル」とか「椅子」、等々、のような) 一般名であろう、そしてまた他のものは、色の名前、形の名前、等々、であろう。[しかし] この場合、ラベルは、我々がそれに関し特定の使用をする限りにおいて、我々に意味を持つだけなのである。さて我々は、ものに付いているラベルを単に見るだけで感銘を受け、それらのラベルを意味あるものとするのはそれらの使用である、という事を忘れてしまう、という事は容易に想像出来よう。という訳で、我々は時として、我々が、(直示定義の様式に従って) 或るものを指さす仕草をして「これが……である」と

いった言葉を発しさえすれば、我々は既にそのものに名前をつけたのだ、と信じてしまう。我々は、或るものを「歯痛」と呼び、そして、こう考えるのである。或る状況の下では、我々が我々の頬を指さして「これが歯痛だ」と言えば、我々が言語［ゲーム］で行う他人との交渉において、「歯痛」という語は或る一定の機能を引き受ける。［しかし、これは誤解である。］（我々の［今問題にしている］考えは、こうである。私が［或る語を言って］或るものを指さすとき、他人が「私が何を指さしているのかを知りさえすれば」、彼はその語の使用を知るのである。そして、ここにおいて我々は、「私が指さすもの」が、例えば、或る人であり、そして、［他人が］「私が指さしたものを、知る」とは、私がそこにいるどの人を指さしたかを見る、という事を意味するという、特別な場合を心に抱いているのである。）

　＊ここには、「私」という語は、「私」と言われる何か——即ち〈私〉——を指示している、という思想がある。ウィトゲンシュタインは、この思想を論駁する。
　＊＊26頁。但し、以前の例では「リンゴ六つ」であった。
　＊＊＊「五つ」には指示対象が無い。そして実は一般名詞「リンゴ」にも指示対象は無いのである。

　という訳で我々は、「私」を主語として［有意味に］用いる場合には、その身体的特徴によって或る特定の人物を［私と］認知するが故に、「私」を［主語として］用いるのではない、と感じる。そしてこの事が、我々はこの「私」という語を非身体的な或るもの——しかし、我々の身体の中にその座を有する或るもの——を指示するために用いるのだ、という幻想を作り上げるのである。事実、この非身体的な或るものが、本当の自己——その中の一つが、「我思う、故に我あり」と言われるときの「我」であるが——であると思われるのである。——［すると］「それでは、身体のみが存在して、［実は］心は存在しないのか」［と問われるかもしれない。］答えは、こうである。［たとえ指示対象としての心は存在しないとはいえ、］「心」という語は意味を持っている、即ち、「心」という語は、我々の言語［ゲーム］において、或る［一定の］使用を有しているのだ。しかし、こう言っただけでは、我々は未だ、「心」という語でどんな種類の使用をするのかを、言ってはいない。

事実、これらの探求において我々が関わって来た事は、見る、聞く、感じる、等々、といった、「心的活動」と呼ばれるものを記述する語の文法であったのだ、と言われてもよい。そしてこの事は、我々が関わって来た事は、「感覚与件を記述する句」の文法であったのだ、と言う事と、同じ事になるのである。

哲学者たちは、哲学的意見、或いは、哲学的確信として、感覚与件が存在すると言う。しかし、感覚与件が存在すると信じる、と言う事は、結局のところ、物は、たとえ存在しなくとも、我々の眼前に存在するように見える事が有り得ると<u>信じる</u>、と言う事に帰着する。さて、「感覚与件」という語を用いるとき、人はその文法の特異性について、明確な自覚を持たねばならない。何故ならば、「感覚与件」という表現を導入するという考えは、「見え」に言及する表現を、「実際に存在する物」に言及する表現にならって［（いわば実体化して）］形成する事であったのであるから。例えば、もしも二つの物が同じに見えるならば、［それら二つの物には、］それぞれに<u>同じ何かが存在しなければならない</u>、と言われたのである。この事は、勿論、我々は「それら二つの物の見えは同じである」といった表現を「それら二つの物は同じに見える」という表現と同義に用いると決定した、という事以外の何ものをも意味しない。非常に奇妙にも、この新しい表現方法の導入は、人々を惑わして、彼らに、新しい実在、世界を構成する新しい要素、を発見したと考えさせたのであるが、それはあたかも、「私は、感覚与件が存在する、と信じる」と言う事が、「私は、物質は電子［、等々、の微粒子］で構成さている、と信じる」と言う事と類似の事であるかの如くに考えての事なのである。我々が、見え、或いは、感覚与件が同じであるという事について語るとき、我々は、「同じ」という語の新しい使用法を導入するのである。長さＡと長さＢは我々には同じに見えねばならず、長さＢと長さＣも我々には同じに見えねばならないのであるが、しかし、長さＡと長さＣは我々には同じには見えない、という事は可能である。そしてこの事を我々は、「同じ」という語の新しい使用法においては、こう言わねばならないのである。即ち、Ａの見え（感覚与件）はＢの見え（感覚与件）と同じであり、Ｂの見え（感覚与件）はＣの見え（感覚与件）と同じであるのに、Ａの見え（感覚与件）はＣの見え（感覚与件）と同じではない、という事、この事は、もしも君

が「同じ」という関係を非遷移的に用いる事を気にしないならば、全く構わない*。

　*例えば、右図において、AとBが同じ長さに見えるように描き、BとCが同じ長さに見えるように描いても、AとCが同じ長さに見えるとは限らない。

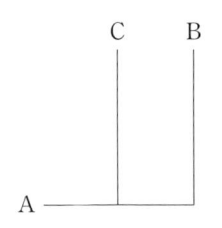

　さて、我々が感覚与件による表記法を受け入れるときに陥る危険は、感覚与件についての言明の文法と、物的対象についての——しかし、感覚与件についての言明と外見的には似ている——言明の、文法の間の相違を忘れるという事である。(人は、この相違を忘れると、「我々は、正確な円を見る事が決して出来ない」*とか「我々の感覚与件は、全て曖昧である」といった文で表現される誤解について、語ってゆくかもしれない。そしてまた、ユークリッド空間における「位置」、「運動」、「大きさ」[等]の文法と、視空間におけるそれらの文法を、比較するようになる。[そうすると、]例えば、視空間にも絶対的位置、絶対運動、絶対的大きさ[等]が存在する、という事になる。)

　*物的対象についての言明の文法と、感覚与件についての言明の文法の間の相違を忘れると、物的対象としての〈正確な円〉は有り得ないので、感覚与件においても〈正確な円〉は有り得ない、と考えてしまう、という事か。しかし、感覚与件についての言明の文法を、物的対象についての言明の文法と切り離し、別個の独立したものと考えれば、感覚与件においては〈正確な円〉は有り得ない事ではない事になる、という事か。出来得る限り〈正確な円〉を描き、それを或る地点から見れば、感覚与件における〈正確な円〉が得られない事はないのではないか。

　さて我々は、「或る人の身体の見えを指さす」とか「[或る人の身体の]視覚的感覚与件を指さす」といった表現を使用する事が出来る。大まかに言って、この種の指さしは、例えば、鉄砲の銃身に沿って狙いを付ける、という事と同じ事に帰着する。という訳で我々は、例えば、[腕を銃身のように伸ばして]指さしをし、「これが、私が鏡の中に私の像を見る方向である」と言う事が有り得る。人はまた、「私の指の見え或いは感覚与件が、この木の感覚与件を指さす」とか、それに似た表現を用いる事も出来る。しかし我々

は、指さしのこれらの場合から、[公共空間の中における] 音が聞こえて来るように思われる方向を指さすとか、眼を閉じて私の額を指さす場合などを、区別しなければならない*。

* 「これが、私が鏡の中に私の像を見る方向である」とか「私の指の感覚与件が、この木の感覚与件を指さす」とかいう事に、間違いはあり得ない。しかし、公共空間の中において、音が聞こえて来るように思われる方向には、間違いがあり得る。そして、間違いのあり得ない指さしは情報量ゼロであり、無意味なのである。

ところで、私が独我論的な仕方で「これが本当に見られているものである」と言うとき、私は私の前方を指さす。そして [この場合]、私は [、身体的にではなく] 視覚的に [私の前方全体を] 指さす、という事が本質的なのである。もしも私が [「これが本当に見られているものである」と言いながら、視覚的にではなく身体的に、] 私の横を或いは後ろを指させば——言わば、私が見ていない物を指させば——この指さしは、この場合、私には無意味である。それは、私が [独我論者として] 指さししたいと思っていた意味での指さしではないであろう。しかしこの事は、私が「これが本当に見られているものである」と言いながら私の前方を指示するとき、たとえ私が [身体的に] 指さしの仕草をするとしても、私は、[見ている視野全体を指さしているのであって、] 他でもない [或る特定の] 一つのものを指さしているのではない、という事を意味しているのである。[この場合、視野にある全てのものが本当に見られているものなのである。] そして私が、「これが本当に見られているものである」と言いながら、私の前方を指さして指示するという事は、[言わば、] 車で旅をしていて、急がなくては、と感じているとき、私が本能的に、あたかも私は車を内部から押す事が出来るかの如くに、私の前にある物を押すような [無意味な] 事、なのである*。

* 「これが本当に見られているものである」と言いながら、私が見ていない物を指さす場合には、それは、論理的に有り得ない事であるから、矛盾している。そしてその意味でそれは、無意味なのである。そしてまた、「これが本当に見られているものである」と言いながら、私が見ている前方を指さす事も、無意味なのである。しかしこの場合は、同語反復であるという意味で、無意味なのである。「a は a である」が無意味であるという意味

で、無意味なのである。
　私が見ているものを指さして、「私はこれを見ている」とか「これが見られている」とか言う事が意味をなすときには、私が見ていない或るものを指さして、「私はこれを見ている」とか「これが見られている」とか言う事も、［偽ではあるが］意味をなす*。［ところが、］私が［前のパラグラフで］私の独我論的言明をしたときには、私は［私の前方を］指さしはしたが、しかし私は、指さすその指さしと指さされるもの［──本当に見られているもの──］とを不可分に結合する事によって、その指さしからその意味を奪ったのである。［言わば］私は、歯車等々の全ての部品で時計を組み立てたのだが、最後に、文字盤を［一番下にある短］針に固定してしまい、その結果、文字盤が［短］針と一緒に廻るようになってしまったのである。そして、このようにして独我論者の［指さししながらの］「これが本当に見られているものである」という言明は、［これと本当に見られているものの］同語反復を思わせるのである。
　　*例えば、色の付いた正方形を指さして、「私はこの色を見ている」とか「私はこの形を見ている」とか言う場合を考えよ。
　勿論、我々がこのような［独我論者の］疑似命題［「これが本当に見られているものである」］を作るよう誘惑される理由の一つは、それが、私が、私の周りにある、他でもない或る［特定の］対象を指さして、或いは、（視空間の中で、ではなく）物理空間の中で、他でもない或る［特定の］方向を指さして、「私はこれを見ているだけである」とか、或いは、「これが私が見ている領域である」とか言う［有意味な］言明と、類似しているという事である。そして、もしも私が、この意味で［或る特定の対象を、或いは、或る特定の方向を］指さしながら、「これは本当に見られているものである」と言うならば、人は私に、こう言って応える事が出来よう。「それは、君、L. W.、が見ているものである。しかし、我々が普通に「L. W. が見ているもの」と呼ぶものが［L. W. によって］「本当に見られているもの」と言われるような表記法を受け入れるのに、何ら異存はない。」しかしながら、もしも私が、私の文法では隣人を有しないもの［──独我論における私自身──］を指さしする事によって、（他人に、ではないとしても、）私自身には何事かを［──例えば、「これが私である」という事を──］伝える事が出

来る、と信じるならば、私は誤りを犯している。それは、「私はここにいる」という文は、それが［普通の意味で］意味をなす非常に特殊な状況——例えば、［私が遭難して、助けを求めている時の、］私の［「私はここにいる」という叫び］声とそれが来る方向が他人によって認知される時の状況——とは異なった状況［——例えば、たとえ公共空間の中においてであろうとも、静かに自分に向かって「私はここにいる」と言う状況——］の下でも、私には意味をなす（そして、ついでに言えば、恒に真である）、と考える誤りと似た誤りである。この場合もまた、君が、語は我々がそれについて行う特定の使用によって意味を持つ、という事を学ぶ事が出来る或る重要な場合［なのである。］——［私自身が独我論の私を指さしする事によって、私自身には何事かを伝える事が出来る、と信じるような、或いは、たとえ公共空間の中においてであろうとも、静かに自分に向かって「私はここにいる」と言う事は、私には意味をなす（そして、ついでに言えば、恒に真である）、と考えるような］我々は、多かれ少なかれチェス或いはチェッカーの駒に似せて作られてチェス盤の上に並べられている木片群は、それらはいかに用いられるべきかについて何も言われていないにも拘らず、ゲームを構成している、と考える人たちに似ているのである。

　［公共空間の中で、］「それは私に近付いて来る」と言う事は、たとえ、物理的に言って何物も私の身体に近付いて来ない時でも、［偽ではあるが］意味を持っている。そして同様に、「それはここにある」とか「それは私に届いた」と言う事は、何物も私の身体に達していない時でも、意味をなす。そして他方、「私はここにいる」と言う事も、もしも私の声が［他人に］気づかれ、且つ、公共空間の或る特定の場所から来た事が聞きとられるならば、意味をなす。［これに対し、視空間の中で］「それはここにある」と言われる時の「ここ」は、視空間の中でのここである。大まかに言って、その「ここ」は幾何学的眼［の前］である*。さて、「私はここにいる」と言う事が意味をなすためには、［そう言う事によって、］公共空間の中の或る場所に、人々の注意を引かなくてはならない。（そして、この文が用いられる仕方には、種々様々ある。）「私はここにいる」と自らに言う事は意味をなす、と考えている哲学者は、公共空間の中の或る場所を意味する語として「ここ」という語を用いている文からこの表現をとり、そしてその「ここ」を、視空間

の中でのここであると考えているのである。彼はそれ故、実際には、「ここはここである」と言うような類いの、［無意味な］事を言っているのである。

　＊視空間の中には眼は存在しない。視空間の中で同定出来る眼は、鏡に写った眼、即ち「幾何学的眼」のみである。

　しかし、私の［論じている］独我論を別の仕方で表現してみる事も出来よう。私は、私と他の人々が、各人が見ているものを絵で描写する、或いは、言葉で描写する、という事を想像する。そして、それらの描写が私の前に置かれる。私は、私が行った描写を指して、こう言う。「これのみが本当に見られたものである（あった）。」即ち私は、こう言いたいのである。「この描写のみが、その背後に現実（視覚的現実［──感覚与件──］）を持っている。」そして私は、その他の描写は──「［背後が］空白の描写」である、と言うであろう。また、私は私の意見を、こう言って表現する事も出来よう。「この描写のみが、［視覚的］現実から導かれたのだ。これのみが、［視覚的］現実と比較されたのだ。」さて我々が［一般に］、この描写──絵、或いは、記述──は、例えば、私が見ている木々、といった［公共空間における］一群の対象の投影である、或いは、そのような一群の対象から導かれたのだ、と言うとき、そこで言われている事は明確な意味を持っている。しかし我々は、「この描写──絵、或いは、記述──は、私の感覚与件から導かれたのだ」といった句の場合には、その文法をよく調べてみなくてはならない。私がここで言っている事は、「私は、他人が「茶色」で本当は何を意味しているのかを知る事は決して出来ない、或いは、彼が茶色い対象を見ている、と（嘘ではなく）言うとき、彼が本当は何を見ているのかを知る事は決して出来ない」と言いたい特殊な誘惑と、結合している。──我々は、そのように言う人には、一つの語「茶色」の代わりに、二つの異なった語［──例えば「茶色$_1$」と「茶色$_2$」──］を用いるよう、提案する事が出来よう。一つの語［「茶色$_1$」］は、彼の特有な印象［（感覚与件）］を表し、もう一つの語［「茶色$_2$」］は、彼以外の人々も［彼と同様に］理解し得る意味を有する語［（例えば、色見本にある語を考えよ。）］である。もしも彼がこの提案についてよく考えるならば、彼は、「茶色」とかその他の語の意味──機能──についての彼の考えには何か誤りがある、という事を悟るであろう。彼は、彼の［言語による］描写の正当化を、［本来］正当化のない所で、探し

求めているのである。(それは丁度、理由の連鎖には終わりがあってはならない、と信じている人の場合と同じである。[例えば、]数学的演算をする事についての、一般公式による正当化について、考えよ。そして、この公式は、この特定の場合において、我々が[現に]その公式を使っているように使うよう、我々を強制しているのか、という問題について、考えよ。[実は、個々の場合において、我々が或る公式を現に使っているように使う理由は、もはや存在しないのである。理由の連鎖は、ここで終わるのである。])「私は、視覚的現実[(感覚与件)]から描写を導く」と言う事は、[公共空間において]「私は、私がここに見ているものから描写を導く」と言う事と、いかなる類比的な事をも意味出来ないのである。[後者の場合]例えば私は、その中で或る色の付いた正方形が「茶色」という語と対応づけられている表を、見るかもしれない。そしてまた私は、どこか別の場所で、同じ色の染みを、見るかもしれない。この場合には、私は、こう言う事が出来よう。「この表は私に、私はこの染みの記述には「茶色」という語を使わねばならない、という事を示している。」これが、私が私の記述に必要な語を導く仕方である。しかし[前者の場合]私は、私が受ける特定の色の印象[(感覚与件)]から「茶色」という語を導く、と言う事は、無意味であろう。[この場合は、所詮、私に正しいと思われるものは正しいのだ、という事になるに過ぎないのである。しかしこの事はただ、ここにおいては「正しい」という事については語られ得ないのだ、という事のみを意味しているのである*。]

　*『探求』258節を参照。

　ここで、「人間の身体は、痛みを持つ事が出来るのか」と問うてみよう。人には、こう言う傾向がある。「身体は、いかにして痛みを持つ事が出来るのか。身体は、それ自体としては、死んだ何か[――物――]である。[物である]身体には意識がない。[したがって、身体は痛みを持つ事が出来ない。]」そして、ここでもまた我々は、痛みの本性を洞察し、物的対象は痛みを持つ事が出来ないという事は痛みの本性に属しているのだ、という事を見たかの如くなのである。そして我々は、痛みを持つものは、物的対象の本性とは異なった本性を持つものでなくてはならないのであり、事実、心的本性を持つものでなくてはならないのだ、という事を見たかの如くなのである*。しかし、[痛みを持つ]自我は心的である、と言う事は、我々が数字「3」

は物的対象を表す記号としては用いられない、という事を認識するとき、[数字「3」が表す]数3は心的、或いは、非物質的本性を有している、と言うようなものなのである。

　　＊〈痛み〉に本性などはない。「痛み」という語の使用が問われるのみなのである。

　これに対し、我々が「この身体は痛みを感じている」という表現を受け入れる事に、何の問題も無い。そして我々は、通常そうであるように、その身体を医師の所に運び、ベットに横たわらせ、この前身体が痛みを感じた時には、痛みは一日で過ぎ去った、という事を、身体に思い出させさえするであろう。「しかし、[身体を介しての]この形式の表現は、少なくとも、間接的表現ではないのか」――[ここで、こういう例を考えよう。]「xを3で置き換えよ」と言う代わりに「この式の中の記号「x」を記号「3」で置き換えよ」と言うとき、これは[記号を介しての]間接的表現を用いているのか。(或いは逆に、若干の[(唯名論の？)]哲学者たちが考えているように、これら二つの表現の中の後者のみが、唯一直接的表現なのか。)[実際には、]一つの表現が他の表現より直接的であるとか間接的であるとかいう事は、ないのである。[大切な事は、直接的とか間接的とかいう事ではなく、]表現の意味は、我々がそれをいかに使っていくかという事に完全にかかっている[、という事な]のである。我々は決して意味を、心が語とものの間に作った神秘的結合であると、想像しないようにしよう。そして、樹木の種はそこから生じる樹木を含んでいる、と言われるように、この結合は語の全使用法を含んでいる、と想像しないようにしよう。

　痛みを持つものは、或いは、見たり考えたりするものは、心的本性のものである、という我々の命題の核心は、ただ、「私は痛みを持っている」の中の語「私」は、特定の身体を指示しはしない、という事のみなのである。何故ならば、我々は「私」の代わりに或る身体の記述を置き換える事は出来ないのであるから。[心的本性のもの(心)があって、それが痛みを持つのではない、という事である。]

索　引

あ

曖昧さ　76
アウグスチヌス　41, 42
アウステルリッツの戦い　64, 67
青　101
青い斑点　103
青色　94, 95
赤　22, 24, 102
アカイ　103
赤い紙片　7
赤い染み　6, 7
赤い花　5, 6
赤い斑点　39
赤さ　52
赤の像　5
「赤は存在する」　52
アコク　103
足かせ　31
頭　12, 25
新しい観念　69
新しい実在　119
新しい表記法　96
甘さ　52
アメーバの機構　10
過ち　9, 66
誤った道へと導く　37
誤り　112, 123
誤りがある　124
［アルファベット］ABC　49
アンギーナ　40
暗号　59

い

言う　57, 72
言う過程　55, 56
言うという経験　73
生かす　8
意義　9
以後に　72
意志　79
意識活動　71
意識過程　49, 57
意識的思考　97, 98
意識の状態　29
椅子　38, 42
以前に　72
痛い場所　83
痛み　81, 83, 89, 90, 100, 115, 125
痛みの影　89
痛みの場所　83, 84, 115
痛みの本性　125
痛みを持つ　85, 126
一般概念　28
一般性への渇望　27, 29
一般像　28
一般的イメージ　28
一般的観念　29
一般名　117
一般名辞　27, 28
一般名辞の意味　31
一般名辞の使用法　31
意図　54
意図する　53
意味　8, 13, 14, 29, 44, 70, 111, 117, 124

意味した　64, 67
意味している　16, 17, 111
意味する　7, 30, 57, 64, 65, 71, 72, 110
意味する過程　55, 56
意味する心的過程　6
「意味」という語　73
意味とは何か　3, 59
意味無し　8
意味なるもの　59
意味の学習　3
意味の説明　3, 4, 38
意味を伝える　111
意味をなさない　90
意味をなす　123
意味を持つ　123
意味を持っている　118
イメージ　7, 19, 29, 60, 72, 89
色　22, 23
色の印象　125
色の名前　7, 117
色の見本　7, 24
色見本　8
因果結合　10

う

歌の調べ　58
「内側から見られた」原因　25
内側と外側　13
内と外の違い　21
写し　60
写す　54
うめき　116, 117

え

A は金歯を持っている　89
A は歯痛を持っている　89
描かれた像　8, 9
X が来るという期待　33
エーテル状の対象　79
絵に描く　8, 89
L. W.　104, 110, 112, 115, 122
L. W. は痛みを持っている　116

遠隔作用　22

お

置き換え　70
置き換える　7, 8, 9, 21
教えられる　22
教える　19
恐れる　36, 47
同じ　119
同じ痛み　91
同じ色　23, 92
同じ記述　91
同じ語　93
同じ場合　93
同じ日　93
同じ人　104
帯　42
終わり　24

か

解　48
絵画　60
解決　76
解釈　4, 5, 6, 7, 56, 59
解釈可能　56
外的対象　8
概念　41
解放　3, 99
科学　41
科学者　38
科学的　10
科学的真理　92
科学的探求　45
科学の方法　29
鏡　109, 113, 120
書く　8, 12
隠されている　11
隠される事なく存在する　11
角の三等分　69
影　60, 61, 68, 70
歌詞　72
仮説　14, 20, 24, 35, 40, 67, 81, 101

家族　28, 32
家族的類似性　28, 32, 54
堅い　76
堅い岩盤　39
形の名前　117
語り　63
価値　80
合致　21, 22
活動　27
活動と状態　32
過程　9, 20, 32, 67
紙の冠　111
彼　115
彼が痛みを持っている　116
「彼」という表現　117
彼の痛み　89
彼の歯痛　82, 89
彼の特有な印象　124
彼は痛みを持っている　115
彼はうめいている　116
彼は私を理解する　110
考え　68, 69
考えたり　126
考える　30, 50, 58, 63, 65, 72, 81
考えるという経験　73
感覚　16, 32, 33, 34, 36, 72, 86
感覚経験　79, 87
感覚与件　92, 109, 119, 120, 124
感覚与件が存在する　119
「感覚与件を記述する句」の文法　119
還元　29
感じ　15, 17, 20, 58
感じる　15, 16, 17, 48, 116
関数の値　33
観念論者　81, 97
願望　32, 35
願望の緊張　35
願望のメカニズム　7

き

黄色　19
黄色い染み　19

記憶　106
記憶像　23
機械が考える事は可能であろうか　26
機械が歯痛を持つ事は可能であろうか　26
機械は考える事が出来るか　79
幾何学　104
幾何学的眼　108, 109, 123
飢餓感　35
希求　48
希求する　36, 47, 49
危険　120
記号　7, 8, 9, 56, 60, 73, 101
記号系　70
記号とは何か　26
記号の命　8
記号の意味　8
記号のシステム　9
記号の使用　8, 9
記号（文）を理解する　9
記号法　41
記号を操作する　26
疑似命題　122
記述　124
記述形式　37
規準　5, 39, 40, 41, 82, 108, 109
基数の算術　30
規則　18, 19, 20, 22, 90
規則的な一致　87
規則に合致した過程　20
規則に関する困惑　43
規則の適用　18
規則を含んだ過程　21
ギター　5
期待　32
期待している　35
期待する　31, 32, 47, 49, 53, 58, 59
期待の感覚　33
機能　124
木の視覚的感覚与件　109
希望　70
君の痛み　91
奇妙な種類の媒体　7, 10

奇妙なもの　11
疑問　27
規約　39, 96
客体としての使用　113
逆の意味　55
教育　19, 20, 22, 23
境界線　31
共通する要素　31
共通な何か　28
共有されている　32
共有するもの　30
筋感覚的距離　85
筋感覚的空間　85
筋感覚的経験　85, 108
キングスカレッジ　65
キングスカレッジは火事である　51, 52, 58, 61
緊張感　17, 34
緊張感の経験　32
金歯　82, 90

く

具体的使用　31
区別　30
車　121
黒目のイメージ　89
訓練　19, 20

け

経験　80, 100
経験が随伴される　111
経験的事実　113
経験的命題　82, 92, 93
経験命題　92
傾向　12, 27, 28, 29, 73
傾向性　48, 49, 101
計算手続き　41
形式主義　8
形而上学　29
形而上学者　96
形而上学的　76
形而上学的意味　93
形而上学的言明　92, 112
形而上学的信念　81
形而上学的命題　82, 93
形而上学的問題　58, 93
軽蔑　49
結果　19
結果に導いた計算　25
結合　20, 61, 63, 64, 65, 68, 82, 122
ゲーム　27, 28, 115
原因　19, 20, 24, 42
厳格な意味　45
厳格な規則　40, 41, 45
厳格な使用　45
厳格な使用法　43
厳格な定義　43
弦楽器　5
言及している　34
言語　6, 9, 11, 27, 40, 41, 75, 76
言語形式　25, 27
言語ゲーム　26, 27
言語構造　28
堅固さ　80
言語体系　9, 70
言語の記号系　112
言語の働き　7
言語を理解する　9
現実　124
現実主義者　81, 82
現実と比較される仕方　89
現実を構成する素材　75
原初的形式　27
幻想　62, 118
ケンタウロス　51
幻惑　43
幻惑に対する戦い　44

こ

語　44, 45, 61, 115, 123
行為　24
行為と心の状態の結合　54
行為と言葉　54
合成的使用　106

構成要素　28, 36
公的な規準　96
声に出して語る　8
誤解　25, 109, 113, 120
誤解に導かれない　68
誤解に導く　80
誤解を与える　47
誤解を招く　46
誤解を招く表現形式　51
語-言語への翻訳　4
個々の場合に対する軽蔑的態度　29
心　10, 118
心が考える　11
「心」という語　118
心という媒体　9
心に浮かぶ　17
心の動き　10
心の活動　10, 25
心の機構（メカニズム）　10, 67
心の状態　29, 53
心の中に呼び出す　64
心のメカニズム　7
心-モデル　10
個人的経験　73, 75, 78, 79, 80
誤導される　111
事柄は常識通りである　77
異なった意味　51
事の全て　19, 36, 70
言葉による定義　3
言葉の言語　69
言葉を操作する　26
子供　43
語の意味　3, 19, 28, 29, 38, 39, 45, 47, 117
語の意味の学習　18
語の現実における使用　117
語の使用　18, 19, 44, 117
語の説明　44
語の文法　31, 38, 42, 73, 78, 109, 119
コピー　60
個物　52
固有名　29, 117
誤用　76

ゴールがない　90
ゴールドバッハの定理　17
ゴールトンの重ね写真　29
これ　110
混同　4, 8, 23, 24, 25, 29, 30, 51, 58, 62, 68, 82, 84, 94, 108
困難　4, 27, 53, 54, 63, 75, 77, 81, 90, 103
混乱　10, 27, 40, 52, 109
困惑　11, 18, 19, 42, 43, 51, 76, 78, 99, 104
困惑の源泉　99

さ

座　113, 118
差異　99
再解釈　55
先立って　6, 57, 84
先立つべき　84
作図する　8
避ける　7
算術　31

し

自我　125
視覚経験　78, 88
視覚像　7, 15, 17, 29
視覚的感覚与件　120
視覚的現実　125
視覚的証拠　86
視覚的・触角的・筋感覚的・等々の経験　87
時間　42, 51, 68
「時間」という名詞の使用　11
「時間」という名詞の文法　11
時間とは何か　41
「時間とは何か」という問い　44
時間の概念　43
時間の神秘性　11
時間の本性　11
式　106
ジキル博士とハイド氏　105
視空間　123
ジグソーパズル（はめ絵）　77

思考　7, 9, 10, 12, 63, 64, 70, 72, 97, 98
思考が生起する場所　12
思考活動の真の座　25
思考過程　7, 27
思考傾向　49
思考形式　27
思考対象　51, 53, 63
思考対象は何か　58
思考の真の場所　25
思考の対象　59
思考の場所　12
思考の表現　70, 71
思考の本性　11
思考は「心の活動」である、と言う事は誤解を招く　11
思考はどこで起きているか　25
思考はどんな種類の活動であるか　25
思考は本質的に記号の操作で成り立っている　25
思考は本質的に記号を操作する活動である　11
思考は本質的に記号を操作する事である　26
事後的な理由付け　23
指示　83
指示する　3
指示対象　117
指示代名詞　116
事実　51, 52, 53, 61, 70
事実の影　53, 59
事実の像（絵）　70
指示の行為　84
自然科学の方法　10
思想　10, 12, 13
思想が生ずる場所　13
思想それ自体はどこにあるのか　13
「思想」という語　12
思想無し　8
思想の表現　13
思想は我々の頭の中にある　14
従う　20, 21, 23
従った　22

歯痛　37, 39, 82, 83, 100, 118
歯痛を持つ　87
実際の事実　62
実在論者　81, 97
実数　48
実践的な目的　49
実体　107
知っていた　67
知っている　16, 49, 50, 83, 116
私的な意識　26
私的な経験　26, 71
私的な思考　71
私的なもの　92
自動詞　36
自動詞的使用　47, 48
指標　34
視野　14, 15, 110
写真　62, 63
主観的　80
主体としての使用　113
主張　27
呪縛　38
種類　30, 47, 109
瞬間的過程　68
純粋に記述的　29
使用　12, 32, 33, 38, 118, 123
常識　99
常識的な答え　99
常識哲学者　81
生じた事の全て　18
肖像　53, 54
状態　32
使用の規則　41
使用不可能　95
使用法　34, 42, 72, 119
証明　47, 69, 106
証明の種類　47
使用を有している　118
植物　29
触角経験　86
触角的距離　85
触角的・筋感覚的経験　87

触角的空間　85
触角的経験　85
触角的頬　87
触角的眼　87
触角や筋感覚　85
知らない　48, 49
知らないはずはない　49, 50
知り得ない　81, 101
知る　24, 36, 37, 38, 68, 83, 90, 93, 103
「知る」という語の使用　47
知るに至る　38
白のキング　111
人格　105, 106
人格の同一性　107
「人格の同一性」の規準　104
真偽の問題　27
信じている　81
真珠の首飾り　66
信じる　17, 77, 90
心像　102
身体　105, 106, 118, 125, 126
身体的特徴　118
身体的振舞　89
身体には意識がない　125
身体は痛みを感じている　126
死んで　6, 8
心的　125
心的活動　65, 70, 119
心的過程　6, 7, 9, 53, 70
［心的］過程　8
心的機構の状態　29
心的言語　69
心的現象　79
心的作用　63, 64
心的事象　67, 84
心的状態　9, 84
心的世界　78, 80
心的像　8, 9
心的本性　125
心的本性のもの　126
心的メカニズム　20
真に意味するもの　45

信念　70
信念の表現　70
真の定義　41
神秘的外見　7
神秘的結合　126
神秘的性格　9
神秘的領域　9
人物　113
信頼性　80
真理　102
心理学的研究　10
心理学の問題　10
心理実験　78
心理的　7

す

推測　24
推測する　90
随伴　9, 58
随伴する　57
随伴する過程　56
随伴する心的なもの　111
水脈占い師　15, 16, 17, 18
数学　8, 41
数学者　47
数学的演算　125
数学の哲学　47, 106
数学の命題　8
数字　44
数3　126
数の概念　29
数の種類　47
数の定義　44
スミス氏　117
スミス氏は痛みを持っている　116

せ

性質　28, 30
精神的痙攣　3
精神的束縛　99
精神分析　37, 97
精神分析家　97

正当化　111, 112, 113, 124
生命　8, 9
生命の器　110
生理的過程　13
世界　80
世界を構成する新しい要素　119
説明　16, 17, 29, 39, 44

そ

像　6, 7, 37, 54, 57, 59, 61
像（絵）　60
相関関係　13
相似　60
相似による像　60
想像　6, 7, 8, 19
想像可能　91
想像する　52, 65, 81, 89
想定　27
想定する　81
ソクラテス　31, 43
存在しない結合　51
存在しない泥棒　51
存在しないものを想像する　51
存在する　51
存在する要素　51

た

対応　15
対応関係　13
対象　9, 64, 103
対象の同一性　92
対象の複合体　51
対象を指示しない　36
代替物　63
大砲　68
卓上ランプの光り　45
立ち現れる　68, 69
他動詞　36
他動詞的使用　47
他人　77, 81, 90, 110, 112, 114, 122, 124
他人の痛み　94
他人の痛みのイメージ　89

他人の痛みを感じる事は不可能である　88
他人の経験　77
他人の身体　115
他人の歯の中に［私の］歯痛を感じる経験　88
タブ　4
誰某氏の肖像　65
誰某は歯痛を持っている　39
探求　73

ち

チェス　12, 22, 30, 100, 111, 114, 123
チェスの諸規則　22
チェッカー　123
違う痛み　91
知識　70, 80
知識とは何か　31
「知識とは何か」という問い　43
地上に降ろす　3
茶色　124, 125
注意を引きつける　114
徴候　40
直示定義　3, 4, 5, 19, 61, 117
直示による定義　3

つ

通俗科学者　76, 80
使っていく　126
作られた像　8
常に　110
常に私　104, 107, 109, 110

て

定義　41, 42, 44
定義規準　40
定義の欠如　42
適用　19, 22
出来る　24, 93
哲学　11, 29, 41, 44, 47, 74, 75, 106
哲学者　29, 38, 99, 119, 126
哲学的意見　119
哲学的確信　119

索引　　　　　　　　　　135

哲学的困難　50, 51, 73, 76
哲学的混乱　27
哲学的困惑　3, 38
哲学的困惑の痙攣　103
哲学的信念　81
哲学的な問題　43
哲学的問題　51, 73, 74, 99, 112
哲学の研究　74
哲学の方法　19
デボン州　96
電子　80

と

同一性の法則　112
投影　124
投影過程　54, 55
投影の方法　89
動機　24
道具　115
同語反復　122
同情する　77, 81, 100
どうやって知るのか　39, 40
独我論　104, 110, 121, 124
独我論者　81, 97, 99, 100, 101, 122
独我論的言明　107
特性　34
特性の組　105
特徴群　31
時計　122
図書館　74
「……とは何か」という問い　42

な

長さ　42
泣く　36
何故　24
「何故」という問い　42
何も隠されてはいない　11
ナポレオン　64
名前　118

に

二重人格　105
日常言語　45, 60, 64, 86, 95, 99
日常言語の表現形式　67
日常的な使用　76
担い手　29

の

脳　12, 13, 15
脳の働き　13
望み　70, 102, 103
望みの対象　62
望む　30, 31, 49, 50, 61, 62, 72
望んでいる　36

は

葉　28, 29
測る　42
始まり　24
場所　14, 83
発見　47, 75
ハーディー　17
話す　12
バンジョー　5
反応　27
半端仕事　73
ハンマー　97, 98, 115

ひ

火　61
美　28
Bが来るという期待　33, 34
Bが来るという期待の感覚　33
非-形而上学的表現　111
被験者-実験者　13
非身体的な或るもの　118
ビーズ　67
必要のない仮説　81
否定とか選言の神秘性　11
否定の観念　103
否定の問題　102

人　106
人の名前　104
非物質的な何か　8
非物質的本性　126
比喩　11, 20, 37, 69
表　6, 22
表記法　38, 99, 100, 102, 103, 110, 112, 120
表現　126
表現形式　12, 28, 47, 48, 49, 61, 64, 73, 93, 94, 95, 96, 99, 101
表現の意味　111, 126
表現の形式　44
表現の使用　111
表現の文法　3, 62
表現方法　80, 97
描写　124, 125
標準的表現　73
ピンゲーム　113

ふ

不完全　30, 31
複素数　48
含まれている　21
物質世界（外的世界）　78
払拭　4
物的世界　78, 80
物的対象　86, 92, 120
物的対象の本性　125
物理空間　122
物理的木　109
物理的機構　10
物理的対象　107, 109
物理的不可能性　94, 95
物理的眼　108, 109
ブライト氏病　34
ブライトの病気　34
振りをする　101
振る舞い　39
フレーゲ　8
プロシャン・ブルー　7
文　9, 12, 61, 70
「文」という語　12

文の意味　53
文法　12, 16, 17, 24, 25, 34, 49, 96, 109, 113, 119, 120, 122, 124
文法的規則　92, 93, 94
文法的区別　36
文法的言明　50, 91
文法的構造　30
文法的誤解　14
文法的困難　82
文法的差異　104
文法的に異なっている　89
文法的類比　14
文脈　16
文を言う　60
文を聞く　60
文を読む　60

へ

併走する　57
別の相関　87
ヘルツ『力学の原理』　42
ベンチ　111

ほ

包括的曖昧さ　76
包括的不確実性　75
方程式　48
本当　96, 99, 124
本当に見られた　124
本当に見られている　121, 122
本当に見られる　104, 107, 109, 110, 112
本当の経験　77
本当の自己　118
本当の直接的対象　103
本当の私　113
翻訳　60

ま

間違い　10, 113, 114
まとめをしよう　72
惑わされて　25
惑わされている　51

索　引

惑わし　119
学ぶ　19
学んだ　18, 19
丸さ　52

み

見え　119, 120
見かけ上の矛盾　42
自らに語る　8
見たり　126
道　22, 23
見積もった　22
見積もりの行為　18
見積もる過程　18
見積もる事を学ぶ過程　18
緑色　94, 95
見本　22, 23
見本表　7, 8
魅力　96
見る　101, 103
見るという経験それ自体　107

む

無意識　38
無意識的思考　97, 98
無意識的な意志　37
無意識的な思考　37
無意識の痛み　93
無意識の感じ　97
無意識の歯痛　37, 38
無意味　14, 50, 79, 100, 110, 113, 114, 117, 121, 125
無意味である　50
無機的な記号　8
無機的部分　7
無限に溯る　23
無限に続く　23
矛盾　42, 43
矛盾する　48
無人氏　117

め

名詞　9
命題　8, 53
命題関数"I think x"　58
命題と現実の一致・不一致の問題　27
命題の文法　86
命令　5, 6, 19, 22, 23, 26, 55, 84, 108
メロディー　72

も

目測　16
模型を作る　8
用いられている　95
モデル　10
もの　3, 61
物のメカニズム　7
問題　10, 45, 76
問題解決　74

や

矢印　55, 56

ゆ

有機的部分　7
有限な基数の算術　30
誘惑　3, 6, 11, 14, 29, 70, 75, 77, 95, 96, 99, 109, 122, 124
誘惑から、解放される　73
誘惑されている　101
誘惑している　80
ユークリッド空間　83
指さし　55
指さす　115, 117, 118, 121
指伸ばし　16

よ

要素　52

ら

ラッセル　34, 35
ラベル　117

り

理解　7, 19, 20, 21, 22, 23
理解する　30
理解する心的過程　6
理解できてはならない　110
理想言語　45
理由　22, 23, 24, 25, 42
流動性　76
理由の連鎖　23, 24
リンゴ　35
リンゴ五つ　117
リンゴの種類　47
リンゴ六つ　26
隣人を有しないもの　122

る

類似した表現形式　46
類似している　60
類似性　46, 53, 57
類比　43
類比の　82, 89, 90

れ

連想のメカニズム　7

ろ

論理学　30
論理的可能性　24
『論理的-哲学的論考』　51
論理的に不可能　110
論理的不可能性　26, 94, 95

わ

脇ぜりふ　57
私　77, 81, 82, 107, 112, 114, 115, 116, 118, 124, 126
私が他人の口の中にある歯に痛みを感じる　82
私自身　122
私自身の経験　77
私自身の経験のみが本当である　100
「私」という語　110, 113, 114
「私」という表現　117
私の　113
私の痛み　91, 96
私の痛みのみが本当だ　96
私の記憶　107
私の心　113
私の視野　112
私の身体　107, 113
私のみが、本当に見る　101
私は痛みを感じる　116
私は痛みを持っている　116, 117, 126
私は彼の痛みを感じる事が出来ない　82
私は歯痛を持っている　114
私は、他人の歯に、歯痛を感じる事が出来よう　88
我々の視野は我々の頭の中にある　14

補遺 『青色本』をどう読むか
―― 言語の先行性と独我論批判 ――

　『青色本』は学生たちに口述し、筆記させたものであるから、その文章には一連の流れがある。しかし例によって、章や節で構成されてはいない。したがって、全体として捉え所がない、という印象を与える。しかし良く読んでみれば分かるように、『青色本』は大きく二つの部分に分けられている。その前半部分は、言うならば「言語の先行性」の主張であり、後半部分は「独我論批判」である。私は以下において、ウィトゲンシュタインの哲学に一貫していた独我論批判という観点から彼の哲学の展開を辿り、『青色本』をどう読むかについての一つの見方を提示し、それによって、彼の哲学全体における『青色本』の位置を明らかにしたい。

1. はじめに

　ウィトゲンシュタイン（1889-1951）の哲学は、前期・中期・後期・晩年に分ける事が出来る。それぞれにおける主な著作は、以下のようである。括弧内は、主な執筆時期を示している。

　　前期：『手稿 1914-1916』（1914-1917）
　　　　　『論理的-哲学的論考』（略して『論考』）（1918）
　　中期：『哲学的考察』（1929-1930）
　　　　　『哲学的文法』（1932-1934）
　　後期：『青色本』（1933-1934）
　　　　　『哲学的探求』（略して『探求』）（1936-1949）
　　　　　『断片』（1945-1949）
　　晩年：『確実性について』（1949-1951）

これらのうち、ウィトゲンシュタインの「独我論批判」という観点から検討すべきは『論考』と『青色本』と『探求』であり、特に『青色本』が重要である。

ウィトゲンシュタインは、『論考』においては、「ここにおいて人は、独我論は、厳格に遂行されると、純粋な実在論と一致する、という事を悟る」(5.64) とは言うものの、「独我論の自我は、大きさのない点へと収縮し、その自我に対応する実在が残るのである」(5.64) と言わざるを得なかった。即ち、彼が言うには、(1)独我論は、厳格に遂行されると、純粋な実在論と<u>一致する</u>（もしくは、<u>重なる</u>：mit dem reinen Realismus zusammenfallen）のであって、純粋な実在論に<u>なる</u>のではない。独我論は、厳格に遂行されても、依然として独我論ではあるのである。(2)何故ならば、独我論の自我は、大きさのない点としてではあろうとも、依然として存在し続けるのであるから。これに対し、<u>言語の論理的先行性</u>を主張する事によって存在としての自我を払拭し、言うなれば「無我」——心という〈もの〉の非在——を明確に提唱したのが『青色本』の前半（約58％の）部分であり、彼はそれに続く部分で、<u>独我論の無意味性</u>を明らかにするのである*。それでは、『探求』においてはどうか。『探求』における独我論に関係する部分は、第一には、いわゆる彼の「私的言語論」である。即ち、彼の有名な、私的言語は<u>不可能</u>である、という議論である**。ところで、『探求』において否定されるところの、私的言語を肯定する主張は、言わば「<u>部分的</u>独我論」であり***、したがって、『探求』において私的言語の可能性が否定されれば、論理的に、独我論自体も否定される事になる。それ故、『探求』においても、独我論は否定される事になる。そして第二には、『青色本』(p.72；122頁) で独我論を否定的に論じているときに出てくる「隣人」という言葉が、『探求』で再び出て来る398節である。これについては、後で述べる。以上が、ウィトゲンシュタインの哲学における「独我論批判」の展開の粗筋である。

　　＊自我の問題が中期においていかに論じられたかについては、拙著『科学の誘惑に抗して』（勁草書房、1987）188-191頁を参照して頂ければ幸いである。
　　＊＊私的言語においては、言語使用の正しさについての規準が存在しない。彼はこう言うのである。「ここで人は言うかもしれない：何はともあれ、私

に正しいと思われるものは、正しいのだ。しかしこの事はただ、ここにおいては「正しい」という事については語られ得ないのだ、という事のみを意味しているのである。」(『探求』258節)
***『探求』においては、私的言語は公的言語の中に埋め込まれた形で論じられている、と思われる。しかし独我論においては、言語は原理的に全て私的なのである。したがって、『探求』において批判されているところの、私的言語を肯定する主張は、「<u>部分的独我論</u>」と言われてよいであろう。

2. 『論考』の独我論

　『論考』においては、〈事実〉とそれを認識する〈思念〉とそれを外に表した〈命題〉は、<u>同一の論理形式を有している</u>*。とは言え、事実としては可能的事実であってもよい訳であり、そしてこの場合には、思念は想像になる。いずれにせよ事実と思念は、あらゆる可能的事実をも含めて、同一の論理形式を持って対応しており、そしてその論理形式は、それらに対応する命題において<u>示される</u>。したがって、あらゆる可能的事実をも含めた意味での〈世界〉と、それに対応するところの、想像を含めた意味での〈思念〉は、<u>同一の命題によって表される</u>事になる。それ故その意味で、〈世界〉とそれに対応する〈思念〉は同じ<u>内容</u>を有し、且つ、可能的命題を含めた意味での命題の全体が〈言語〉であるとすれば、<u>同一の言語</u>の範囲内にあって、その〈言語〉を限界とし、その意味で<u>同じ限界</u>を有する事になる。即ち、〈世界〉と〈思念〉は、<u>内容を同じく</u>し、且つ、<u>限界も同じく</u>するのである。そしてその意味で、〈世界〉と〈思念〉は、完全に<u>重なり合い</u>ながら動く事になる。ところで、〈思念〉は疑いも無く<u>私の</u>〈思念〉である。したがって、内容においても限界においても〈思念〉と完全に<u>重なり</u>合いながら動く〈世界〉もまた、<u>私の</u>〈世界〉である事になる。その意味で、〈世界〉は私の〈世界〉なのである。

　　*『論考』2.17；2.181；3；3.315 を参照。

　さて、〈世界〉は<u>私の</u>〈世界〉であると言うとき、その私の〈世界〉は、他人にも理解可能であろうか。それは、理解<u>不可能</u>なのである。何故ならば、<u>私の</u>〈世界〉は<u>私の</u>〈言語〉で語られるのであるが、その<u>私の</u>〈言語〉

は、<u>私のみが理解する</u>〈言語〉（die Sprache, die allein ich verstehe* 5.62）
——<u>私的</u>〈言語〉——であるのであるから。したがって、<u>私の</u>〈世界〉は、<u>私のみが理解する</u>〈世界〉——<u>私的</u>〈世界〉——なのであるから。<u>私の</u>〈世界〉は私のみが理解する私的〈世界〉なのである。そしてこれは、〈独我論〉の一表現であると言えよう。〈世界〉は<u>私の</u>〈世界〉であり、それは、<u>私のみが理解する私的</u>〈世界〉であるとすれば、各人はそれぞれ<u>自己の</u>〈世界〉に閉じこもり、そこには相互理解は存在しない事になる。即ち、各人の〈世界〉には<u>窓が無い</u>のである。私には私の〈世界〉のみがあり、そこには、私の感覚、感情、思い、意志、……が、即ち、私の心的なるものが、<u>生き生き</u>と存在するのであるが、他人のそれらは感じられず、他人はただ人の形をしたものとしてのみ存在するのである。このような世界観は、世界において心的存在として<u>本当に存在する</u>ものは<u>独り我のみ</u>である、という意味で、「独我論」と言われてよいであろう。

　　＊この部分は、文法的には、「それのみを私は理解する言語」即ち「私が理解する唯一の言語」ととる事も可能であり、事実多くの人々（例えば、ラッセル、ヒンティッカ、ステニウス、ブラック）がそうとっている。しかし、それでは、「世界は<u>私の</u>世界である」という事は帰結するが、「その私の世界は、他人には理解不可能である」という事は帰結しない。即ち、独我論は帰結しないのである。ウィトゲンシュタインは、独我論について、こう言っている。「誰も私を理解出来てはならない、という事が本質的なのである。即ち、他人は「私が本当に意味する事」を理解出来てはならない、という事が本質的なのである。……私は、彼は私を理解すべきである、という事は論理的に不可能である事を望む。即ち、彼は私を理解する、と言う事は、偽ではなく無意味であるべきなのだ。」（『青色本』p. 65）なお、ここで言う「<u>私の</u>〈言語〉」は、『探求』においては、256節で「私自身のみが理解出来る言語」（die Sprache, die nur ich selbst verstehen kann）と言われている。

それではウィトゲンシュタインは、このような意味での独我論——簡単に言えば「〈世界〉は<u>私の</u>〈世界〉である」という独我論——を、どう克服しようとしたのか。それは、それを深化し徹底する事によって、である。ポイントは、「<u>私の</u>」という所有格で姿を現している〈私〉——即ち、形而上学的〈主体〉——と世界との関係、である。彼は、（途中省略した所もある

が、）こう言うのである。

　　私の言語の諸限界は、私の世界の諸限界を意味する。(5.6)
　　世界と生活は一つである。(5.621)
　　私は、私の世界（小宇宙）である。(5.63)
　　思考し表象する主体は、存在しない。(5.631)
　　主体は、世界には属さない；それは、世界の一限界なのである。(5.632)
　　形而上学的主体は、世界の中のどこに認められるべきなのか。君は、こう言うであろう：ここにおける事態は、眼と視野の関係と同じである。しかし、君は実際には眼を見てはいない。そして、視野にある何ものからも、それが眼によって見られているという事を推論する事は、出来ない。(5.633)
　　つまり、視野は例えばこのような形を持つものではないのである。(5.6331)　　　　　　　　　　　眼 ──◯
　　この事は、我々の経験のいかなる部分もア・プリオリではない、という事と関係している。我々が見るものは全て、別様でもあり得たのである。(5.634)
　　ここにおいて人は、独我論は、厳格に遂行されると、純粋な実在論と一致する、という事を悟る。独我論の自我は、大きさのない点へと収縮し、その自我に対応する実在が残るのである。(5.64)
　　したがって実際、この意味でならば自我が哲学において──心理学的にでは無く──問題になり得る、という意味が存在する。自我は、「世界は私の世界である」という事を通して、哲学に入り込む。哲学的自我は、人間ではない、人間の身体ではない、或いは、心理学が扱う人間の心ではない；それは、形而上学的主体であり、世界の──部分ではなく──限界なのである。(5.641)

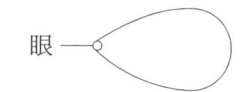

独我論で、「〈世界〉は私の〈世界〉である」と言うときの世界、即ち、私の世界は、私の生活の事である。(5.621)　ここで我々は、決して、私の世界として物的な世界のみを考えてはならない。私の世界は、私の感覚、感情、思い、意志、等々、によって成り立っている私の生活世界なのであり、そして、それが即ち〈私〉というものの内実なのである。(5.63)

ところで、時々刻々思考し、表象する主体は、<u>私の生活世界の中</u>には存在しない。(5.631) ウィトゲンシュタインによれば、例えば「Aは、pと考える」は「「p」は、pと考える」という形式を持っているのである。(5.542) 主体Aは、命題「p」に<u>成り切って</u>、pと考える訳である。これが現実の事実である。即ち主体Aは、この世界から姿を消すのである。（なおこの所見は、中期においては、普通一般にIch denke（私は考える）という表現によって意味されている事は、実はEs denkt（考えが生じている）という表現で表されるべきものだ、と言われる。）こういう訳で、主体は世界の<u>中</u>には存在し<u>ない</u>のである。勿論、生じている考えは、<u>私</u>が考えているものである。しかしその〈私〉は、<u>私の生活世界</u>の中には現れない。そのような主体は、私の生活世界には属さず、私の生活世界の<u>一限界</u>（eine Grenze）なのである。(5.632) そのような主体によって思考され表象される世界は、論理的に、当の主体を前提とし、且つ、当の主体を超え出る事は出来ないからであろう。それでは、私の生活世界の他の限界は何か。それは、私が知っている<u>全</u>対象によって与えられる<u>全</u>可能的事態ではないか。(2.0124を参照。) そしてこの限界は同時に<u>私の言語の諸限界</u>（die Grenzen）でもあるのである。(5.6) 私の言語の限界が<u>諸限界</u>と複数になっているのは、言語の限界には、名前に関する限界と、それらの間で可能な結合の形式に関する限界が有るからではないか。

　他方、時々刻々思考し、表象する主体ではなく、それを貫いている<u>形而上学的</u>〈主体〉は、世界の中のどこに認められるべきか、と問われれば、君はこう言うであろう：<u>形而上学的</u>〈主体〉と<u>私の生活世界</u>の関係は、眼と視野の関係と同じである。しかしそのように言うとき、もしも君がⅠ図のような図式、即ち、眼が視野の中に入り込んだ図式、を思い描いているとすれば、それは誤りである。何故ならば、君は実際には眼を見てはいないのであるから。したがって、眼と視野の関係は、Ⅱ図のようでなくてはならない。しかし、<u>視野</u>にある何ものからも、それが眼によって見られているという事を推論する事は出来ない。(5.633) したがって、眼と視野の関

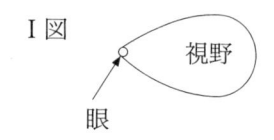

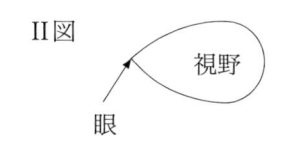

係は偶然的なのである。それ故、眼と視野が必然的にⅡ図のような図式を有する訳でもない。実は眼は「見る」という事と何の関係もなく、実は額が見るのだ、という事も、論理的には有り得るのである。つまり、眼と視野の関係は論理的にはⅠ図のような形もⅡ図のような形も持ちはしないのである。(5.6331) この事は、我々の経験のいかなる部分もア・プリオリではないのであり、我々が見るものは全て別様でもあり得たのだ、という事と関係している。(5.634) 何故ならば、もしも眼と視野が必然的にⅡ図のような図式を有するとすれば、たとえ眼の構造は偶然的であるとしても、それを前提にすれば、視野には眼の構造を反映するア・プリオリな構造が存在する事になるであろうから。

　ここにおいて人は、独我論は、厳格に遂行されると、即ち独我論の自我がⅢ図のように大きさのない点へと収縮されると、純粋な実在論と一致する、という事を悟るのである。言い換えれば、独我論の自我は、大きさのない点へと収縮し、その自我に対応する実在――いかなる部分もア・プリオリではない実在――が残る、という訳である。(5.64)

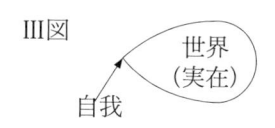

　とは言え独我論と実在論は、実はたかだか極限としてそれぞれの世界が一致する（重なる）までであって、独我論が実在論になるのではない。第一、独我論の自我は、「世界は私の世界である」という事を通して、大きさのない点としてであろうとも、なお形而上学的〈主体〉として、また、世界の――部分ではなく――限界（die Grenze）として、残るのである。(5.641) そして第二には、私の言語は依然として私のみが理解する言語であるから。したがって『論考』においては、独我論が消え去る訳ではない。

　それでは、そのような独我論を脱却するにはどうすればよいのか。それには、①形而上学的〈主体〉は実は非在である、という事と、②言語は、私の言語――私のみが理解する言語――ではなく、本来公的なものだ、という事を、明らかにしなくてはならない。そして②の作業が、〈私的言語〉批判なのである。これらの事は、『論考』の後、『青色本』と『探求』において順次遂行された。

　なお、Ⅱ図においては、眼と視野の関係は偶然的であった。それでは、Ⅲ

図における自我と世界の関係はどうであろう。それは、世界は<u>必然的</u>に<u>私の世界である</u>、という意味では<u>必然的</u>であるが、その世界の内容は、ア・プリオリではなく、別様でも有り得た、という意味では、やはり<u>偶然的</u>なのである。したがって、言うなれば、自我と世界の関係は、形式的には<u>必然的</u>だが、内容的には<u>偶然的</u>なのである。そして「眼と視野」の比喩は、眼と視野の関係は形式的にも偶然的である、という点において、破れる訳である。

3．『青色本』(1)――言語の先行性――

　この本の内容は、ウィトゲンシュタインが 1933 年から 1934 年にかけて、ケンブリッジの彼のクラスで、英語で口述し筆記させたものである。彼は謄写版でコピーを作らせ、それには青色の表紙が付けられていたので、彼がそう呼んでいた訳ではないが、一般に『青色本』と呼ばれていた。彼はまた、1934 年から 1935 年にかけて、今度は彼の二人の学生だけを相手に、やはり英語で口述し筆記をさせた。そしてそのタイプ・コピーを 3 部だけ作らせ、それは非常に親しい友人や学生にのみ見せられた。それは茶色の表紙を付けて綴じられていたので、一般に『茶色本』と呼ばれていた。しかしウィトゲンシュタインが『茶色本』で言わんとした事は、後に『探求』で言われているので、今は取り上げない。今日では『青色本』と『茶色本』は、合本にされ、ラッシュ・リースの解題が付けられて、バージル・ブラックウェル (Basil Blackwell, 1964) から出版されている。

　後期のウィトゲンシュタインの哲学が言語論――〈意味の対象説〉批判――を中心に展開する事を象徴するように、そしてまた『探求』がそうであるように、『青色本』もまた「語の意味とは何か」と問う言語論で始まる。そして、約 58 ％ほど進むと、「まとめをしよう」と言って、次のような文章が出て来る。

　　　　もしも「考える」、「意味する」、「望む」等々といった［心的な］語についての使用を詳細に観察するならば、我々は、その観察過程を通して、我々の思考を表現する働きとは独立な、そして、［心という］或る特殊な媒体の中にある、思考の特殊な働きを探そうという誘惑から、解放される。(p. 43；72 頁)

そして事実彼は、最初から一貫して、心的なる〈もの〉は確かに存在はする

が本質的ではない、という事を主張するのである。彼は、時間・空間を超え、現実・非現実、具体・抽象、何であれ対象にし得る思考という、考えてみれば不思議なものについて、こう言うのである。

　　一見したところ、思考にその特異な性格を与えるものは、思考は一連の［――物的ではなく――］心的な状態である、という事にあるように思われる。そして思考に関し、奇妙であり且つ理解が困難である点は、それが［我々の］心という媒体の中で起きる過程――おそらく、この媒体の中でのみ起きる過程――である、という事であるように思われる。
　(p. 5；9頁)

そして勿論これは誤解である。ウィトゲンシュタインによれば、「思考は［(心の活動ではなく)］本質的に記号を操作する活動」(p. 6；11頁) なのである。言い換えれば、思考は心的ではなく、言語的なのである。即ち、言語無しには思考は有り得ない、のである＊。

　　＊もっとも、言語活動無しの思考も有り得る。しかし、言語無しには思考は有り得ないのである。拙著『言語ゲーム一元論』70-71頁を参照。

　この〈言語の先行性〉或いは〈表現の先行性〉について、彼は、『青色本』において多くの事を言っている。以下において私は、この事を示唆する文章を幾つか抜き出してみよう。

1. もしもAが、Bが彼の部屋に4時30分に来るという事を、4時から期待するとすれば、［Aには］一体何が起きるのか。「或る事を、4時から4時30分にかけて期待する」という句は、確かに或る意味では、その時間帯のAの心［と行為］の<u>一つの</u>過程或いは<u>一つの</u>状態を指示するのでは<u>なく</u>、［その時間帯の］Aの心［と行為］の<u>非常に多くの異なった活動と状態</u>を指示する［事が出来る］のである。例えば、もしも私が、Bが［私の部屋に4時30分に］お茶を飲みに来るという事を［4時から］期待するとすれば、［私に］起きる事は、こうかも知れない。4時に私は私の日記帳を見て、今日の日付のそばに「B」の名前を認める。私は二人分のお茶を用意する。私は一瞬「Bは煙草を吸っただろうか」と自問し、［吸っていた事を思い出して、］煙草を出しておく。4時30分近くになると、私はそわそわし始める。私は、Bが私の部屋に入って来るときの様子を想像する。これらの事全体が、「［私は］Bが

私の部屋に来るという事を、4時から4時30分にかけて期待する」と呼ばれる事であるが、しかしこの過程には、限りないヴァリエーション（変奏曲）があるのであり、しかもそれらの全てが、「［私は］Bが私の部屋に来るという事を、4時から4時30分にかけて期待する」という、同じ表現で記述されるのである。ここで、もしも或る人が、「［私は］Bが私の部屋に来るという事を、4時から4時30分にかけて期待する」という、この同じ表現で記述される様々な異なった過程には、一体何が共有されているのか、と問うならば、答えは、こうである。それらの過程には、多くの特性が部分的に共有されてはいるものの、全体に共有されている一つの特性なるものが存在する訳ではない。それらの過程は、家族を構成するのである。それらの過程は、はっきりとした境界を決めることが出来ない家族的類似性を、互いに有するのである。（p.20；31頁）

確かに、その通りである。「それらの過程には、多くの特性が部分的に共有されてはいるものの、全体に共有されている一つの特性なるものが存在する訳ではない。」しかし、それらの過程全体に共有されているものが、無い訳ではない。それは、「［私は］Bが私の部屋に来るという事を、4時から4時30分にかけて期待する」という表現である。この表現が、この過程の限りないヴァリエーションを、言わば束ねているのである。そして、この限りないヴァリエーション全体に共有されているものをその「本質」と言うとすれば、件の表現こそがその限りないヴァリエーション全体の本質である、と言ってよいであろう。言わば、表現こそが過程に先立つのである。一般的に言えば、「言語が存在に先立つ」のである。

2. 非常に多くの哲学的困難は、我々が今考えている「望む」、「考える」等々といった表現の意味と、結び付いている。それらの困難は、「いかにして人は事実でない事を考える事が出来るのか」という問いに集約される事が出来る。（p.30；50頁）

「いかにして人は事実でない事を考える事が出来るのか。もしも私が、火事ではないのに、キングスカレッジは火事である、と考えるならば、キングスカレッジは火事である、という事実は存在しない。それでは、いかにして私は、キングスカレッジは火事であるという［存在しない］

事実を考える事が出来るのか。」(p.31；51頁)
　我々が取るであろう次の段階は、我々の思考対象は、事実ではないのであるから、事実の影であると考える、という事である。この影には、例えば「命題」とか「文の意味」とかいった、いろいろな名前がある。(p.32；53頁)
　しかしそう考えても、我々の困難が取り除かれはしない。何故ならば、今や問題は「いかにして或るものが存在しない事実の影であり得るのか」であるのだから。(p.32；53頁)
これに対する彼の答えは、こうである。

　もしも我々が、［意図の上では］正しいとはいえ、対象と類似ではない像の可能性を心に抱き続けるならば、影を文と事実の間に［事実に次ぐものとして］挿入する事は、全く意味を失う。何故ならば、今や文自体が、そのような影として働き得るのであるから。まさに文は、そのような像——それが表現するものと少しも似たところがない像——なのである。もしも我々が、いかにして文「キングスカレッジは火事である」は、キングスカレッジは火事である、の像であり得るか、という疑念を抱くならば、我々はただ、「いかにして我々は、その文が意味する事を説明すべきか」と自問しさえすればよい。その文が意味する事の説明は、直示定義によって構成されるかもしれない。我々は、例えば、（当の建物を指さして）「これがキングスカレッジである」と言い、（火を指さして）「これが火である」と言わねばならない。これが君に、語と<u>もの</u>が結合される仕方を示すのである。(p. 37；60頁)

この思想は、『論考』における「像の理論」である。「像の理論」が彼の後期の哲学にも引き継がれている事は、興味深い。そしてこの事は、文自体が、云わば影の働きをもするのであり、文のほかに影という心的なものは必要でない、という事を物語っている。一般には、その影が文の意味である、と考えられる事が多い。しかし、文自体が云わば影の働きをもするのであり、文のほかに影という心的なものは必要でないとすれば、<u>言う過程自体が意味する過程</u>なのであり、<u>意味する</u>という心的過程が<u>別</u>にある訳ではない事になる。それでは「意味する過程」とは何か。それは、<u>言う過程</u>が言語ゲームの中で役割を果たす過程である。

3. 我々は、我々が起きる事を望む事は［、影としてではなく、］我々の望みの中に存在しなければならない、と言うべきなのである。何故ならば、もしも我々が起きる事を望むまさにその事が、我々の望みの中に存在しなければ、いかにして我々は、まさにその事が起きる事を望み得るであろうか。次のように言う事は、全く正しいのである。即ち、「単なる影では、まさにその事が起きるという事を、望み得ないであろう。何故ならば、影は、対象の一歩手前で止まっているのであるから。そして我々は、望みは対象そのものを含んでいる、という事を欲しているのであるから。」――我々は、「スミス氏がこの部屋に来る」という望みは、「（スミス氏の影のような代替物ではなく）まさにスミス氏［自身］が（この部屋の影のような代替物ではなく）［まさに］この部屋に（来るの影のような代替物ではなく）［まさに］来る」という望みで、あって欲しいのである。しかし、これこそが、まさしく［望みの中で］我々が言った事［――「スミス氏がこの部屋に来る」――］なのである。(p. 37；61頁)

我々の困難は、以下のように表現される事が出来よう。我々は、いろいろなものについて考える。――しかし、それらのものは、いかにして我々の思考の中に入り込むのか。我々は、スミス氏について考える。しかしスミス氏について考えるのに、彼が今ここにいる必要はない。［ましてや、］彼の写真など、役に立たない。何故ならば、我々は［、スミス氏の写真がないとスミス氏について考える事が出来ないときに、］どうしてその写真がスミス氏の写真であると、知る事が出来ようか。実際に、［スミス氏について考えるのに、］彼の代替物など役に立たないのである。［という事は、彼自身が――彼が今ここにいなくとも――じかに我々の思考対象である、という事である。］では、いかにして彼自身が［――たとえ彼自身が今ここにいなくとも――］我々の思考対象で有り得るのか。(p. 38；63頁)

或る人についての我々の思考、或いは、語りと、その人自身の結合［(指示関係)］は、［例えば、］「スミス氏」という語の意味を説明するために、我々が［眼の前にいる］或る人を指さして「これがスミス氏である」と言うようなときに、作られる。そして、この結合には何の神秘性

もない。私が言いたい事は、スミス氏が実際にはここにいないときに［彼について考える場合］、彼を我々の心の中に何らかの仕方で呼び出す奇妙な心的作用などは存在しない、という事である。彼を我々の心の中に呼び出すものは、件の結合［――思考と対象の間の、何の神秘性もない結合――］なのである。(p. 38；63頁)

彼を我々の心の中に何らかの仕方で呼び出すのは、〈連想〉という心的作用である、と言う人がいるかもしれない。しかし連想は因果関係であって、そこには指示関係は存在しない。指示関係は言語の中にしか存在しないのである。したがって、我々の思考や語りは、心理学的には説明出来ないのである。それらは本質的に言語的なのであり、言語無しには有り得ないのである。

4. こういう議論を、考えてみよう。「いかにして我々は、この紙が、赤でないとき、赤である、と望み得るのか。この事は、私はそもそも［今現に］存在しない事を望んでいるのだ、という事を意味してはいないのか。［意味しているのだ。そもそも、「望む」という事はそういう事ではないのか。］それ故、私の望み［の心像］は、その紙が赤であるという事と似た何かを含み得るだけ、なのである。［赤の心像それ自体は、決して赤くはないのであるから。］したがって我々は、我々が［赤でない］何かが赤である事を望む、という事を語るとき、［それが、望みの色（赤）の心像の色を望む、という事であるとすれば、］「赤」という語とは別の語を使うべきではなかったのか。［何故ならば、］望みの［色（赤）の］心像は、確かに我々に、赤い紙の［赤い色の］現実性よりは、はっきりしない何か、もやもやした何か、を示す［のであるから］。それ故私は、「私はこの紙が赤であると望む」の代わりに、「私はこの紙にぼんやりした赤を望む」といったような事を言うべきなのである。」*
(p. 60；101頁)

この議論の教訓は、赤くない紙（例えば白い紙）について「私はこの紙が赤であると望む」と言うとき、その意味は、「私はこの紙がその時私の心に浮かぶ心像の色であると望む」ではない、という事である。したがって我々は、心像に従って行為してはならないのである。我々は「私はこの紙が赤であると望む」という言語表現に従って行為すべきなのである。望みの事実を

表しているのは言語表現の方なのであり、その時の心像ではない。勿論、その時の心像は「私はこの紙が赤であると望む」という事を意味しているのだ、と言う事は出来る。しかし、心像に意味を与えるのは言語表現であって、その逆ではない。言語表現に意味を与えるのは心像ではなく、言語ゲームにおけるその言語表現の使用なのである。

　　＊但し、このパラグラフは、独我論が論じられ始めてから、現れる。

4．『青色本』(2)──独我論批判──

　『青色本』の後半部分は、再び「意味」の話題から始まる。(p. 43；73頁) そして、ここから〈個人的経験〉が中心テーマとなる。ここに言う〈個人的経験〉とは、他人には伺い知る事が出来ない〈私的経験〉の事である。

　個人的経験を肯定すると、必然的に「私自身の経験のみが実際に存在する本当の（real）経験である」(p. 46；76頁) と言いたくなるし、「私は、私は見ている、聞いている、痛みを感じている、等々、の事を知っている。しかし私は、誰か他人が、見ている、聞いている、痛みを感じている、等々、の事を知ってはいない」(p. 46；76頁) とも言いたくなる。或いは「私自身の経験のみが本当（real）である」(p. 59；100頁) とか「私のみが、本当に（realy）見る」(p. 60；101頁) 等々、とも言いたくなる。そしてこれらの表現は、いずれも、「独我論」の表現の一つである、と言ってよいであろう。独我論は、『論考』では「世界は私の世界である」という形で述べられていたが、それらの表現はいずれも「私が生きているこの世界は、私の世界である」という事を含意しているから。

　しかし『青色本』では、ウィトゲンシュタインはこうも言う。

　　　時には、我々の［問題にしている］独我論の最も満足すべき表現は、こうであると思われる。「何であれ、それが見られる（本当に見られる）とき、それを見る者は常に私である。」(p. 61；104頁)

そして彼は、この表現を出発点にして、「独我論批判」を展開する。その中で、最も印象的な箇所は、下記の二つのパラグラフであろう。

　　　私が独我論的な仕方で「これが本当に見られているものである」と言うとき、私は私の前方を指さす。そして［この場合］、私は［、身体的にではなく］視覚的に［私の前方全体を］指さす、という事が本質的な

のである。もしも私が[「これが本当に見られているものである」と言いながら、視覚的にではなく身体的に、]私の横を或いは後ろを指させば——言わば、私が見ていない物を指させば——この指さしは、この場合、私には無意味である。それは、私が[独我論者として]指さししたいと思っていた意味での指さしではないであろう。しかしこの事は、私が「これが本当に見られているものである」と言いながら私の前方を指示するとき、たとえ私が[身体的に]指さしの仕草をするとしても、私は、[見ている視野全体を指さしているのであって、]他でもない[或る特定の]一つのものを指さしているのではない、という事を意味しているのである。[この場合、視野にある全てのものが本当に見られているものなのである。]そして私が、「これが本当に見られているものである」と言いながら、私の前方を指さして指示するという事は、[言わば、]車で旅をしていて、急がなくては、と感じているとき、私が本能的に、あたかも私は車を内部から押す事が出来るかの如くに、私の前にある物を押すような[無意味な]事、なのである。(p. 71；121頁)

「これが本当に見られているものである」と言いながら、私が見ていない物を指さす事は、言葉の意味上あってはならない事であるから、矛盾している。そしてその意味でそれは、無意味なのである。そしてまた、「これが本当に見られているものである」と言いながら、私が見ている前方を指さす事も、無意味なのである。しかしこの場合は、同語反復であるという意味で、無意味なのである。「a は a である」が無意味であるという意味で、無意味なのである。

　私が見ているものを指さして、「私はこれを見ている」とか「これが見られている」とか言う事が意味をなすときには、私が見ていない或るものを指さして、「私はこれを見ている」とか「これが見られている」とか言う事も、[偽ではあるが]意味をなす。[ところが、]私が[前のパラグラフで]私の独我論的言明をしたときには、私は[私の前方を]指さしはしたが、しかし私は、指さすその指さしと指さされるもの[——本当に見られているもの——]とを不可分に結合する事によって、その指さしからその意味を奪ったのである。[言わば]私は、歯車等々の全ての部品で時計を組み立てたのだが、最後に、文字盤を[一番下に

ある短］針に固定してしまい、その結果、文字盤が［短］針と一緒に廻るようになってしまったのである。そして、このようにして独我論者の［指さししながらの］「これが本当に見られているものである」という言明は、［これと本当に見られているものの］同語反復を思わせるのである。(p. 71 ; 121 頁)

5.『探求』の独我論批判

既に述べたように、第一には、「私的言語は不可能である」という彼の議論（243-280 節）が、『探求』における彼の「独我論批判」である。或いは範囲を広げて、197 節の「規則」に関する議論の始まる所から、465 節の「一致・充足」に関する議論が終わる所までを、彼の「独我論批判」であると言って言えない事もない。そしてその中に、印象的な 398 節があるのである。彼はそこでこう言っている。

　　［対話者は言う。］「しかし私が、或るものを想像するとき、或いはまた、実際に何らかの対象を見るとき、私は確かに、私の隣人が持っていない或るものを持っているのである。」——［ウィトゲンシュタイン］は言う。私は、君の言う事を理解する。君は、自分の周りを見渡して、「しかし、私だけがこれを持っているのである」と言いたいのである。——しかし一体この言葉は何に使用されるのか？　この言葉は、何の役にもたちはしない。——したがって、確かに人はまた、「この場面では、「見る」という事について——したがってまた、「持っている」という事について——そして、「主観」について、したがってまた、「私」について——何も語られてはいない」と言う事も可能ではないか？［可能なのである。］また私は、こうは問えないか：それについて君が語り話す「もの」は、君のみが持っているのである、と君は言うが、——それでは一体君は、いかなる意味でそれを持っているのか？　君はそれを、物を所有しているように、所有しているのか？［勿論、そうではない。それでは君は、「見ている」という意味でそれを持っているのか。しかし］実は君はそれを決して見てはいないのである。［今の場面では、見ない事は出来ないのであるから、「見る」という言葉は、何の役にもたちはしないのであり、したがって、「見る」という事については、何も語ら

れてはいないのであるから、である。]確かに君はそれについて、君自身をも含めた意味で、誰もそれを持ってはいない、と言うべきではないのか？　そして次のような事もまた、やはり明らかなのである：もし君が、或る「もの」〔(私的対象)〕について、他人がそれを持つという事を論理的に排除するならば、君自身はそれを持つ、と言う事もまた、その意味を失うのである。

ここで言われている事は、私的対象を持つ（見る）、という事は無意味である、という事である。『青色本』で言われていた事は、言わば、私的世界を全体として指さすという事は無意味である、という事であった。しかし、『青色本』における「指さす」は、その本質は、視覚的に指さす、という事であった。したがって、『青色本』で言われていた事は、言わば、私的世界を全体として見るという事は無意味である、という事であったのである。そして今度は、私的世界における個々の対象について、それを見るという事は無意味である、という事が言われている。総括すると、要するに、見るという事が無意味な「私的世界」という概念は無意味なのである。しかし、独我論は「私的世界」という概念を必然的に含んでいる。したがって独我論は、必然的に無意味なのである。

6. おわりに

ウィトゲンシュタインは『青色本』において、こう言っている。

　　「私のみが、本当の痛みを感じる」、「私のみが、本当に見る（或いは、聞く）」と言う独我論者は、〔事実についての〕意見を述べているのではない。この事が、彼が自分の言う事に対し、そんなに確信がある理由である。彼は、或る表現形式を使う事に、不可避的に誘惑されているのである。(pp. 59-60；101頁)

彼は、『青色本』において、独我論は一つの語り方——しかし無意味な語り方——である、と考えていたのである。そして、もしそれが無意味でないとすれば、その語り方は我々の日常言語の語り方に翻訳可能でなくてはならない、としていたと思われる。我々の言語使用の大地は、あくまでも我々の日常言語の語り方であるから、である。

それでは、我々の日常言語の語り方は、本当に独我論を免れているのであ

ろうか。例えば、私が普通の意味で「私は歯が痛い」と言うとき、他人は「私が意味する事」を理解出来ないであろうか。もしここで「理解出来ない」と言う人がいるとすれば、その人は、言語は本質的に私的である、と考えているのである。そこで我々は「〈私的言語〉批判」を展開しなくてはならない事になる。しかしこの事の本格的作業は、『探求』に譲る。

黒崎　宏（くろさき　ひろし）
1966 年　東京大学大学院人文科学研究科哲学専攻博士課程修了
1976 年　成城大学文芸学部教授
1999 年　成城大学名誉教授

『論考』『青色本』読解

2001 年 7 月 30 日　初　版

著　者　ルートヴィヒ・ウィトゲンシュタイン
訳・解説　黒　崎　　　宏
発行者　江　面　竹　彦
発行所　産業図書株式会社
〒102-0072 東京都千代田区飯田橋2-11-3
電話　03(3261)7821(代)
FAX　03(3239)2178
http://www.san-to.co.jp

Ⓒ Hiroshi Kurosaki 2001
ISBN 4-7828-0137-8 C 3010

壮光舎印刷・小高製本

書名	著者/訳者	価格
『哲学的探求』読解	L. ウィトゲンシュタイン 黒崎宏訳・解説	7000 円
インテンション 実践知の考察	G. E. M. アンスコム 菅豊彦訳	2100 円
何も隠されてはいない ウィトゲンシュタインの自己批判	N. マルカム 黒崎宏訳	3600 円
流れとよどみ 哲学断章	大森荘蔵	1800 円
哲学の迷路 大森哲学・批判と応答	野家啓一編	3200 円
はじめての分析哲学	大庭健	2800 円
哲学教科書シリーズ 現代哲学	門脇俊介	2400 円
哲学と自然の鏡	R. ローティ 野家啓一監訳	5800 円
名指しと必然性 様相の形而上学と心身問題	S. A. クリプキ 八木沢敬, 野家啓一訳	2700 円
ウィトゲンシュタインのパラドックス 規則・私的言語・他人の心	S. A. クリプキ 黒崎宏訳	2400 円
意味の全体論 ホーリズム, そのお買い物ガイド	J. フォーダー, E. ルポア 柴田正良訳	4200 円
手すりなき思考 現代思想の倫理-政治的地平	R. J. バーンスタイン 谷徹, 谷優訳	4700 円
真理を追って	W. V. クワイン 伊藤春樹, 清塚邦彦訳	2200 円
コンピュータには何ができないか 哲学的人工知能批判	H. L. ドレイファス 黒崎政男, 村若修訳	4300 円
世界内存在 『存在と時間』における日常性の解釈学	H. L. ドレイファス 門脇俊介監訳	4000 円
相対主義の可能性	J. W. メイランド, M. クラウス編 常俊宗三郎, 戸田省二郎, 加茂直樹訳	3500 円
歓待について パリのゼミナールの記録	J. デリダ, A. デュフールマンテル 廣瀬浩司訳	2000 円
理性と美的快楽 感性のニューロサイエンス	J.-P. シャンジュー 岩田誠監訳	2300 円
デカルトなんかいらない？ カオスから人工知能まで, 現代科学をめぐる 20 の対話	G. ペシス-パステルナーク 松浦俊輔訳	3200 円
哲学教科書シリーズ 論理トレーニング	野矢茂樹	2400 円
論理トレーニング 101 題	野矢茂樹	2000 円

価格は税別